外国货币史译丛 石俊志 主编

THE COINS OF THE ANCIENT CELTS

by D.F.Allen

古凯尔特人货币史

[英] 德里克 · 冯 · 艾伦 | 著
张玲玉 | 译

法律出版社
LAW PRESS · CHINA

总　序

货币史是经济史的重要组成部分。

古代货币研究可以分为两种形式：一是关于古代货币本身的研究，在中国有《钱谱》《古泉谱》等民间著作，西方国家亦有各种钱币目录流传于世，这种研究被称为“钱币学”；二是关于古代货币发展历程的研究，在中国有历朝的《食货志》，以及近代学者撰写的货币史论著，西方国家亦有各种关于古代货币发展历程的专著。

近代数百年间，世界范围的社会史学出现了蓬勃的发展，结合古代钱币学的丰硕成果，促进了货币史学的崛起，各种货币史著作纷纷涌现，使我们能够在此基础上，开展进一步的研究。

研究货币史可以使我们同时获得两个方面的学术成果：一是货币学的学术成果；二是历史学的学术成果。研究外国货币史更可以使我们深刻了解世界各国的社会结构、历史演变和文化根源。

货币史学借助货币学与历史学学科交叉的

方式，通过对古代各王朝货币状况的分析，深入探讨货币起源、货币本质、货币演变规律等货币理论，使货币理论从历史实践上获得更加坚实的基础。

此外，货币史学更重要的意义在于揭示历史真实，辨真伪，明是非，以史为鉴，面对未来。

古代各民族、各王朝的盛衰兴替，都有政治、经济、军事、文化等诸多方面的原因。然而，传统的政治精英史对于古代各民族、各王朝的败亡，多归咎于其军事失败或政治失败，很少分析其经济原因。

马克思主义主张：经济基础决定上层建筑。采取马克思主义的科学研究方法，分析古代各民族、各王朝的经济变化，才是找出其败亡原因的最佳途径。

从经济角度研究古代社会是一个比较可靠的视角。记述历史的人，大多难以摆脱其政治立场。因此，史书典籍中记载的帝王将相、社会精英们的政治、军事活动及其言论主张，多有虚假伪造。经历了后世历代王朝基于各种不同政治立场的人们的反复篡改，历史就变得更加扑朔迷离。然而，无论是伪造历史，还是篡改历史，都围绕着政治立场展开，很少在社会经济状况方面蓄意作伪。于是，从经济角度研究古代社会，我们就获得了一个比较可靠的研究视角。

无论是在中国古代，还是在外国古代，货币都是社会经济的中枢纽带。货币发展对社会变化发挥着重要的影响作用。所以，研究外国货币史是拨开世界古代各国、各王朝盛衰兴替迷雾的钥匙。

然而，迄今为止，我国对世界各国货币史知之甚少，有关资料、书籍十分匮乏。为此，国民信托博士后工作站与华南理工大学货币法制史研究中心联手合作，针对世界各国货币史进行研究。在此基础上，我们邀请了一批国内金融学、法学、史学和外国语的专家学者，经过认真广泛的调查收集，筛选了一批外国货币史著作，翻译成中文，介绍给国内读者。

我们相信，这套《外国货币史译丛》的出版，对于我国货币理论研究，以及我国关于世界各国历史、政治、经济和文化的研究，具有一定的参考价值。

石俊志

2017 年 4 月 16 日

目录

序　言

1964 年德里克·艾伦(Derek Allen)在爱丁堡做莱因德讲席(Rhind lecture①)教授,讲授有关古凯尔特人的钱币。他原想基于这些讲演写一本书,但 1975 年他的早逝使这一计划落空了。由于我已经答应将既有的资料出版,这里我想先介绍一下眼前这本书所呈现的内容。

艾伦讲授有关凯尔特人钱币研究的时代远没有今天这么成熟,那时有很多主题,比如他讲座中必须描述的加伦河流域的十字银币,比利时、高卢中部和莱茵兰地区的金币,山南高卢人和多瑙河流域的银币,实际上都没有证实。作为一名凯尔特人钱币的研究者,他的研究无疑是一种贡献,1964 年他关于这些主题所写的内

---

① 莱茵德讲席是由特定的专家在周末讲授的一系列有关考古主题的讲座,最早由苏格兰文物研究学会 1874 年发起,因资助人 Alexander Henry Rhind 将其遗产用于资助该讲席,为了纪念 Alexander Henry Rhind 先生,固取名莱因德讲席。讲座的内容经常由作者发表在杂志或网络上。2009 年以后,苏格兰文物研究学会已向公众发布了一个视频集,可免费获取。(本书原文并无注释,本条及下文所注均为译者注)

容很少被最近的研究仔细检验过。直到现在仍然有很多未知的领域，但是最近14年很多重要的研究——不止艾伦本身——已经改变了我们对欧洲大陆凯尔特钱币的理解。然而，在英语世界除了艾伦，仍然很少有关于这一主题的作品，因此，这本书填补了英语世界认真研究凯尔特人货币的需求，对此，艾伦本人也十分认同。

无疑，艾伦也愿意在他的书中将新近的研究考虑进去——这一点从第一章以及参考书目被修订就可以看得出来——1964年以后，他将主要精力用于修正以前错误研究的主题，比如"拉克鲁瓦币"(1969)，①波坦币(1971、1976)和特维希钱币(1971)，山南高卢人(1971)，东部高卢人(1973、1976、1978)和莱茵兰(1974)，其结果无疑已融入本书最后的一版修订中。他逝世时，这本书的资料包括六个带有注释的原始讲稿，以及200多页用于解释它们的幻灯片，一份扩充并经过修订的第一次讲稿，原本要成为本书的序言以及一份更新到1971年的精选文献目录。

从被修订的第一章可以明显看出，最终的书会与最初演讲讨论的安排和长度有所不同，但并没有足够的证据表明艾伦想要为我重编本演讲而做出的修改与演讲本身有很大差别。由此，第一章是艾伦本人对文本的修订，其中对于第一次莱因德讲座相关且实质的改变已加入到第一章中。其他六章和其余的五次演讲差不多是一致的，不过西班牙和南部高卢从铜币中分离出来了，成为单独的一章，这一点从艾伦的参考文献中也可看出，他本人也准备这么做。我在演讲中加入了很多艾伦在多余的副本上写的内容，并且对一些他后来发表作品涉及的主题有关的部分做了一些很小的文字修改，以保证这些内容符合他整体深思熟虑的观点。

我基本上仅对参考文献做了改动。艾伦说参考文献原本是要为了取代用来解释文本脚注的，由此我加入了与讲座中提到的主题相关

① 又称十字钱币，两千年前法国南部的古币。

的一些新文献,包括一些与本书所持观点不同的内容。我认为这比改变讲座的内容更可取,因为我不知道艾伦想要坚持哪些观点。

艾伦显然希望这些用作半色调(half-tone)插图的钱币尽可能来自英国的收藏。我也努力观察这些红色标注,只有在大英博物馆找不到恰当示例的时候才会去找外国的藏品,用以说明书中所述的某一点。有一些展示的钱币来自艾伦自己的收藏,现在属于位于牛津的阿什莫尔博物馆(Ashmolean Museum)的赫伯登钱币展厅。本书地图、绘画和图表全都来自莱因德讲座使用的幻灯片,地图和图表是重画的,但是我都是按照它们原来的样子准确地复制了不同的钱币纹饰。

没有卡雷尔·凯斯特林博士的帮助,我不可能完成对中欧部分参考文献的修改,在此要特别感谢他无私的帮助。同样要感谢英国学会拨款资助本书并提供幻灯机,感谢 C. C. Haselgrove 先生帮助提供有关英国货币的文献;感谢巴黎的国家图书馆提供铸件;感谢大英博物馆允许我复制数百件钱币;感谢阿什莫尔的 O. Rennie 女士绘制这些钱币。这里要引用艾伦本人在第六次和最后一次莱茵德演讲的结束语作为结尾:“感谢苏格兰文物研究学会组织这一系列讲座,他们迫使我将多年不间断的散乱的思想组织起来,还要感谢许多博物馆馆长和其他对本书的材料收集做出贡献的朋友,此刻还要感谢认真聆听这一抽象主题阐述的听众们,你们的需求也是演讲者本人的需求。”

达芙妮·纳什

阿什莫尔博物馆,牛津,1979 年 2 月

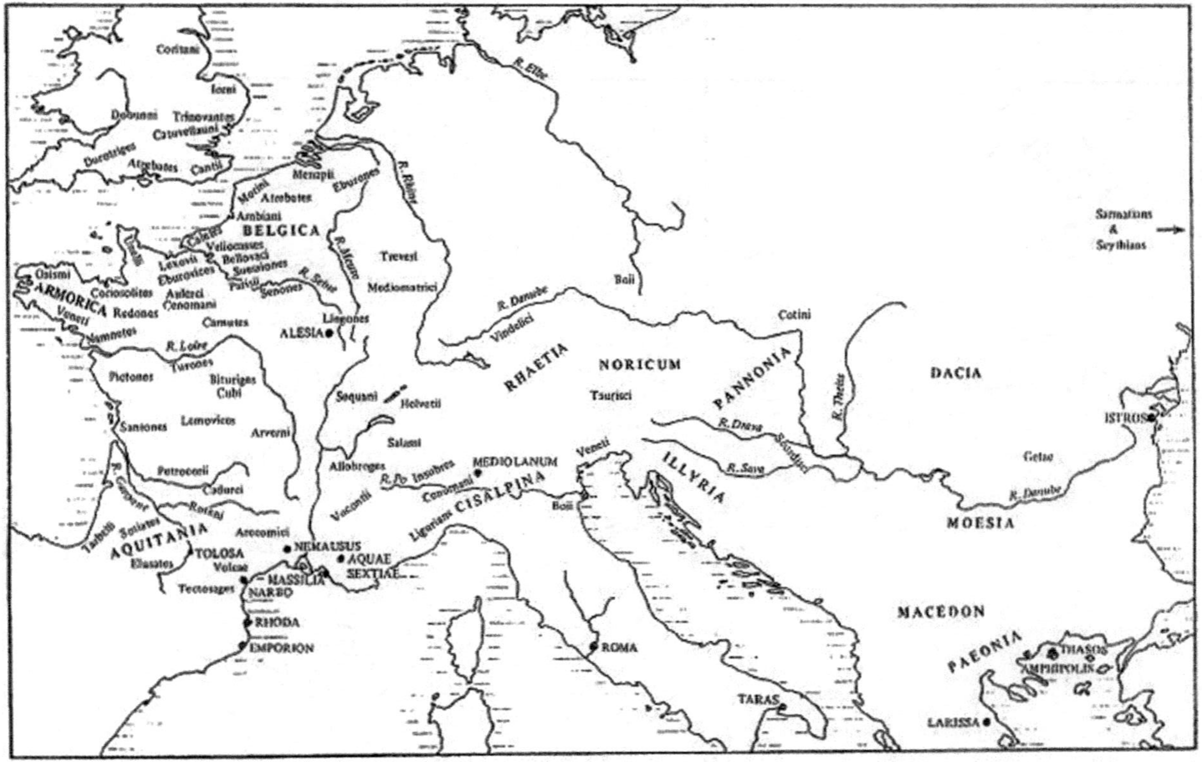
Coritani
Iceni
Dobunni
Trinovantes
Catuvellauni
Durotriges
Atrebates
Cantii
Menapii
Eburones
Morini
Atrebates
Ambiani
BELGICA
R. Rhine
Treveri
Mediomatrici
R. Meuse
R. Seine
Senones
Lingones
ALESIA
Osismi
ARMORICA
Coriosolites
Redones
Veneti
Namnetes
Aulerci
Cenomani
Carnutes
R. Loire
Turones
Pictones
Bituriges
Cubi
Santones
Lemovices
Arverni
Petrocorii
Cadurci
Ruteni
AQUITANIA
TOLOSA
Volcae
Tectosages
Arecomici
NEMAUSUS
AQUAE
SEXTIAE
MASSILIA
NARBO
RHODA
EMPORION
Sequani
Helvetii
Salassi
Allobroges
Vocontii
R. Po
Insubres
MEDIOLANUM
Cenomani
CISALPINA
Boii
Veneti
R. Elbe
Boii
R. Danube
Vindelici
RHAETIA
NORICUM
Taurisci
PANNONIA
Cotini
R. Drava
R. Sava
Scordisci
ILLYRIA
R. Theiss
DACIA
ISTROS
Getae
R. Danube
MOESIA
MACEDON
PAEONIA
THASOS
AMPHIPOLIS
LARISSA
ROMA
TARAS
Sarmatians
&
Scythians

地图 1　凯尔特人的欧洲

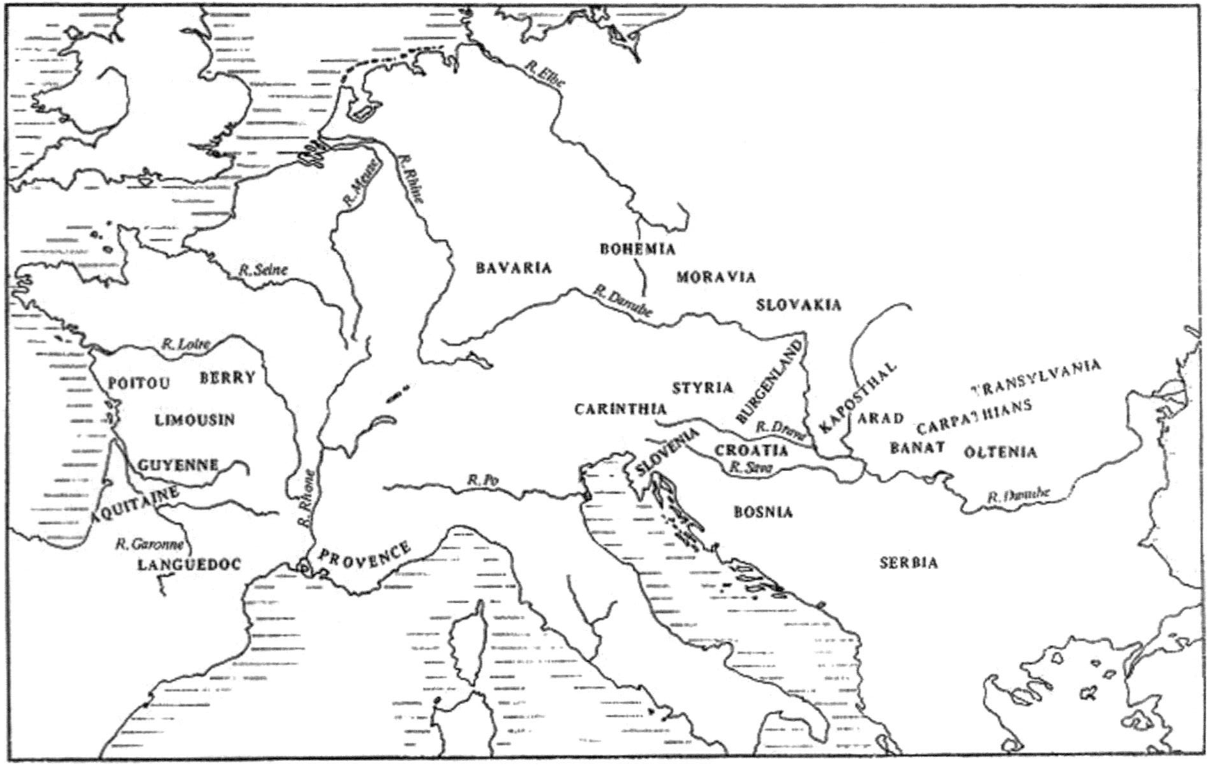
R. Elbe
R. Meuse
R. Rhine
R. Seine
R. Loire
R. Garonne
R. Rhone
R. Po
R. Danube
R. Drava
R. Sava
R. Danube
BOHEMIA
MORAVIA
SLOVAKIA
BAVARIA
POITOU
BERRY
LIMOUSIN
GUYENNE
AQUITAINE
LANGUEDOC
PROVENCE
CARINTHIA
STYRIA
BURGENLAND
SLOVENIA
CROATIA
BOSNIA
SERBIA
KAPOSTHAL
ARAD
BANAT
OLTENIA
CARPATHIANS
TRANSYLVANIA

地图 2　欧洲地区

第一章　凯尔特人货币研究绪论

第一节　凯尔特人的货币研究的本质、起源和功能

大约一百年前约翰·埃文先生在他的《古大不列颠人的货币》一书中开启了对英国的凯尔特人货币进行研究的新纪元。对于欧洲的凯尔特人的钱币研究至今仍然没有与之相媲美的开创性作品。本书中，我尽可能简单地向您描述这一广大、模糊，却又在考古学上十分重要的主题。英国的凯尔特人钱币，无论是在时间还是在空间上，只有置于欧洲的背景中才能准确地予以理解。

钱币是公元前 7 世纪生活在小亚细亚的希腊人的发明。钱币的概念主要是通过希腊人的活动迅速在地中海沿岸开始传播的，但几个世纪以来它们几乎没有传播到沿海以外的地区。直到公元前 4 世纪，欧洲中部非常独立的人民——在希腊人眼中不过是野蛮人——凯尔特人开始采纳希腊的这一做法制造钱币。起初传播得很慢，但是到了公元前 2 世纪，有些样式的

钱币开始越过欧洲从大西洋传到黑海。在接下来的公元前 1 世纪，扩张的罗马帝国其强有力的货币经济使其货币迅速取代了本土货币，然后其货币到达顶峰，随之过时、最终弃之不用。在不列颠公元 1 世纪遗迹中看到它们最终的身影。

本书对这一时期欧洲的本土钱币进行了简要介绍，具体而言是对那些可以称为凯尔特人的钱币进行介绍。古代几乎所有生产这些货币的区域都被希腊人和罗马人称为伽尔特人、加利人或卡尔特人所占据，他们的共同特征是都说着某种形式的凯尔特语言，至今仍生活在威尔士、爱尔兰和布列塔尼。用考古学的术语来说，他们大致属于拉坦诺文明中后期。这些我们所谓的凯尔特人，可分为无数个小的部落和氏族。从部落与部落之间的边境来看，他们与伊比利亚人、利古里亚人、日耳曼人、伊利里亚人、色雷斯人很难区别。他们基本上都是农民，但除了共同公开的农业定居，每个部落都有他们的大本营，经常在山顶，罗马人称为奥皮杜姆，有时候会演化成为真正的城市。社会分为不同的等级，从喜欢战争的首领到牧师、铁匠和农民。领导者们喜欢吵架，喜欢扩张领土以及迁徙，部落和奥皮杜姆以及他们的统治者，不断更迭。但是作为个体的凯尔特人非常富有创造力以及艺术天分，多数是抽象派，在古典艺术方面与他们遥远的祖先鲜有相似点。这些特质同样反映在钱币中。

欧洲所有的本土钱币都始于对希腊或罗马钱币的模仿。这些模型要么是因为相近，要么是因为它们的类型适宜而被居民们青睐。一般都会错误地将古代钱币和贸易联系起来。然而在古代，大型的交易是通过实物进行的。除了马其顿的内陆被希腊人掠夺了银矿，在欧洲中心地带被罗马帝国包围以前，很少有希腊或罗马钱币出现在欧洲中部。本土钱币被制造出来，以满足当地的需求，很少流传到它们的发源地以外的地方。

我们只能猜测这些需求是什么。大量的钱币保存下来了，是以十万计而不是万计，在欧洲大陆一个简单的贮藏都可能包括上万枚的钱币。每个地区的钱币从一开始都是由连续重量的金属合成物构成的，且代表了等量的钱币价值。据推测，钱币最初是用于支付诸如礼贡、赋税、罚金、嫁妆和祭品，而不是为了市场交易。钱币经常被储存起来，然后被打制。它们唯一在历史资料中被提及是公元前 2 世纪，这一时期阿维尔尼人的王，鲁尔纽斯，从战车中散播了很多金银碎片赠予给百姓，并且奖赏给一个歌功颂德的游吟诗人一整袋金子（斯特拉博）。在恺撒征战期间，一些晚期的钱币被用来取代古罗马的狄纳里，犒赏士兵们。只有在奥皮杜姆，这个公元前 1 世纪城市经济开始萌发的地方，我们才获得了一些明显的证据，显示钱币用在了小规模的商业或者集市上。

起源

现在可以确定的是公元前 3 世纪晚期之前或者更早一些时间，凯尔特人模仿了一些常见的希腊钱币和罗马钱币。这是在钱币的概念在地中海传播开来大约三个世纪之后。在最多一个世纪之内，一种本土风格的钱币被引入到至少六个基本区域，其他钱币很快也进入这些区域。无疑，凯尔特人那时已经从与马其顿、伊特鲁利亚或者马萨利亚及其殖民地的接触中对钱币有了认知。但是今天从凯尔特区域上发现的希腊钱币中很少能直接看到早期贸易路线的痕迹。如果希腊钱币越过地中海发达的文明流入到这片土地，那一定是极少数量的，并且很快就熔化掉了。罗马钱币直到罗马征服以后才有规律地在高卢地区流通。

最早的钱币一般是直接模仿，经常很难辨认出它们真正的起源。此后它们出现了很多分化，自然而然与最初的形态有了很多差别。这些转而形成了许多风格各异的地方样式，有的甚至与原型差别甚大，但总体来说仍属于同一脉络。这一时期币文开始出现。传统类型历经了好几个世纪仍保持着生命力，不过最终我们在同时期的类型中发现了真正的创新。早期发展得很慢，并且在地域上彼此隔离，后来发展越来越快，几乎有人居住的地方就有广泛而丰富的钱币。

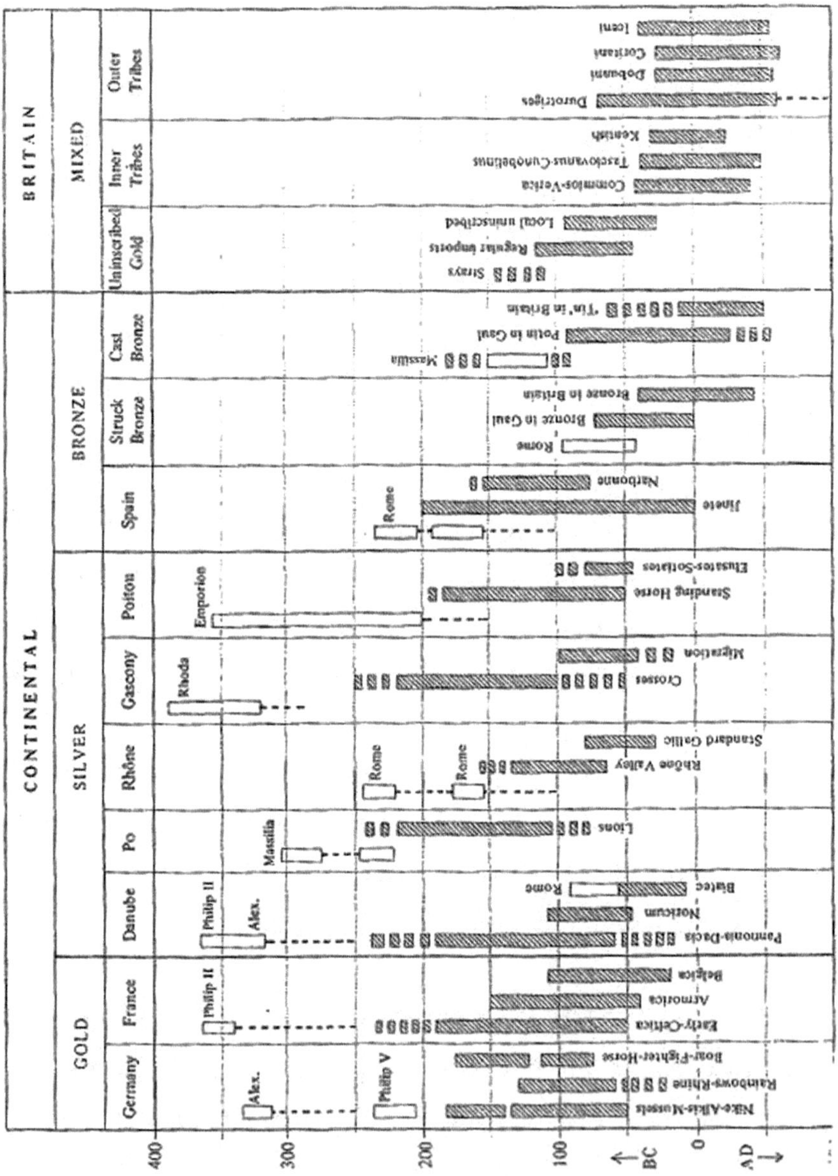
BRITAIN
MIXED
Uninscribed Gold
Inner Tribes
Outer Tribes
Iceni
Coritani
Dobunni
Durotriges
Kentish
Tasciovanus-Cunobelinus
Commios-Verica
Local uninscribed
Regular imports
Strays
CONTINENTAL
BRONZE
Cast Bronze
'Tin' in Britain
Potin in Gaul
Massilia
Struck Bronze
Bronze in Britain
Bronze in Gaul
Rome
Spain
Narbonne
Jinete
Rome
SILVER
Poitou
Elusates-Sotiates
Standing Horse
Emporion
Gascony
Migration
Crosses
Rhoda
Rhône
Standard Gallic
Rhône Valley
Rome
Rome
Po
Lions
Massilia
Danube
Biatec
Rome
Noricum
Pannonia-Dacia
Philip II
Alex.
GOLD
France
Belgica
Armorica
Early-Celtica
Philip II
Germany
Boar-Fighter-Horse
Rainbows-Rhine
Nike-Alkis-Mussels
Alex.
Philip V
400
300
200
100
BC
0
AD

图 1　时间概表

分布区域

由于对钱币的重量和精细程度地域之间约定不同,相邻的凯尔特人区域之间进行简单地交换明显存在实际困难。一般来说钱币只在很小的区域内流通,如果它们流传到这些地方以外,其价格就有待检验或者分析了。在古代世界,凯尔特人钱币的功能并不在于简单交换。事实上,除了少数特定的区域,多数凯尔特人的钱币只局限于一个特定的区域,在英格兰就是几个郡县,在欧洲大陆上也不超过这些面积(大概直径从五十英里到一百英里不等的区域)。其中,有一个明显的趋势是钱币沿着河流的方向分布。为了确定这些区域,单一的发现比贮藏的发现更有意义。贮藏的发现,从三万枚到四万枚钱币不等,反映了特别的情形。它们可能是探险家、商人、难民、甚至是流亡的战败部落遗失的。它们最大的价值是帮助确定了钱币相关的年表。

归属

在钱币上的名字出现之前我们并不知道谁最早发行了这些钱币。尽管钱币的纹饰几乎总是在特定的地区集中出现,我们并没有足够的理由推测发行者就是一个部落。的确,极有可能它们是由部落酋长个人发行的。因为,就我们所知,(除了西班牙)我们拥有的每一个早期的名字,都是个人的而不是部落的名字。即使在发行者可以被认定为一个部落的情况下,比如像恺撒的《高卢战记》中描绘的那样,钱币的流通仍然是以统治者个人的名义。我们的任务是鉴别、定位并且注明这些钱币的日期。我们是否能够将部落的名字归类于所属的类型常常是一种意外的发现。过去,为了方便用部落的名字来描述某种或每种钱币,罔顾历史证据,造成了很多误解。我们所知的高卢和其他凯尔特人活动区域的部落名称多数源于尤利乌斯·恺撒和帝国早期作家。那时迁徙频繁发生,因此将由罗马帝国建立的部落模式上溯到一个世纪甚至更早以前,是不太稳妥的。

当复制技术开始以后,就无法得出钱币制造是某一中央权威的特权这一结论。如所有的文献资料中证实的那样,铁匠们——在等级制的凯尔特社会中扮演首要角色——可能制作了这些钱币。但是,随着钱币制造的演进,它很快就具备了地方和组织的特征,这通过由一些核心部落权威或为了这些部落权威而发行就可见一斑。即使是很短的时期,统一不变的标准也没有坚持下来。到了出现币文的时期,尤其是西部地区频繁出现在钱币上的文字,钱币的权威被个人化了。大多数名字当然是那些负责的发行人、地方长官或者酋长,据推测地方长官的名字经常成对地出现在一起。部落的名字偶有出现但是很少,而且主要描述地方长官的籍贯,而不是钱币的所属地。在尤利乌斯·恺撒的《高卢战记》(那时的凯尔特人生活在莱茵河和比利牛斯山之间)中提到的很多酋长中,只有一些人的名字出现在钱币上。韦辛格托里克斯,公元前52年领导高卢人最后抗击恺撒的领袖,发行了金币(1、2号钱币)。在不列颠,恺撒证实了但凡在金属中能够发现钱币的地方,在罗马征服前的50年都存在钱币的习俗,有可能是罗马人强加的,因为金币和银币的重量与罗马的奥里斯和狄纳里极为相似,即使在战争时期,不同的部落,不同的统治者中间仍保持不变。有五个发行者称他们自己为国王,无疑,在不列颠,他们在各自的领域都是钱币发行制度的中央权威。还有其他多种以库诺比莱纳斯的国王名义命名的钱币,库诺比莱纳斯的死亡导致克劳狄乌斯入侵并继而占领了这个国家。

1

2

然而，认为我们能够勾勒出既存凯尔特人的钱币制造技术——其中几千种类型的钱币以一种有序的部落形态记录着，从一个统治者到另一个统治者，并按照编年体的顺序横跨欧洲大陆——只是一种错觉。如果关于凯尔特人有一点是确定的，那就是他们是变化无常的，随着战争不断迁徙并且内部斗争、分裂不断，这一点与他们的一些邻人略有不同。**我们的信息是片面的，甚至是碎片化的，无论是凯尔特人的历史还是地理。**考古学和钱币学经常告诉我们不同的情景，钱币代表了社会的一个方面——富有的人。我们的最大希望是确定钱币制造的大致轮廓，以及钱币分布最广的范围。难以解释以及矛盾的问题仍会存在，即使在主要轮廓已经确定的情况下。

第二节　凯尔特货币的地理分布

能够发现凯尔特和其他本土钱币的区域非常辽阔。西班牙有大量金和青铜的本土钱币，有一些是由讲凯尔特语的人或是受凯尔特影响的人发行的。不过总体来说刻有西班牙字母的西班牙钱币集中在一起，并且作为罗马钱币一个行省的分支被研究。凯尔特人留下的痕迹非常少，仅限于骑马者携带的武器或者徽章，这与用于标明他们名字的语言还不同。由此，为了本节的介绍，凯尔特人的钱币要追溯到比利牛斯山。从另一个方面来看，尽管说凯尔特语的人分布在多瑙河沿岸，有一些定居在安那托利亚的加拉提亚，主要的凯尔特人还是定居在喀尔巴阡山。色雷斯人的领土上发现的本土钱币很少甚至几乎没有能和凯尔特人联系起来的。南边也很类似，威尼斯内陆发现的钱币在外形特征上和山南高卢、波河以北地区发现的钱币几乎没什么两样。然而威尼西亚人不说凯尔特语却是一个事实。

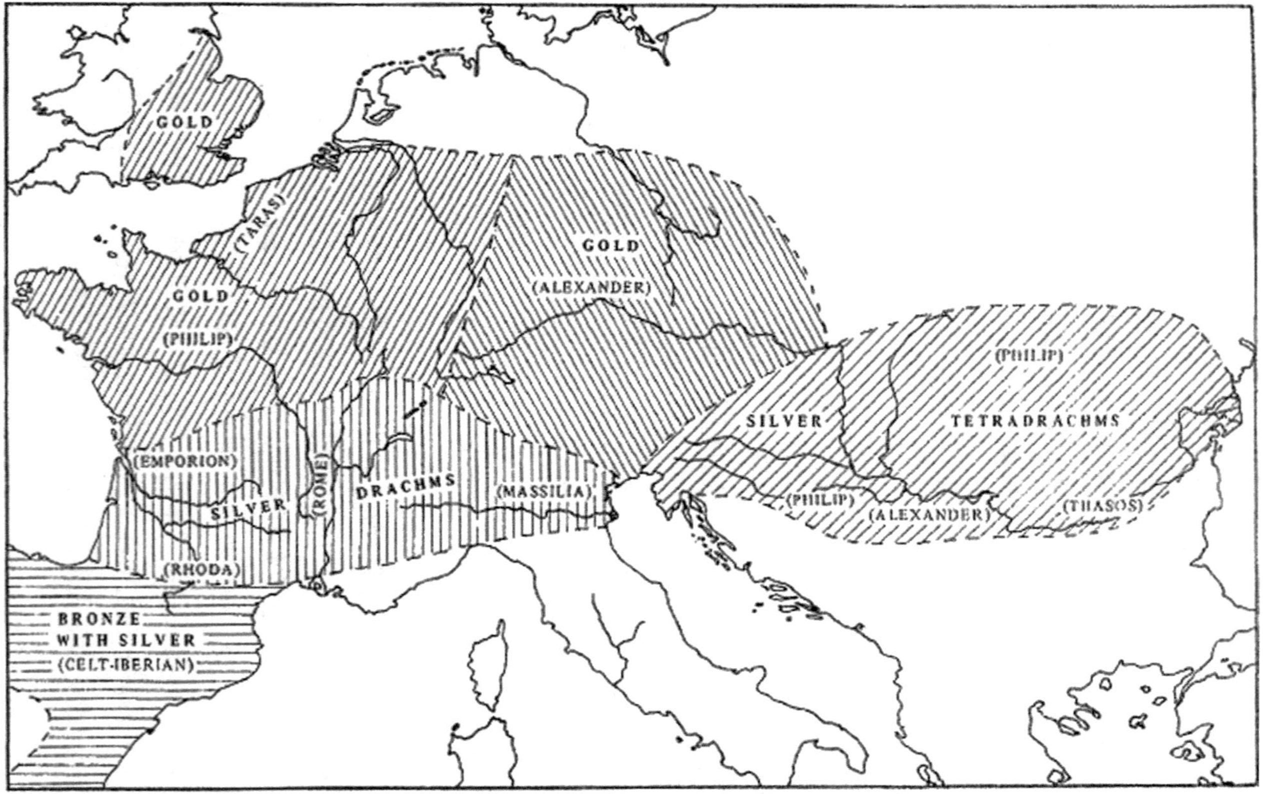

地图3　公元前1世纪初期凯尔特人的钱币分布

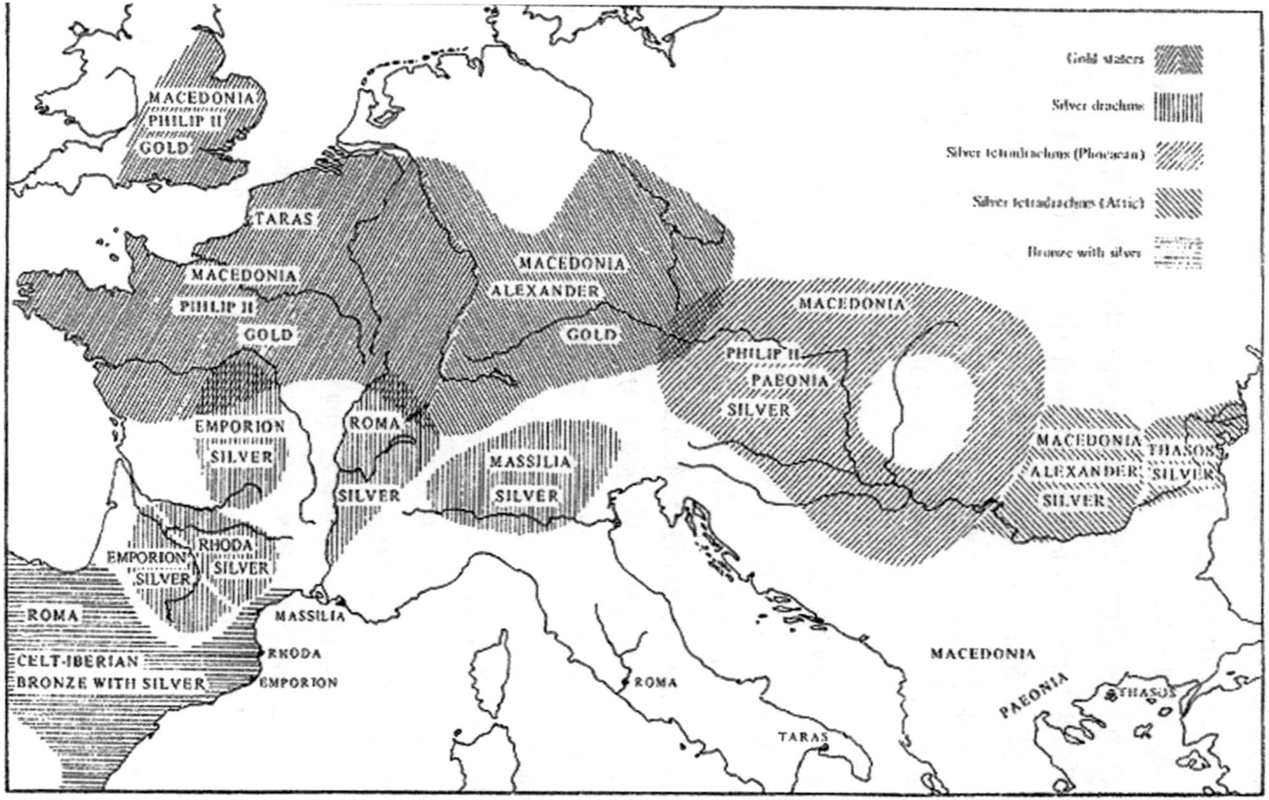

地图 4　凯尔特人钱币制造的起源

钱币并没有回答为什么凯尔特人消失，日耳曼人兴起这一长期形成（很多时候是无意义）的问题。中部和北部德国的森林里并没有钱币，到喀尔巴阡山脉以北也逐渐消失。另外，一些本土钱币形式，为了方便，我们将其统称为凯尔特人的钱币，自地中海沿岸的传统钱币消失以后，在欧洲大陆中部频繁出现，直到拉坦诺文明后期。

凯尔特人的钱币包括金币、银币和青铜币。同普通的希腊和罗马钱币一样，金币和银币一般都是使用模具锤打制成。青铜币有可能是使用模具锤打制成，也可能是用模具铸造的。每种金属的钱币都有不同的起源，且分布在不同的区域。随着时间的推移，钱币越来越混杂，也有其他钱币放进来，不过其源头仍然是阐述这一主题最基本的内容。由此，如果要清楚地叙述这个故事，就不可避免地需要在表述上进行简化处理。

原则上来说，欧洲可以根据基础钱币的金属种类分为三个区域。一个比较小的区域，是西班牙东北部的青铜币，以前也是希腊殖民地恩波里翁的钱币，延伸到地中海沿岸法国的区域。第二个区域，相对较广，从大西洋沿岸卢瓦尔河以南不断延伸到多瑙河入口，这一区域使用银币。第三个区域在其北部，这个区域包括法国北部、比利时和不列颠、德国西部和南部、瑞士北部和捷克斯洛伐克西部或波西米亚，基本上都使用金币。这一组合在某种程度上是因为这些地方对应的矿和矿藏，就像钱币的纹饰一样，基本上就是一种选择。所有相继而来的发展都是在这个基本类型之上的。

以下章节将会对上述概要加以详述。现在应该返回钱币本身来描述它们，用它们的原型或由它们衍生出来的模型一个区域接着一个区域进行阐述。年代的证据已经有了，不过解释经常是互相矛盾的。对于某一特定的主题或区域，找不到可以追溯到源头的证据或者其痕迹散见于诸多文献中，这些在参考书目中也都标明了。得到真理没有便捷的途径。

第三节　银币分布地带：东部区域

凯尔特钱币始于银币分布地带（参见第二章）。我们所知最早的钱币是对多瑙河流域中部马其顿王国的四德拉克马银币的模仿，以及对波河以北马西利亚的德拉克马和加伦河盆地罗达地区的两德拉克马的模仿。所有这些都要追溯到公元前3世纪甚至更早。我们还没有同时期其他钱币存在的证据。

马其顿王国菲利普二世
多瑙河盆地：潘诺尼亚和达契亚
（罗马尼亚、匈牙利、南斯拉夫北部）

最早出现的钱币可能是多瑙河沿岸的。马其顿王国菲利普二世（公元前359～前336年）时期的四德拉克马银币上刻有带有胡须的宙斯的头像，背面是个骑马者，它们被发现在罗马尼亚奥尔泰尼亚的斯凯瑞索拉的贮藏堆里，同时发现的还有可追溯到公元前4世纪末的伊斯特洛斯的希腊钱币。对多瑙河沿岸钱币大规模地模仿应该始于公元前300年。起初，它们还和币模是一样的，很多还带着用以检测金属的切口。其他上面还印有戳记以表明它们的真实性。之后，大约公元前2世纪的时候，许多地方钱币开始出现了各式各样的形态。它们从巴纳特或者奥尔泰尼亚中部传播开来，两者都位于现在罗马尼亚沿着喀尔巴阡山脉的半圆形地带，古代的达契亚，沿着多瑙河西至匈牙利，即古代的潘诺尼亚。有一些钱币变化反映了某一传统钱币类型的演进，但其他则反映了新的影响，比如佩特奥（公元前340～前315年）的货币，或者培奥尼亚的国王奥达勒翁（公元前315～前285年）时期的钱币，或者希腊城市（安菲波利斯）或拉里萨的自治货币。偶尔也有借用的钱币，这一点从马其顿王国的亚历山大三世（公元前336～前323年）时期的钱币上刻有赫拉克勒斯的头像就可见一斑，亚历山大三世死后这一钱币继续发行。距离南斯拉夫的贝尔格莱德很近的泽蒙的贮藏发现可追溯至公元前220年的希腊钱币，这就表明那时出现了对菲利普、亚历山大和拉里萨钱币的模仿。

大多数情况下还不可能把多瑙河沿岸的四德拉克马银币的各种形态划分到特定的部落中去，几乎所有都是匿名的，并且还不确定主要类型是由部落发行的。不同的钱币类型似乎来回流动，相较于西部更加不易于厘清。某种程度上重量和精细度可以用于辨别相对年代。起初，最引人注目的钱币类型出现在特兰西瓦尼亚，其中最刻板、最颓废的继承者就在奥尔泰尼亚和蒙特尼亚，这里是盖塔人的故乡。但是随着时间的迁移，一个大的杯型的变化就取代了特兰西瓦尼亚和巴纳特的其他钱币。塞尔维亚早期，钱币呈现出很厚且狭窄的块状。在匈牙利东部，外多瑙河流域，有很多活跃的样式，有一些刻有特兰西瓦尼亚的先辈，彰显了凯尔特人的野性和仪式。正是在这一区域，小额银币第一次被引入，说明这些钱币在当地被使用而不只是储存，在很小的区域中，我们看到了使用青铜币的尝试。

萨瓦河和德拉瓦河的发展：诺里孔王国（奥地利）

从匈牙利开始，一种类似的钱币沿着萨瓦河和德拉瓦河传播到了奥地利的施第里尔和卡林西亚——古代的诺里孔王国。钱币纹饰中首领是无胡须的，这一风格大概是从菲利普二世时的银币衍生来的，那时阿波罗也是无胡须的。在此之前，钱币背面的马已经变成了一个生动的持矛的人，反映出受到了罗马的影响。几乎仅仅多瑙河盆地的钱币，晚期的样式上能看到凯尔特首领的名字，比如罗马字体显示的阿塔纳曼提或者“Svicca”。以马西利亚的钱币为原型，并对钱币中银的成分进行细微的改动加上小额银币，这一钱币制造活动一直持续到罗马征服或者在它之前（公元前6年的诺里孔，公元前9年的潘诺尼亚）。最后的统治者阿塔以奥古斯都作为头像。反之，在达契亚，尽管图拉真皇帝统治期间才被占领，钱币制造活动并没有在外来的皇帝布加勒斯特(约公元前44年)占领后幸存下来,其衰落大概发生在公元前20年,因为钱币并没有在挖掘的遗址中发现,比如科斯特斯提。

马其顿王国的菲利普三世
多瑙河以南,近其入海口:摩西亚
(保加利亚)

在东部,三种重要的四德拉克马银币在比菲利普二世时期更重的四德拉克马银币基础之上被制造出来。第一个发现于保加利亚和罗马尼亚东部,其名字命名为摩西亚更好,模仿了马其顿王国菲利普三世早期(公元前323~前316年)的四德拉克马银币或者亚历山大三世死后的银币,它们极其相似,正面有个赫拉克勒斯的头像,背面是宙斯的头像。除了四德拉克马银币,还有少部分其他名称的钱币。

除了能推测出这批钱币出现于公元前2世纪中期之外,似乎很难再说得更多。由于贮藏的出现,四德拉克马银币有时和下文的一些钱币十分相似,它们都做工粗糙,很容易和罗马尼亚西部和匈牙利精雕细琢的钱币区别开来。

萨索斯的仿制品:黑海内陆

在保加利亚和罗马尼亚东部发现了数量巨大的对古希腊独立岛屿萨索斯上四德拉克马银币的粗糙仿制品。这一系列大量的钱币始于公元前146年罗马攻占马其顿之后,有一些马其顿王国的罗马后期钱币同样也是仿制的。萨索斯的仿制品持续到公元前1世纪,并且可能在整个公元前1世纪都贯穿始终。虽然这些钱币分部广泛,但它们的起源地仍然是色雷斯内地,蕴含的意思是它们遵循并替代了菲利普三世。这并不是说这些仿制币变得具有地方特色,而是它们没有很好地被研究。在后期的版本中,钱币正面柔弱的酒神和反面的赫拉克勒斯消失,而变成野蛮、不系统的混乱产物,这些看上去丝毫没有凯尔特的风格。

比尔泰克系列:斯洛伐克南部

与之相反,第三组比四德拉克马银币更重的钱币发现于斯洛伐克南部，是最系统的、所有钱币中最戏剧性的凯尔特钱币。从时间和空间上来看，它们集中于公元前 1 世纪中叶一个小的区域，因为有些模仿罗马的样式要追溯到公元前 67 年或者公元前 60 ~ 前 46 年。尽管埋藏在阿尔卑斯山的盖利岑山中的钱币出自公元前 43 年之后，延伸到潘诺尼亚的钱币直到公元前 12 ~ 公元 9 年才被罗马的钱币取代。可以看出这些钱币中首次出现的名字——比尔泰克，并且这时已经出现了打制的金币。在北部金币分布地带的末端，也可以看到刻有比尔泰克名字的钱币。这些贮藏的钱币中，也有刻有凯尔特人名字的诺里孔的四德拉克马银币。比尔泰克及其后继者的名字都刻在钱币上，使用了亚古典的神话主题：雕刻精美的希腊神话中半狮半鹫的怪兽、鹰身女妖、人首马身的怪物，等等。在比尔泰克及其继任者诺斯之后，每一个名字通常都有一个模具，有时模具上的名字还会变化（从蒂托到艾诺瑞克斯再到法利奥利克斯）。这些令人瞩目的钱币，其中有羽翼的人首马身的 Busu（maros）可能是最显著的，在艺术史上占据着重要的地位，不过与其他国家的普通凯尔特钱币有很大区别。为什么波伊——先是意大利的首领，后来离开了波西米亚，显然发行了这些钱币——选择在后期采纳废弃的萨索斯的仿制品，仍然是未解之谜。

罗马狄纳里的仿制品：匈牙利

在近匈牙利发现了一些罗马狄纳里的粗糙仿制币，显然属于公元前 1 世纪后期。有一些刻着名字，币文“*Ravis*”可能指的是敦南吐尔地区的伊拉维辛部落，而其他名字可能是私人的。它们的纹饰各异，如同它们的模型一样，不过很难从它们的样式上看到凯尔特人的影响。它们与比尔泰克系列的钱币没有联系，与菲利普时期的仿制品也没有联系，看起来似乎前面的一系列钱币消失以后才开始出现罗马狄纳里的仿制品。在 1 世纪晚期复制罗马狄纳里的实践在东欧逐渐传播开来，这一实践始于公元前 30 年左右，有许多用以复制罗马狄纳里的币模在达契亚的提里斯卡被发现。

第四节　银币分布地带：中部区域

波河流域马西利亚的仿制品。

山南高卢
（意大利波河以北）

对马西里亚（现在的马赛）德拉克马银币的模仿位于靠近罗纳河河口的希腊殖民地，始于四德拉克马系列在多瑙河流域出现之后。公元前212年之前埋藏在罗马都城的钱币（根据对极富争议的早期罗马货币年表的最新解释）中发现了马西里亚德拉马克银币中较轻的一种类型的仿制品；无疑，它们于公元前224年凯尔特人在特拉蒙被击败之后被带到了罗马。仿制品都是在罗马都城类型之前较重的德拉克马。尽管开始的日期没有多瑙河流域的精确，我们可以确定的是这些仿制品一直持续到公元前3世纪中期。因为波河以南凯尔特的塞农人所在地区并没有发现钱币，塞农人在公元前282年前被罗马人击败，这个时期或许可以提供一个起点。这些钱币纹饰自始至终都是统一的，其正面为女神的头像，背面则是一头狮子或者其他野兽。

在米兰附近的因苏布雷人，提契诺的诺马尼和面向亚德里亚海的非凯尔特的威尼西亚人中发现了一些其他的钱币类型。经由罗马钱币的出土，贮藏中有未刻字的钱币可追溯至公元前3世纪晚期或公元2世纪早期（比如诺马尼的比亚恩德拉泰、威尼西亚的圣泽诺、甘博洛或者帕多瓦）。最近的钱币上刻有意大利语的凯尔特人的名字，它们在可追溯至公元前1世纪的前25年的贮藏中被发现（比如杰伦扎戈、奥尔纳瓦索和特雷维格里奥）。即使钱币制造于公元前89年授予阿尔卑斯山南侧高卢人以罗马公民权的时候终止了，也有证据表明最近一些刻字的钱币带有瑞克的币文，直到奥古斯都时代仍然被使用，比如科摩和奥尔纳瓦索的贮藏中就如此显示。

利古里亚人:沿海的阿尔卑斯山

奥博尔[①](以及比较罕见的双奥博尔和三奥博尔)属于最后一个阶段。在这些钱币上,马西利亚的狮子已经变成难以辨认的野兽了。奥博尔是由可追溯至公元前82年之后的罗马狄纳里的贮藏中辨识出来的(塞拉里克奥堆)。有可能这些钱币是利古里亚人的而不是凯尔特人的,属于热那亚内陆地区。罗纳河的河谷中没有发现对德拉克马或马里西亚的奥博尔的复制品,反之罗纳河谷中流通的是原始钱币,仿制品仅在阿尔卑斯山南侧的高卢地区出现,那里没有原始钱币。凯尔特钱币的整体状况就是如此。

第五节　银币分布地带:西部区域

罗达的仿制品:加伦河盆地
(法国西南部)

对罗达两德拉克马的仿制与波河流域马里西亚的仿制币有着大体相同的过程。据我们所知,它们没有出现在西班牙安普里亚斯湾的希腊殖民地内陆,而是越过了比利牛斯山,主要分布在法国西南部连接加伦河的大部分区域。这一区域古代主要是沃尔卡人,主要分为两支,泰克托萨热斯(包括图卢兹的托落萨特人)和阿雷科米契人(法国南部城市尼姆附近)。这一地区钱币的起始日期可以从西班牙中部(德列韦斯和瓦莱拉堆)的两个贮藏中的钱币推演出来,现在大概可追溯到公元前210年,纹饰磨损的示例与早期有很大差别。有一些形式的钱币持续到恺撒时期,然而泰克托萨热斯的首都,托洛萨的罗马人在公元前106年的征服是一个明显的转折点。这些钱币最显著的特

① Obol,古希腊银币。

征是背面的十字，它们是由罗达钱币上刻着的玫瑰花演化而来的，上刻有四个花瓣，尽管某些情形下受到了马里西亚钱币制造的影响。十字的角上布满了一些象征符号，很可能是祭祀所用的斧子。这些钱币中不同种类的拉克鲁瓦币，有时候和已知的部落领域联系在一起：托洛萨人、泰克托萨热斯人、卡乌尔斯人、佩里格人，以及后期的鲁提尼人。只有一些上面刻有币文，有一些伊比利亚的字母。这些钱币十字的一个特征是许多都刻在了破碎的币坯上。

恩波里翁的仿制品：面向卢瓦尔河

（法国中西部）

恩波里翁是面向罗达横跨西班牙的安普里亚斯湾的希腊殖民地，其两德拉克马仿制品上也刻有十字符号，出现在大概 3 世纪早期或中期。早期的十字在恩波里翁早期的仿制品上重复出现。从恩波里翁发现的仿制品介于加仑河和卢瓦尔河之间，基本上位于沿着维埃纳两岸的皮克通（普瓦图）地区。钱币的背面是一个仙女的头像，起初与那些钱币上的十字符号相连，不过后来变化迥异。其背面则是飞马或一匹马。银币的传统，几经修改，仍保存至恺撒时期。

罗马的影响：罗纳河谷

（法国东南部）

朗格多克和吉耶纳地区起源自罗达的十字钱币和山南高卢源自马里西亚的狮身德拉马克是这些银币中的另一个系列。这些银币最初出现在罗纳河左岸，它们的一部分很快传播到高卢的中东部，甚至更远。钱币制造是混合的，但主要源于罗马。贮藏可能有一天提供起始日期的证据，但目前还没有。早期和较重的钱币其类型可能来自迦太基人，它们早于马西利亚人于公元前 154 年向罗马人求助抗击利古里亚的入侵。早期罗马钱币几乎没有衍生出其他类型。有一些具有意大利南部古希腊殖民地风格的币文，有一些则是罗马的币文。

后来的钱币重量逐渐增加，有少许钱币较轻，不过罗马的渊源十分明显。在重量上,这些钱币与一个罗马奎纳里[①]相等。其主要类型,正面为一个罗马人的头像,背面一个持矛的人(源自狄俄斯库里[②]中的一个),可能是在公元前124年罗马的殖民地埃克斯普罗旺斯建立之后,不过它们在罗纳河谷两岸的主要分布还是集中于罗马行省的东部。关于钱币的币文不可胜数,其本身也有很长的生命力,直到恺撒征服及后期仍在使用。

高卢中部受罗马的影响很快发展出了银币奎纳里。一个重要且相对早期的系列刻有希腊字母的名字:KAAETEAOY。它们被迅速复制,继而被腐蚀,也许是因为随着罗马取代了马里西亚,影响力居上,希腊语不再是当地的主要语言。公元前1世纪的前25年,钱币制造开始产生,直到恺撒征服前夕达到繁盛。也许是由埃杜维人制造的,不过不仅仅在埃杜维流通,还在塞卡尼人和林贡斯人中被使用。同一地域其他带有拉丁传统的相似钱币类型也逐渐居于主流,它们甚至在恺撒征战以后仍在使用。所有这些数量庞大的钱币,很可能大部分是在战乱地区支付给士兵的犒赏,不过有一些也用以支付罗纳河两岸的赋税。银币在高卢的终结可能在这一时期的晚一些时候会出现。现在是时候转到金币上来了,最后描述的钱币这时开始出现了。

第六节　金币分布地带:东部区域

目前为止所描述的银币分布地带(参见第三章)以北一个单独的区域发现有金币的仿制品。它始于法国靠近大西洋的沿岸地带,法国中央高原以北,横跨欧洲至东部捷克斯洛伐克的西边,或称波西米亚地区。其他地方发现的金币则是零星的,相对来说不那么重要。这一

---

① 狄纳里货币体系的本位币是银币狄纳里,次等钱币有银币奎纳里(Quinarius)、银币塞斯特提(Sestertius,也叫Sesterce(塞斯退斯))共两种。

② 狄俄斯库里(Dioscuri),天神宙斯的两个双胞胎儿子。

区域分为两个部分：东部和西部。很可能东部的金币产生得更晚一些，不过并没有直接的证据。金币重量的变化经历了大致相同的过程，不过东部的金币生产从一开始就是小规模的。

马其顿王国的亚历山大三世：波西米亚的钱币

易北河上游并向东沿着多瑙河北岸直到瑞士境内，钱币基本上都是以马其顿王国亚历山大三世（公元前 336～前 323 年）的斯达特金币为原型，其刻着戴着头盔的雅典娜和飞翔的胜利者人像，不过还有其他的影响。其中最重要的当数马其顿王国时期腓力五世（公元前 220～前 178 年）的后期钱币，其背面是挥舞着盾和矛的站立的雅典娜形象，不过罗马的影响也开始渗透进来。作为艺术的作品，这一系列大多数钱币都不值钱，不过也有一些例外。波西米亚波伊的钱币对于早期的钱币制造做出了很大的贡献，因为完整的凯尔特钱币不是像其他地方那样分成了四份（或者一半，再分成四份），而是分成了 1/3，1/3的 1/3，再又 1/3（也就是 9 份、27 份）。

在波西米亚，主流的钱币是对亚历山大三世的斯达特金币的模仿。不过从一开始，1/3 钱币正面的图像可能来自罗马，背面显然是菲利普四世时期画的。两者均经历了巨大的变化，在这一过程中不断变轻，标准也变得模糊。其开始日期是在公元前 200 年左右，末期出现了贝壳纹饰钱币，斯达特最终退化了，其中一些还带有比尔泰克的名字，显然是遇到了斯洛伐克的重银币。有很多理由可以相信发行者是一个，且是同一个，即使公元前 1 世纪中期，银币紧随金币，不再被波西米亚使用。

波西米亚钱币的衍生品

北部、西部和西南。与常规的波西米亚系列同时存在的，还有一系列有趣的金币，可由重量和标准推测其日期，一直延伸到普鲁士，基本上源于凯尔特类型，但与马其顿的原型也有一些关联。钱币上刻有马匹、野猪、奶牛、武器和人物形象。一个最令人印象深刻的钱币上刻有塞西亚的卷龙。这一系列还没有被认真地研究，可能出自康士坦茨湖附近,由古希腊的斯达特和 1/2 斯达特构成,它们的风格自成一家,其中背面有羽翼的形象戴着一个尖利的钢盔和矛(图 2)。在另一个钱币上,一个无头的形象正被一只大鸟吞噬。

图 2　康斯坦茨湖的形象

尽管瑞士的主要流通币呈现出一个完全不同的样式:亚历山大三世纹饰的钱币再次出现在阿尔卑斯山一带,经过大圣伯纳德山口(阿尔卑斯山脉的山口,在瑞士和意大利边界),到达奥斯塔产金的萨拉西人的地区。这一类型相对较少,在阿尔卑斯山以北是没有名字的,但是在意大利却刻有意大利的字体。有一个部落证实了这一点,当然在博伊和意大利北部之间还有其他的证据。

文德里西亚的彩虹杯系列(巴伐利亚)。在波西米亚地区以西,古代的文德里西亚(巴伐利亚),发现了许多钱币,几个世纪以来,在德国一直被称为彩虹杯,据称它们有一些神奇的属性。这一纹饰显然源自波西米亚风格,上带有一条盘旋的龙,后来也是如此。有许多其他的种类存在,比如带有蛇、鸟头、项圈、水珠、十字等。很少有两面是真正光滑。它们没有被作为一组来研究,不过它们的度量系统是与法国的、而不是波西米亚的钱币制造相关。钱币仍然在使用中,至少是以一种低质量的形式,直到罗马征服了波西米亚,如同在著名的曼兴的奥皮杜姆所发现的一样。

第七节　金币分布地带:西部区域

西部包括法国境内中央高地以北地区、比利时的部分地区、瑞士、莱茵兰和不列颠。这里的钱币基本上以马其顿王国菲利普二世(公元前 359 ~ 前 336 年)的斯达特金币为原型,尽管也受到了马其顿王国亚历山大三世(公元前 336 ~ 前 323 年)、色雷斯的利西马科斯(公元前 306 ~ 前 281 年)以及公元前 3 世纪中叶意大利南部塔伦特姆这一希腊城市的细微影响。凯尔特奇妙的钱币在单一主题上——一面是无须的阿波罗头像,一面是战车的御者——衍生出了许多不同的纹饰。长毛高卢(高卢中部和西北部)的钱币奇异美丽,另一些地方,特别是在比利时高卢或东北部高卢,最终流通到不列颠,化约为无意义的、重复的公式,由一些只有在早期才能被理解的常用元素构成。并没有可靠的证据表明这些钱币起于何时。有一些银币可能始于公元前 3 世纪,但是对于西部金币的日期推断大致可以明确,尤其是以塔伦特姆为原型的钱币,尽管其可能要晚于靠近地中海的钱币。

为什么西部和中部的钱币来自不同的模型一直是争议较大的话题。菲利普和亚历山大的斯达特金币造出来之后很久才开始大量流通,同时的还有雷西马克[①]和塔伦特姆的钱币。很难想象一个地方青睐一种钱币,对于另外一种却不同。对于金属的选择是有意为之的。我们称为日耳曼的凯尔特人偏好站立的武装形象,而法国的凯尔特人很明显倾心于马匹。没有必要去问原始钱币经由何种路线到达了它们被复制的地方,也没有证据表明它们经过贸易或者因成为战利品而被带到了其他地方,即便如此,本土钱币也很难获得。更值得考证的

① 公元前 306 年的马其顿军官。

是，既然金银两种金属在南北方都易获取，为什么金币多出现在北方，银币多出现在南方，这些并没有成熟的答案。

第一阶段

这一阶段的钱币最早始于马其顿王国菲利普二世时复制的斯达特金币，很快就出现了 1/4 斯达特金币——一种地方的发明。这一发明很有魅力，但是如果将它们与斯特拉博所记录的传统联系起来就不可信了，后者记录了公元前 3 世纪晚期或 2 世纪早期从大西洋到罗纳河的阿维尔尼帝国，这一帝国如果存在的话，公元前 121 年在罗马人打败比图图斯①（卢尔纽斯的儿子）领导下的阿维尔尼人之前就瓦解了。在法国的大部分地区，包括奥弗涅和贝里，发现了模仿的斯达特金币，不过早期的频繁出现在莱茵兰地区。在这一阶段，这一现象既不是民族的现象，也不是地域的现象。反之，钱币很快具备了地方特征，尤其是 1/4 斯达特金币，一些轻币（重量小于 8 克）后期基本上是地区性的。然而不可能断定这些金币始于何时，不过有清晰的证据显示它们之间的差别是有意为之且是自觉的。可用来解释的理由是这些钱币被视为部落问题来处理，即使我们对于这些部落不那么确定。

区域发展

阿维尔尼人。高卢不同地区钱币的相对演进还没有被很好地研究，尽管有一些被个别进行了研究。一般来说它们可以被大致定位，即使其年代无法判定。到公元前 1 世纪，钱币主要分布在中央高地，阿维尔尼的斯达特金币，毗邻地区贝里的比图里吉人和利穆赞（今属法国）的莱摩维斯只能属于相对较晚的时期。然而，它们终止的年代很容易确定，因为发现了以阿维尔尼的维钦托利命名的钱币，维钦托

① 比图图斯是阿维尔尼人的国王，阿维尔尼人是一个居住在现在法国奥弗涅地区的高卢人部落。在比图图斯的父亲卢尔纽斯的领导下，阿维尔尼人在公元前 3 世纪和公元前 2 世纪是罗马共和国的强大反对者。在公元前 121 年，比图图斯被罗马将军法比乌斯·马克西姆斯击败，结束了地中海高卢或现今法国南部阿维尔尼人的力量。阿维尔尼人的失败导致了罗马行省高卢那尔旁的建立。

利在公元前 52 年阿莱西亚被攻陷后被俘。

莱茵兰人。在相当早的时期，大概是在公元前 2 世纪，我们可以区分不同的瑞士和莱茵兰钱币，它们衍生自菲利普二世的斯达特金币是显而易见的。赫尔维蒂人的部分部落的钱币可能是其中最早的，不过特里尔附近的特雷维里人的货币可能也是如此。这些钱币均有法定资格，不过它们都是不具特殊美学欣赏价值的实用钱币，而且这一地区很少发现有币文的钱币。

阿莫利卡人。与之相对，高卢西北部从瑟堡半岛到费尼斯戴尔的阿莫利卡地区，生产了许多具有极高艺术价值的钱币。最初阶段的钱币由许多不同纹饰的斯达特构成，钱币上有坐在马上的骑士，通常是处于狂喜状态的女性，它们主要出现在雷恩附近的瑞达思。后来威尼斯、欧斯密、屋内利和其他的部落生产出了一些令人惊异的精心之作——精致而没有瑕疵的金币。最具代表性的是金币正背面一串线上展示的小头（图 3）。最后一个阶段相同或类似的纹饰都是由金银合金或者纯银制成，且数量巨大。这些可能可以追溯到恺撒战争之前或战争期间，尤其是通过泽西岛发现的一些贮藏，那里大多数是科尔瑟周围的科瑞索利兹钱币（图 4）。不过，有一些 1/4 斯达特钱币或者残片，可能之后的一些时间仍被打制出来。只是在后征服时代币文才开始出现。

图 3　奥斯米安的斯达特合金币纹饰

图 4　科瑞索利兹的斯达特合金币纹饰

古比利时人。从莱茵河河口到塞纳河和马恩河的东北比利时高卢的钱币构成了一个特殊的地域群体。它们始于仿自塔伦特姆钱币中的 1/2 斯达特，不过很快塔伦特姆的传统就和马其顿的风格混合起来了。有一种存续时间很久的钱币是一个宽扁的斯达特，其上刻有一个头像，还有一匹马，展现出一种狂野的风格（图 5）。这一纹饰现在属于索姆附近的阿姆比亚人。也许是随着辛布里人和条顿人的入侵，贝尔格族成功将其击退，在这一过程中钱币开始变差，它们变得小而厚，其纹饰风格也变为一些几乎甚至绝对不可被理解的样子。在这一阶段钱币逐渐开始流通，这些钱币分属于不同的部落，阿姆比亚人、苏

图 5　比利时高卢 A 型（比亚尼）斯达特纹饰

埃西翁人、阿特雷巴特和内尔维人。最终很少钱币刻着币文。比利时的高卢存在真实的钱币，更重要的是，钱币的观念传到了不列颠。比利时的金币似乎在公元前 51 年罗马征服不久以后就消失了。

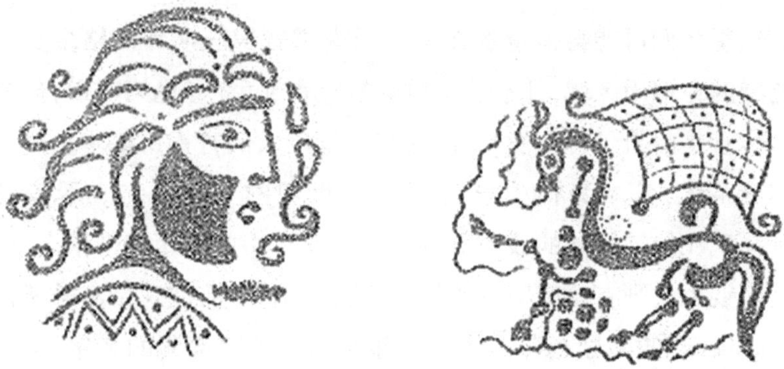

图 6　巴黎的斯达特金币纹饰

巴黎人。与比利时的高卢钱币同时的还有同样也是扁平而美丽的巴黎钱币（图 6）。临近贝尔格族向北的一些部落，埃布罗维斯、莱欧维以及将阿莫利卡人与比利时的部落分开来的白奥凯塞斯，所有部落都有自己独特的钱币，不过它们并没有被分类。

其他群体。在这篇调查中能做的只是展示众多高卢金币中的一些示例。不是每个部落或者统治者都发行过金币，不过在其顶峰时期，公元前 2 世纪晚期或 1 世纪早期，高卢北部从大西洋到莱茵河，甚至超越这些地方的大部分地区，都发现了具有相似标准和渊源的不同的区域钱币。西部凯尔特钱币的年代十分模糊，不过它们比开始阶段更易于确定。公元前 58 ~ 前 52 年恺撒征战期间在高卢的掠夺使本已开始没落的金币彻底不再流通，只是偶有残余并幸存在靠近德国的比利时边境。只有在不列颠，钱币制造直到公元前 2 世纪末期才被引入，斯达特金币的存在时间始于恺撒时期（公元前 102 ~ 前 44 年），直到公元 43 年克劳迪征服不列颠，在边远的地区甚至更晚。

第八节 青铜币分布地带:地中海沿岸

这里我们可能会留意到在法国西南部普罗旺斯和朗格多克一个小范围的青铜币区域,几乎和银质的拉克鲁瓦币(参见第四章)鲜有重叠。尽管是由凯尔特人发行,但这些数量巨大的青铜币基本上属于伊比利亚系统,其本身衍生自公元前 2 世纪的罗马系统。尽管纳尔波——现在的纳博讷的钱币上有伊比利亚风格的城镇和部落名字,不过其他钱币上则有希腊字母的凯尔特首领名字,有些还带有希腊语的王(Basileus)的称号。有一些带有隆戈斯塔莱特部落的名字,无法定位,且没有被记录。这些类型模仿的是西班牙的迦太基人或罗马的恩波里翁。它们一定始于公元前 2 世纪,不过在罗马人于公元前 118 年组建了纳尔波高卢省的时候,它们仍在使用中。它们主要在公元前 1 世纪的地方出现,它们的终结似乎发生在公元前 71 年塞多留战争之后庞培重组西班牙事务。

第九节 镀层次等钱币制造

到目前为止,欧洲早期的钱币都呈现为一种可理解的模式——每个地方各传统使用的有某种固定类型的金属。它通常起源于希腊,随着时间的推移,发生了一系列的变化,其中一些遵循格雷欣法则(Gresham Law),[①]其他一些则是每个部落或经济区域自觉地采用了地方的特征。它们彼此之间相互独立,且可以被识别出来。

公元前 1 世纪,钱币的分布图景因为在基础纹饰上有重叠而变得

① 格雷欣法则的大致意思可以归纳为"劣币驱逐良币"。

十分复杂，尤其在西部，银币和青铜币中有大量的次等钱币，它们主要来自罗马传统而非希腊传统（参见第五章）。罗马人的习俗是不断地改变它们的钱币纹饰，因为新的掌管钱币的官员不断被选举出来，这种前后不一致经常出现。次等钱币和主要钱币的关系通常是模糊的；在高卢，两者很难呈现为一个一致的系统，尽管在这方面各地略有不同。不列颠除外，斯达特金币和 1/4 斯达特金币，具有相同重量的银币和青铜币以相同的名字被命名并被发行，鲜有一些例外但可以忽略不计或被理解。但是在高卢，找到一组以相同名字命名的金币、银币和青铜币只是例外，多数情况下，一个地区所发行的金币和次等钱币都是不同的。

与金币对应的青铜币

我们有理由认为，在新的罗马钱币文化施以全面影响之前，高卢也需要小额钱币。因此，从相对较早的时期开始，一些金币出现的时候，与之同行的还有青铜币（而不是银币）。这可能始于阿维尔尼早期与罗马接触的时候，同样，在比图里吉人中我们有一系列带有名字的青铜币，但有一个例外，即它们的名字与金币不同。这一系列青铜币显然与受到比利时影响的，与靠近塞纳河河口的维利凯西思的钱币有关。在古比利时地区，早期几乎没有银币，但是发行了数量庞大且纹饰不同的青铜币，其中一些流入了不列颠。另有一些模仿了金币。作为权威金币的次等钱币或分支出现的银币十分罕见，阿维尔尼有一些这类银币存在，但这种做法从未广泛流传。

银的发展

在罗马人征服之前的几年里，许多高卢政权，受到了在科多尔省的埃杜维人及其邻居十分成功的钱币制造的启发，开始生产类似的银币，埃杜维人以罗马为基础的银币制造已经提及了。在大多数情况下，发行者似乎是地方长官，而不是部落首领，钱币上通常刻有名字。有一种甚至提到了一项元老院的命令“S(enatus)C(onsultum)”（经元老院批准）。从本质上说，这种新现象反映了货币经济的需求，即在罗马钱币模型基础上地方发展出来的变革。许多钱币要求用以支付军队的报酬。这些钱币碎片所处的时代可以通过它们的许多剖面予以断定,还有一些青铜币也是如此,在19世纪挖掘出的一个集体墓穴中发现了许多死于公元前52年阿莱西亚战役的人,这是高卢人在韦辛格托里克斯领导下最后的堡垒。

次等银币或青铜币的使用持续时间

幸存下来的高卢和德国钱币中具有变化的很大一部分是在罗马征服之后发行的,它们很可能是出自罗马匠人之手。尽管在某些情况下,我们只能基于纹饰进行推断,但是很有可能,那些在阿莱西亚墓葬群里没有发现的纹饰当时并不存在。尽管有日期的钱币在罗马征服之前很少出现(罗马共和国的钱币在罗马征服之前并没有在高卢广泛流通,反之希腊的货币较多,而不是马西亚的货币),贮藏的钱币,主要是带有币文的标准尺寸的小额银币很快出现了。这时的许多钱币都和征服之前的样式一样,不过仍有一些是在罗马征服之后直到公元前30年期间制造的,这一时期受罗马的影响,货币经济开始发展起来。有理由相信高卢钱币的重组,包括在尼姆,继而在里昂,建造一个多产量的罗马造币厂,也许发生在公元前27～前26年奥古斯都到访高卢期间。有一些例子表明高卢的银币和青铜币模仿了征服后期的钱币原型。而其他一些,比如Meilleraie-Tilly(Vendee)贮藏中,贮藏的证据显示这些钱币直到公元前10年左右仍在流通。正如我们所看到的那样,直到战争期间,钱币的流通范围是非常有限的。毫无疑问,在主要部落中,战争期间和战争后期,高卢的整个人口都是流离失所的,部落的边境岌岌可危,钱币的流通也失去了之前的意义。钱币上不太可能找到有权力的地方官的名字。

没有归属地的钱币

除了次等的青铜币和银币,战争前后带有地方官名字的钱币(在上文提到的),仍然有大量找不到连接点、没有归属地的钱币,这些通常刻着币文即使从发现的地点无法推断其属于哪里,但可以合理假设,这些钱币作为一个整体属于某个特定的城镇(奥皮杜姆),且不是为了部落使用制造的。

波坦币或铸造青铜币:另一种镀层币

一种特殊的晚期钱币值得特别提及,即高卢中部和东部奇怪铸造青铜币或“波坦币”。这种在铸条上铸造钱币的方法是高卢人的一种发明,简单且便宜。它似乎是通过模仿马西利亚打制的青铜币开始的,据推测属于公元前 2 世纪,其上刻有阿波罗的头和一头正欲撞人的公牛。在此之前,这些钱币并不限于马西利亚的类型,其也有一些冒险的新的尝试。在阿莱西亚战役溃败之前,不只一种钱币存在,但是直到后期才开始全面发展;波坦币直到公元 1 世纪早期还在德国境内使用,在不列颠,肯特郡的地方钱币一直使用到克劳迪征服时。波坦币似乎在很大程度上独立于其他金属的钱币,很少能和币文联系在一起,或者与征服前后的打制钱币联系在一起。很有可能,作为具有传统价值的象征性钱币,它们原本的外表掩盖了它们的效用。它们是由某个具备冶金铸造技能的人制造出来的,并以此牟利。这些钱币大量存在证明了它们在当时的重要性,但即便如此,它们仍有许多不为人知的方面。

第十节　不列颠不同钱币流派的汇集

在不列颠,所有的西凯尔特钱币流派在这里汇集。在高卢征服之前,不列颠的钱币主要在比利时高卢北部一个狭长的地带上延伸。征服之后,不列颠在政治上独立于欧洲大陆,并发展了自己独特的钱币制造风格。

第一阶段:流入和模仿

大概在公元前 2 世纪中期,一些独立的斯达特金币,1/2 斯达特金币和 1/4 斯达特金币,从欧洲大陆到了不列颠。

尽管发现了早期菲利普二世的模仿品和少量阿莫利卡金币流入到不列颠的西部，这个国家第一次重要的钱币出现是进口大量的阿姆比亚的扁平的斯达特和1/4斯达特，这些我们在比利时高卢已经见过，尤其是在索姆河沿岸。这个时期大概是在公元前2世纪末期，不过缺乏有力的证据。进口的地区是肯特和埃塞克斯，这里是不列颠最接近欧洲大陆的地方。与此同时，同一地区的另一种类型也开始到达伦敦地区。

从比利时高卢直接流入多种纹饰的斯达特金币和1/4斯达特金币，大多数是不带人脸的斯达特金币，在不列颠南部逐渐增多，一直持续到公元前55年和公元前54年恺撒入侵。五个不同的纹饰可以被追踪到，每一个都遵循着一个不同的路径。在何种程度上引入不同的钱币能代表海峡两岸共同的规则，对于那些有历史证据，可以追踪到入侵的酋长及其部落财富的，或者对于那些有文本证据的，仍然存在很多争议。

在公元前1世纪的大部分时间里，不列颠的流通钱币是由流入的钱币和本地自制的钱币共同组成的，本地制造的钱币源自索姆河的斯达特。如同欧洲大陆一样，这些钱币很快具有地方特征，比如肯特郡的独特版本，西部的乡镇，林肯郡和东部的英格兰。这些贮藏的钱币分布在东部海岸，远至苏格兰，南到彭赞斯[①]和康沃尔的布雷亚村，不过金币一般不会越过从亨伯河到塞汶河的界限。这些未刻字的斯达特金币在当地一度在数量和艺术价值上达到了其发展的巅峰。

乌斯王朝：泰晤士河以南

恺撒征服高卢后期，阿特雷巴特的一名叫作乌斯的高卢人领袖，与恺撒保持着爱恨交织的关系，逃到了不列颠。在不列颠发现了一种专门的斯达特金币，以苏埃西翁人的一种钱币纹饰为原型，意外被发

---

① 英国英格兰康沃尔郡西南部城市，临英吉利海峡。

现其上刻有乌斯的名字,似乎记录了这一事件。它们是在南部海岸被发现的,在那里的肯特郡,钱币的上面刻有一系列统治者的名字,他们都自称是乌斯的儿子:提乌斯、埃普留斯、维里卡。这些钱币的纹饰都受罗马的影响。提乌斯的名字出现在奥古斯都的《功业录》中,维里卡最终遭到流放,他转而寻求克劳狄乌斯的庇护,并帮助克劳狄乌斯攻占了不列颠。埃普留斯,起初在卡勒瓦(西尔切斯特)出现,后来转移到了肯特郡,可能取代了杜布诺维劳诺斯,后者在《功业录》中也被提及。这些钱币展现了这些统治者所在王朝的大致时间。在它们到达之前,没有确凿的证据显示存在面额银币或者青铜币。南部海岸的这一组钱币由斯达特金币、1/4 斯达特金币和相关的银币构成,包括很小面额的钱币;在肯特郡以及英国东南部其他地方,青铜币取代了最小面额的银币。

在克劳狄乌斯占领不列颠之后,凯尔特的钱币消失了,这一地区处于科吉杜努斯——"王与奥古斯都副使"——统治之下,所有我们之后发现的都是本土制造的由克劳狄乌斯及其继承人发行的标准皇家钱币。

塔司西欧沃纳斯王朝:泰晤士河以北

当泰晤士河南岸风起云涌时,其北岸也发生了很多重大历史事件。在维鲁拉米恩为基础的郡县,建立了另外一个王朝,其统治者名为塔司西欧沃纳斯,据推测他是恺撒的敌人卡西维拉斯的继承人。从这一地区未刻字的钱币开始,我们发现了许多以塔司西欧沃纳斯命名的钱币以及许多其他同类的金币和银币、青铜币。所有这些钱币都有币文,并且许多借鉴了罗马的样式。然而,凯尔特的元素在这里比南部要更加明显。能够证明钱币的分布和罕见的币文的是国王(它称自己为统治者或大王)的统治延伸至埃塞克斯,即特里诺文特人的部落。

塔司西欧沃纳斯的纹饰表明他和奥古斯都是同时代的人,继塔司西欧沃纳斯之后,他的儿子库诺比莱纳斯统治下的科尔切斯特发现了大量的钱币。似乎可以确信的是,这些钱币是在维鲁拉米恩发行的,库诺比莱纳斯宣称自己是塔司西欧沃纳斯的儿子。所有的金币都出自科尔切斯特。银币和青铜币则来自铸币厂,有证据显示它们和提比略是同时代的人。库诺比莱纳斯于公元40年的死去是导致克劳狄乌斯进攻不列颠的另一个原因。库诺比莱纳斯巩固了王朝,并把肯特郡纳入王国之中。毫无疑问,在南方他与维里卡是对手。

除了库诺比莱纳斯,塔司西欧沃纳斯的另一个儿子艾帕提库斯也发行了钱币,他的活动范围似乎主要位于南部。历史上他并不出名,不过与他的钱币一样,也有一些银币上刻有库诺比莱纳斯的儿子——也是库诺比莱纳斯的其中一位继承人——卡拉塔克斯的名字。卡拉塔克斯领导了反抗克劳狄乌斯的战斗。

周边地区

除了泰晤士河南北两岸和肯特郡——在那里历史被来来往往的事情所困扰——恺撒入侵不列颠以后,许多周边的地区开始制造并使用钱币。每个地区都有独特的风格,它们之外很少能发现钱币。

多塞特郡的杜罗特里吉人、汉普郡和萨默塞特的部分地区保持了传统。它们的钱币基本延续了最初不列颠对欧洲大陆金币的模仿:从银到青铜的金属变化以及最终铸造为青铜币(图7)。小额钱币也是如此,不过它们停留在银币阶段。有贮藏证据表明,钱币直到公元2世纪仍在使用,不过它们的制造一定在那之前已经停止了。

在格洛斯特郡的中心地带,多布尼人第一次采用了来自南海岸的钱币模型,这是乌斯王朝也用过的模型,这一类型的钱币曾在泰晤士河两岸分布。在这一模型基础上,它们也发展出了地方的银币。公元1世纪,钱币上开始出现名字,有证据表明这些刻有名字的钱币在克劳狄乌斯入侵期间流通,并被允许在多布尼人或部分多布尼人向罗马臣服之后继续使用了几年。

在林肯郡和莱斯特郡，格列塔尼人很早就开始大量使用金币和银币。银币有两种面额。它们的名字通常是成对出现的，并且这里有充分的证据显示，至少在其中一个孤立的地区，钱币在罗马征服南部之后仍在使用。

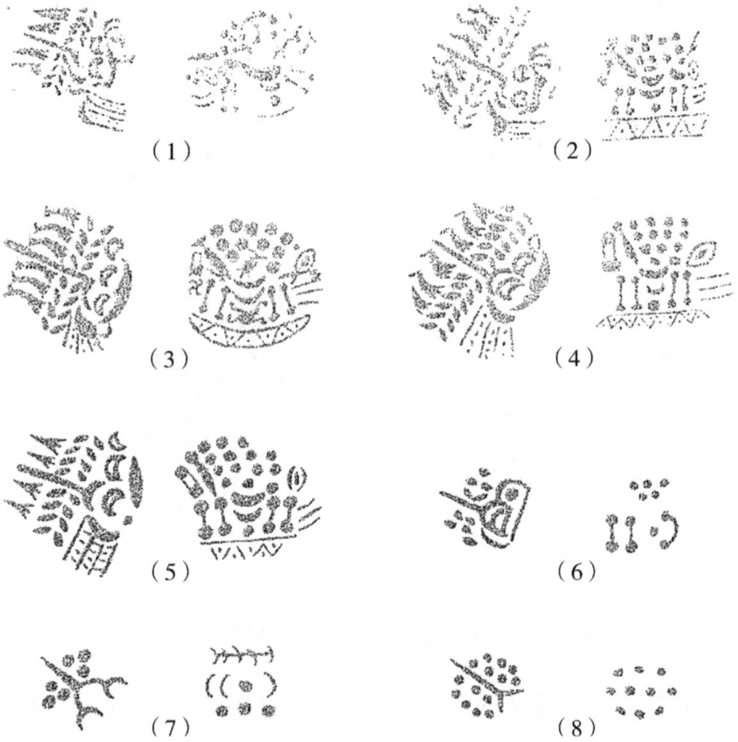

(1)比利时高卢 C 型钱币(AV)；(2)不列颠 A 型钱币(AV)；
(3)不列颠 B 型钱币(AV)；(4)Durotriges(AR)；
(5)打制的 Durotriges(AE)；(6)~(8)铸造的 Durotriges(AE)

图 7　Durotrigian 钱币的发展

最常见的钱币是在诺福克和萨福克(图 8)的艾西尼人中发现的。这里一种早期的金币似乎已经不存在了，这一地区很穷。不过在这个地方，我们发现了至少 12 个银币贮藏，证实了这一地区存在许多的银币。毫无疑问，它们是在布狄卡[①]反抗罗马人的时候被埋藏起来的，公元 61 年，艾西尼人与之结盟抵抗罗马人，但并未完全臣服于布狄卡。关于艾西尼人的银币一直都有三个不同的流派，包括了至少三个不同的构成元素。晚期的一些刻着部落的名字“ECE”。

图 8　艾西尼人的钱币纹饰

一个具有重要意义的史实是从不列颠的两个王朝建立之始，就有一个共同的钱币传统。斯达特金币都有统一的重量，其尺寸也没有相差太远。同样，银币也努力实现标准的重量。青铜币之间的重量有很大的差异，不过它们的价值一直是不变的。从这一点来看，只有杜罗特里吉人看起来十分独特。

不列颠的铸造波坦币

欧洲大陆的波坦币传到不列颠的时候其形式已经变得更加细长。

---

① 布狄卡（英文：Boudica 或 Boudicca），是英格兰东英吉利亚地区古代艾西尼部落的王后和女王，她领导了不列颠诸部落反抗罗马帝国占领军统治的起义。

这些钱币的模型来自中部高卢。来自不列颠证据显示的时间，斯内蒂瑟姆和泰晤士河沿线的贮藏，都比法国学者所知要早，且表明了这些钱币属于公元前 1 世纪早期。在不列颠，钱币使用了很长的时间，几乎没有随着时间发生改变。在某一阶段，制造技术中令人惊讶地出现了莎草纸的使用。这些奇怪的碎片最初源自肯特郡，不过它们直到第一批罗马住宅建立时仍在使用。

简而言之，这就是凯尔特人在时间和空间方面的钱币故事。我们可以从很多角度开展研究，历史的、地理学的、经济学的、计量学的、冶金学的、语言学的、艺术的，甚至宗教的。它吸引了许多对此有所了解的人的猜测和关注。然而这里只是提供了其中的一些面相。

历史和地理是密不可分的。在连续的文字记载缺失以及地理学者后来才出现的情况下，没有什么资料比钱币更能说明欧洲从史前时期到希腊罗马时期长达几个世纪不为人知的过渡历史，或者用考古学的术语称之为拉坦诺文明中后期。钱币学并不是要替代田野考古，但是两者的智慧结合在某种程度上可以弥补缺失的文字记载。

第十一节　凯尔特钱币的技术特征

计量学和冶金学

一切古代的钱币都会随着时间流转在重量上不断减少，在金属标准上逐渐模糊，一旦这一历史进程开始，紧跟着的就是剧烈的变革。通过研究凯尔特人钱币在重量上的逐渐减少和金属标准上不断降低，我们获得了明确的手段来排列它们的历史顺序，即使我们无法确定这些时间是否在所有地方都发生过。图 9 表明了一些凯尔特主要金币的相对重量。可以看到，从凯尔特高卢的菲利普斯钱币开始，经过高卢阿摩力克和比利时高卢到不列颠，钱币的重量呈现不断下降的趋势。在德国和东部钱币的重量也呈现出平行的下降趋势。

银币的情况由于其重量的多样性更难说明,不过其总体仍然呈下降的趋势(图 10)。在多瑙河流域,重量下降到初始钱币重量的一半。在高卢,源自罗达和恩波里翁模型的小额银币与马里西亚或者罗马的银币类型完全不同。

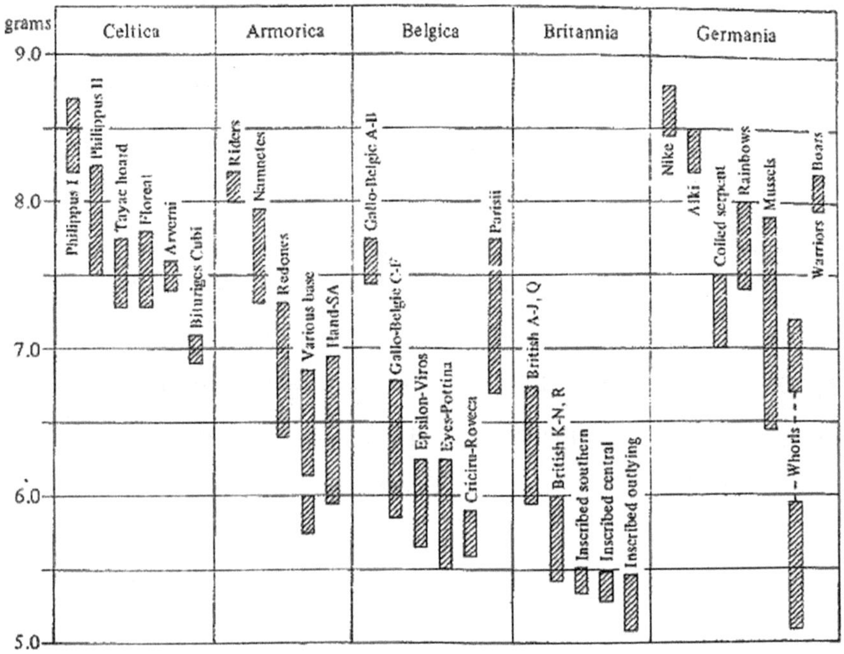

图 9　金币重量

尽管在高卢,与其他地方一样,钱币重量下降的过程十分清晰。高卢战争期间,尽管大量银币属于不同的部落,但都有统一的面额,它们与罗马的奎那留斯具有明显的联系。由此可以推断在这一大片区域,有可能在罗马的经济施压之下,有意识地推行了一种共同政策。与此类似,在不列颠境内,恺撒入侵以后,标准的斯达特金币和银币具有同样的重量(大概对应的高卢钱币的 2/3),一直持续到钱币不再使用。不过金属的成色,如同其重量所揭示的那样,在不断降低,最终,也许是金币已经用尽了,我们发现了主流银币甚至青铜币。在莱茵兰地区,也有类似的现象。

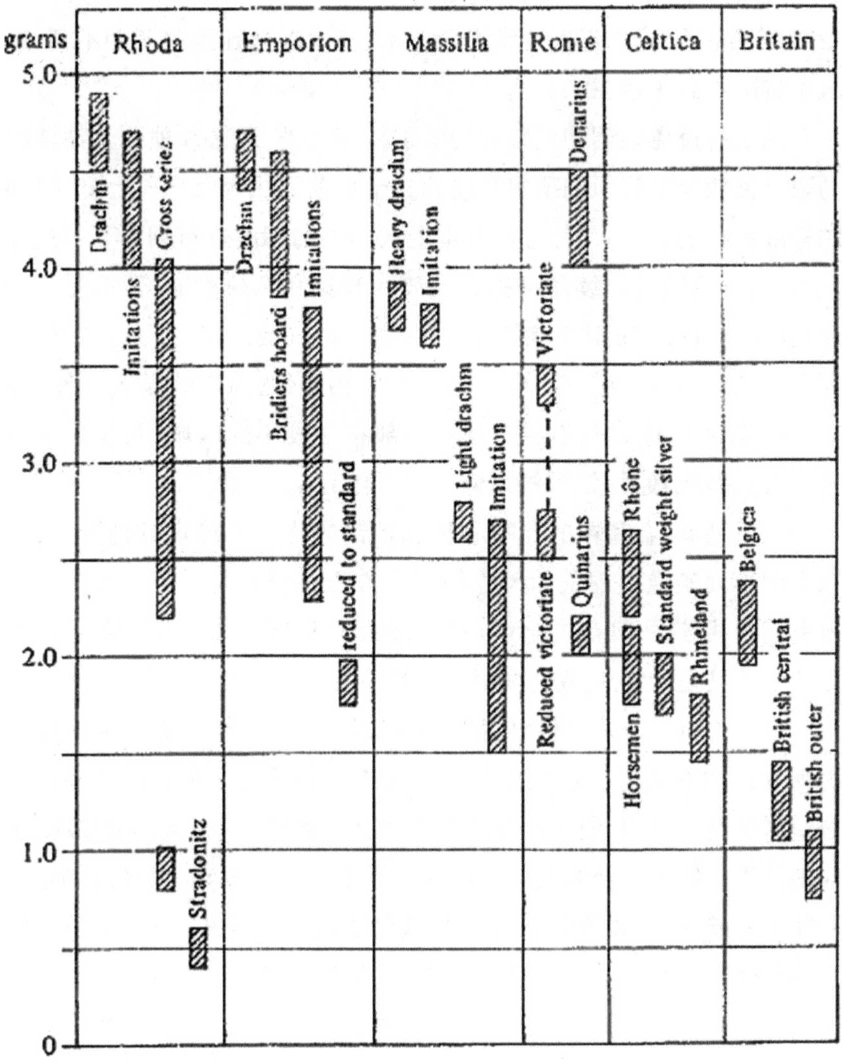

图 10　银币重量

在计量学和冶金学方面,我们有确凿的证据。在多数时空条件下,有可能精确地推断出钱币最初的重量。在早期阶段,这与模型的重量和成色紧密相连,不过后来又出现了重量和成色的其他标准。有可能随着时间将计量学的真实标准与真实的或原本计划的重量体系联系起来。这一事实无疑在某些地方或更大的区域内存在，不过就有限的证据来看，这些误差通常太大。不过，看起来在莱茵兰和不列颠，凯尔特的 1 磅重达 309.1 克。

除了有迹象表明使用普通的凯尔特磅之外，还必须找到其他清晰的证据证明当地钱币的凯尔特属性。于是东部的金币基本上按照 1/3 的标准进行划分，西部的金币基本上按 1/4 的标准进行划分。不过即便如此，仍然缺乏连续的证据。在波西米亚和摩拉维亚，钱币是分为 1/3、1/9 和 1/27 使用，就是三分，再三分，继而再三分，不过在德国南部和莱茵河流域，其钱币分为 1/4。与之相类似，高卢的样式分为 1/2 和 1/4，后期只有 1/4，不过在高卢中部相对较小的区域（贝里的比图里吉人），直到最后，钱币被划分为 1/3 和 1/6。

在不列颠，金和银的比率和银和青铜的比率不确定的情况下，可以表明不列颠钱币重量和尺寸的二次方程式仍然是难以捉摸的。不过有理由相信，不列颠的金币是罗马金币奥里斯的 2/3，不列颠的银币是罗马狄纳里的 1/3，或者同样凯尔特磅的 1/240。

事实上有一个非常清晰的案例，可以证明凯尔特磅的关系。纪龙德河发现的泰亚克 · 利伯恩贮藏由 325 个公元前 2 世纪晚期高卢部分地区的金币组成，有一些很小的金匠的遗留物，一个大的金项圈，破裂但并没有缺失其他东西。钱币的平均重量是 7.6 克，或者准确地说是凯尔特磅的 1/40，项圈的重量是这些凯尔特磅的2½。因此，这一贮藏的总体重量是在 500 个钱币或12½凯尔特磅的 0.2% 以内。这是一个完美的例子，不过目前很少有贮藏被记载了下来，以至于得出这些结果通常是不可能的。

币模。最初，凯尔特钱币的制造技术与那些被复制的希腊和罗马钱币的制造技术并无不同。大量钱币是用币模打制而成的，币模应该数量巨大。在不列颠艾西尼的部落中，存留的金币和银币数量在 1200 ~ 1500 枚。打制这些钱币要用 300 枚正面的币模和 600 枚背面的币模。

这只不过是平均值，表明至少生产量是200万～300万枚钱币。不列颠的币模并没有留存下来，不过我知道欧洲大陆有1个，瑞士有3个，法国有4个(3、4、5号钱币)，匈牙利有3对，罗马尼亚的提里斯卡发现了贮藏含有制作罗马狄纳里仿制品的币模(Forrer Ⅱ，pls 19，20)。典型的币模是青铜制的圆锥状、球状或子弹状的。呈现为铁杆的样子。币模的制作是部分恢复原状，部分雕刻，金属是软的，之后，把币模加工变硬。凯尔特雕刻的纹饰尽管是古怪的或原始的，但精密和精确却是令人称道的，且其标准是时常变化的。币模可以被再软化，润色或修改。比如，从斯洛伐克找到一个例子，三个钱币都有一个背面的币模，不过每个却有不同的币文(蒂托、艾诺瑞克斯、法锐欧瑞克斯)——图案鸟身女妖是一样的，不过币文却是不同的。

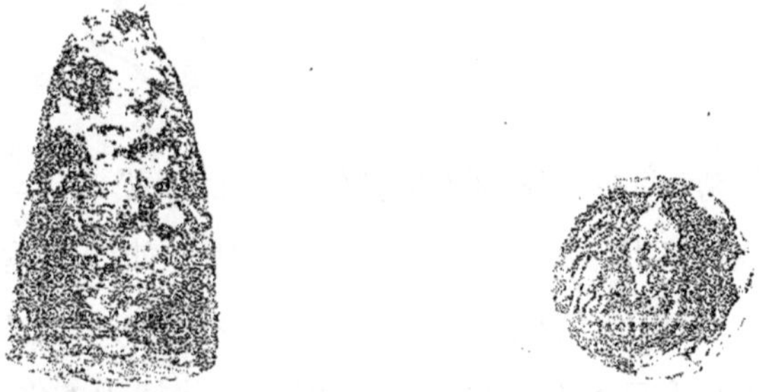

3

4

5

偶尔在希腊钱币上发现了一些与中部高卢和西南部高卢的银币同样的特征，比利时高卢的青铜币上也是如此，不过不列颠并没有。同一块金属上有不止一个正面的币模，所以任意一个坯件被打制之后，可以看到很多正面，但只有一个背面模具（6、7号钱币）。

6 7

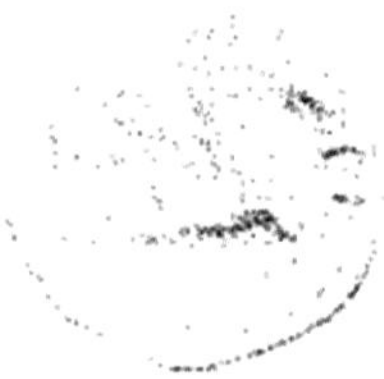

有一个趋势，即在打制的凯尔特钱币正面币模或也就是较低的币模钱币正面变成杯状。背面币模再做出轮廓。如同斯达特金币（8～15号钱币，16号钱币）所展示的那样。这帮助球状币环固定。我们在相距甚远的保加利亚和比利时高卢发现了杯状钱币的例子，从那里这一做法传到了不列颠。

总体来说，凯尔特钱币，尤其在高卢，比制作它们的币模要狭窄。纹饰只有部分展示出来了，如同17号钱币或18号钱币显示的那样。有一些钱币应该取得全部的设计或币文。理论上，毫无疑问，制作钱币的币坯恢复原状。

币坯。除了在阿基坦（法国西南部盆地），用以压制的钱币币坯都是铸造而成的。铸造的痕迹常常反应在钱币的形状上面，或者在裂缝或边缘的其他标记上，有的甚至出现在打制之后。比如，利穆赞的银币或者比利时和法国边境的青铜币的形状表明这些币坯是铸造的，因为可以看到黏土模上的一系列小的杯状洞。不列颠有八九处地方发

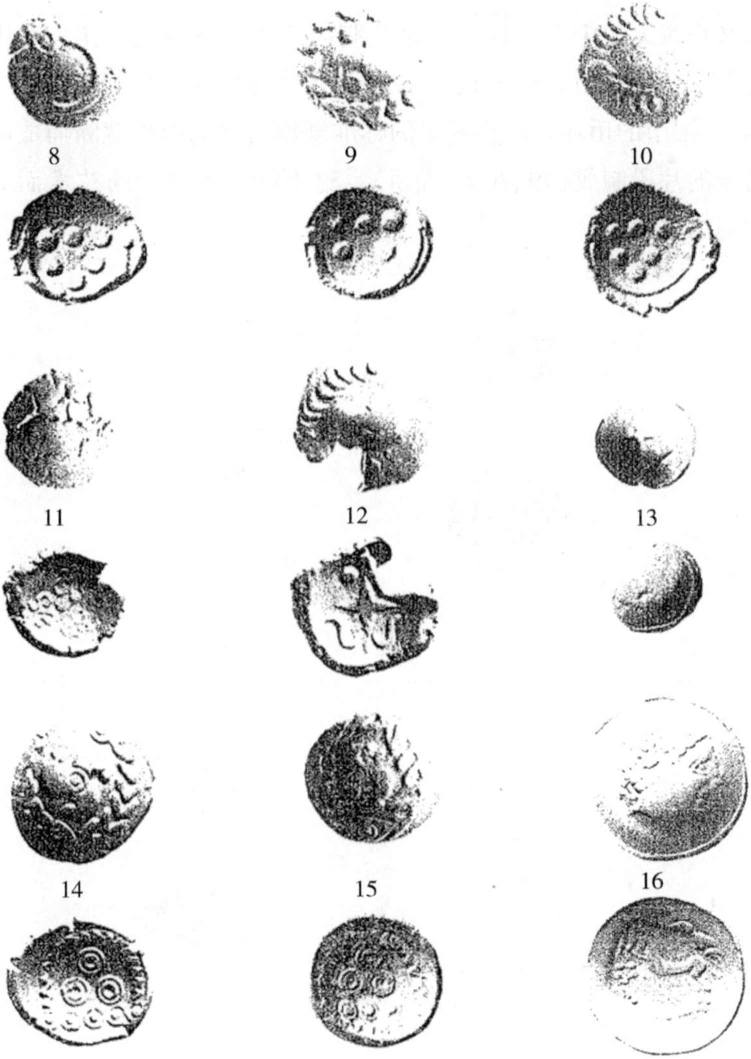

现了这样的模架，捷克斯洛伐克包括克鲁克和斯特拉多尼茨的几处遗址，以及法国和德国的某些地方也发现了这样的模架。偶尔也会发现数量惊人的碎片，老斯利福德近两年的挖掘发现了超过 2500 件碎片。它们的冶金学方法已经被充分证明了：看起来是把精确称重的金属用目测分成小块来制作一个大小适合的币坯。每一个镀板上的小洞（维鲁拉米恩是 50 个，法国的蒙包瑞有 25 个），都填满了这些小块，这些镀板又在炭火炉中进行加热。这些制成的单个球体被用作一个币坯来打制成一个钱币。这一过程适用于金币、银币或青铜币。反之，在阿基坦，银币的币坯是由打制出的标准规模的金属币模截断而成的大小适合的片段制成（19、20 号钱币）。这更接近中世纪的技术而非古代常用的技术。

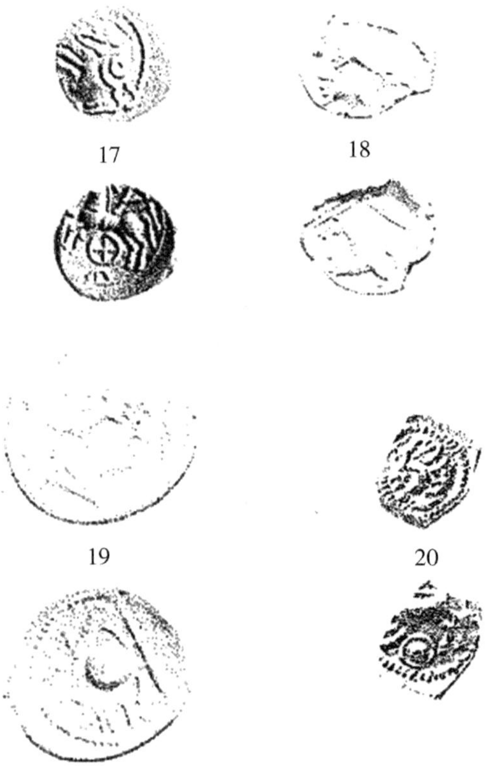

许多高卢的青铜币币坯也是铸造的，不过是用另外一种铸造技术。金属来自树形的或者条状的黏土（或者石头）模具，每一个币坯与其相邻的币坯之间都有一个舌头状或脖子状的金属相连，这些必须在币坯适宜击打之前被切掉。这一技术从没有用于银币制造。大多数模具，如果不是全部，都是单面的，币坯因此都有一个斜切边。这些模具中没有一个为我们所知。在比利时高卢这一铸造技术十分罕见，不列颠钱币中也没有见到这样的情形。当然这一技术一定在恺撒的高卢战争之前就开始了，不过其最广泛的运用发生在罗马征服高卢之后。

波坦币。类似的方法在征战前后（21、22、23、24、25 号钱币）被用于铸造白色的**波坦币**或者锡币。可以确定高卢使用双面的币模边缘的连接点在多数样本上清晰可见。在法国博维奥莱的凯尔特遗址上发现了少量的陶范。也发现了由舌头状连接物所连接的钱币类型，不过有的并不是同一类型。有一些币模看起来是单独被雕刻的或者被画上的，所以没有两个钱币是完全一样的。其他的可能是在模具上压上一个已有的钱币，这就实现了精确的复制。

21　　22　　23

24　　25

与高卢的钱币相反，不列颠的锡币是单个绘制的，没有两枚是完全一样的。许多不列颠的锡币上面可以看到打磨的痕迹，最清晰的可

以在 22 号钱币看到。伊万解释说这是因为使用了木质的模具,不过这种解释肯定是错的。从这一个以及其他例子可以明确的是打磨纹理的出现可能源于使用了纤维状或纺织物的底座,几乎可以肯定的是纸莎草,将钱币的形状压制到币模之中,其设计再由细笔画上。我在欧洲大陆的钱币上从未见到类似纹理。

金属的来源。总体来看,凯尔特钱币并未直接显示凯尔特地区开采的金属转化为钱币的过程。不过,在某些地区,这一过程的确发生了,比如波西米亚和高加索地区,那里可以确定四德拉克马银币是从当地开采的银矿中打制而成的。上萨瓦的萨拉西人的金币一定来自从阿尔卑斯山的急流中淘来的金矿。不过与之相对,众所周知的托洛萨特人和阿基坦的塔贝里的金矿所处的地区,流通的基本上都是银币。

一些容易获取的金属都已经被使用了,许多凯尔特钱币大概是通过熔化希腊、罗马或早期较重、金属质感好的凯尔特钱币而来的。通过分析东部高卢一枚带有卡勒特都币文的银币可以发现,它与同时期的罗马狄纳里银币具有同样的成分,甚至纯度方面都完全一致。而对带有币文“CONTOUTOS”的普瓦图钱币以及其他相似的钱币的分析发现,是由含锌多的黄铜构成的,即铜和锌的合金,最初是由恺撒的钱币引入的,后被恺撒的继承者大范围使用。因此,凯尔特钱币是从熔化罗马钱币的金属制成的。

26

27

银行业和测验。我们有清晰的证据表明凯尔特人把钱币的重量和不同的成分看得很重要。从斯特拉多尼茨和其他一些地方发现了银行家在市场上使用过的用以称重的钱币天平。早期，把钱币进行切割或者弯曲用以检验钱币的做法十分普遍。高卢和多瑙河流域切割的做法十分普遍，中部高卢和西北部高卢弯曲的做法十分普遍。同样，在高卢发现有很多钱币在试金石上摩擦过的痕迹。

钱币上的戳记用以标记钱币的质量，这种做法在公元前 2 世纪就已经出现了。它们在多瑙河流域的银币中十分常见，在高卢早期（而不是后期）的斯达特金币上同样存在（28、29 号钱币）。在一个重要的例子中，有一个双重戳记，第二个是左边的一头海蛇，刻在另一面的是一个玫瑰形饰物。

28　　29

最有趣的是那些没有戳记的钱币，却是由一个原始的币模里制作出来，看起来，它们似乎带有戳记。这也许是因为带有戳记的钱币要比空白钱币更容易被接受。

镀层。切割和戳记所暗含的一些预防措施是因为镀层钱币十分流行，这些钱币中间是青铜，外面包有好的金或银。早期之后，在西部从一些相似的普通钱币中几乎没有发现镀层钱币的例子——东部更加少见——或者说几乎难以辨认。给钱币镀层这种做法在公元前 3 世纪的希腊世界最初开始流行，直到公元前 2 世纪早期凯尔特钱币才开始出现这一现象，直到钱币制造终止。在不列颠，镀层钱币直到克劳迪征服时期才开始出现。尽管官方的铸币厂(如果这一措辞适用于凯尔特钱币的话)也发行过镀层钱币,但无疑镀层钱币从一开始是通过外表欺骗,并且它们也成功了。

价值和面额

奇怪的是,钱币并没有告诉我们太多它们当时所服务的经济状况。大致说来,我们可以用钱币辨别出富有或贫穷的国家,也可以说金币或者银币哪个更稀有。比如,我们知道库诺比莱纳斯一定发行超过 100 万枚斯达特金币,相当于 16,000 枚罗马金镑。最小面额的尺寸和其使用的金属并没有揭示其价值多少,反而更多地显示了货币经济的发达程度。至于钱币的实际价值和它们的购买力,我们几乎没有更多的证据,除非能从古代法中的一些处罚中进行推断。埋藏的珍宝的规模有时与已知或推断的环境紧密相连,比如支付贡品的数量,如果我们可以明确它们的意图的话。我们已经提到了对士兵的报酬。唯一一个目的明确的数目是埋葬时支付给**冥府渡神**的费用(简单说来就是向彼岸借钱)。在不列颠的维鲁拉米恩更多,这一费用为十个青铜币。但是因为钱币上刻着一匹马或者一头野猪就说这就是这一野兽的价格,明显是一个错误的推论。

30

31

尽管为了便利,钱币通常用它们所模仿的希腊或罗马钱币的名称来命名,但我们并不知道这些钱币的真实名称。有一个例外,即恺撒

征服后莱欧维人有一种很重的青铜币，上刻有"*semissos publicos*"，它是拉丁文"一半"的凯尔特文版本，在罗马体系中为"half an as"（半阿斯，30、31 号钱币）。在其他青铜币上偶尔出现的"S"，所有的较轻的重量，可说明"*semis*"（罗马共和国时期钱币上标志的"S"）是高卢使用的小青铜币的正常名称。高卢部分地区的银币有时头部后面带有一个"X"的标志，早期罗马钱币上的标志表明是罗马狄纳里，不过这并不能证明它们有一样的名字。没有其他的币文提供更多的线索，钱币上有很多缩写，我们也并不能理解。

币文

钱币的币文，很大程度上限于个人的名字，如果完整的话，几乎都是主格的；只有少数是属格的（参见第六章）。如果存在第二个名字，它与第一个的关系就可能不止一种解释。如果其后标有"F"（*filius*），这就证明了父子关系，由此，不列颠王朝的序列可以被推断出来（尽管我们必须记得凯尔特人中间收养的频率）。不过其他情况中，我们只能猜测第二个名字是父亲，还是类似的地方官员，或者一个部族的描述。

凯尔特人一般通过其出身或他的部落或两者来命名；如果一个凯尔特人离开了家乡，一般会用其部落来命名。在有部落名字的情况下，并不一定会由部落来发行钱币；在不列颠唯一的例子是艾西尼人，他们的名字用在钱币上大概发生在苏塔古斯①时期，罗马入侵艾西尼南部之后。用造币厂所在的城镇来命名钱币更加罕见。在不列颠只有三个例外，维鲁拉米恩、科尔切斯特和卡勒瓦。在西班牙就更少见到这种用法。称谓偶尔才使用，其中我们可以辨认出的，"*Basileus*"（王的一种称谓）出现在地中海沿岸，"*Rex*"（王的一种称谓）在高卢及不列颠出现过几次，"*Vergobret*"（选举的地方法官）至少出现一次，"*Arcantodan*"（铸币者）也出现了两三次。所有的钱币币文看起来都

① 布狄卡的丈夫。

是用希腊语或者拉丁语描述的，它们是用于商业的语言，而不是当地凯尔特的语言。我们可以最终追踪到凯尔特文明逐渐消散的证据——“OS”（经常简写为“O”），或者译成拉丁文——“VS”，以及偶尔使用新的王的拉丁文名字，“Iulius”（尤利乌斯，恺撒的名字），“*Gaius*”（盖乌斯）或者“*Quintus*”（昆塔斯），这些拉丁文经常和凯尔特名字连接在一起。凯尔特人使用双重字母的发音有些特殊，也有一些例外的字母（比如“Θ”），以及同一名字的其他拼法。有这样一种印象，雕模师或他们的师傅试图用拉丁文（有时是希腊文和拉丁文的混合）拼写凯尔特人的名字或者其他文字时使用外来的工具十分吃力。

主题

钱币所描绘的主题，表明上看来就是一系列单调的头像、马和猪，但实际上包括了许多令人惊讶的内容和对它的加工（参见第七章）。在每个地区的主流钱币中可以明显地看到，传统因素贯穿其中，总是衍生出一些新的意义。要从原始的和象征性的钱币中区分出传统的和模仿的钱币是一件很难的事情。如果我们只看后者，我们必须考虑我们是否在处理常规的古玩或者雕模师工厂染色的习惯，或者需要用凯尔特术语予以解释的真实概念。尽管钱币规模小带来的不清晰和内在的不充分，凯尔特钱币仍然给了我们一个无与伦比的理解其制造者观念的视角。

正面。传统是这样的，大部分凯尔特钱币正面都有一个男性或女性的头像，如果没有胡须，其性别是不确定的。因为项圈和耳环并不一定表示就是女性。没有络腮胡，只有（嘴唇上面的）髭非常罕见，尽管经典文本已经证明凯尔特人有髭。没有这样的画像。大部分头像是众神或者女神，或者其他人类；缺少对凯尔特的万神殿的定义，也没有希腊和罗马那样清晰的拟人像，我们只能大致地把人分为不同的等级。经常一个符号伴随着一个头像，赋予其人格化的内涵。我们有野猪的头像、太阳、七弦竖琴、车轮或者带着头发的水蛇座。有的脖子那里有一只猪，有的在面颊上有很多文身的图案，以及三个圆圈或者一个七弦竖琴。有一次出现了一匹马从一只耳朵进去,从另外一只耳朵出来的情形。许多地方发现了鼻子折断的神。在某些情况下,脖子截断处在钱币学上通常被解释为切断的脑袋,这在所有凯尔特人中都被视为令人敬畏的物体。来自阿摩力克的布列塔尼有一组令人惊讶的头像,一个主头像周围由四个相同的小头像环绕,每一个都用绳子与主头像相连,这大概被认为是因狂喜而折断才出现的。从众神、女神或英雄的口中生出的绳索十分常见,一般象征着它们的权力。也有一些能够想象得到的发型。这就是凯尔特人对人的形体的想象,这些都从其周围魔幻世界的超人类维度可以看出。

背面。同样,在钱币另一面,传统上一般需要一个动物的类型,一般是一匹马或者骑马者。不过从一开始,一个主要形象伴随着一些附属的形象或符号,这些都是习惯性的,甚至可以说是必须的。部分之于整体的关系在不断变化。一个人头马下面可能会有一个七弦竖琴、太阳、三角形图案、花朵、手、头、膝盖或者站立的侏儒,野猪、狗或者其他野兽;其上,可能会有战车御者、飞起来的侏儒,或者许多动物或鸟类。这些都只是一些示例,经常也会有一些分散的其他装饰性的图案。

我们不可能确定这些元素的聚集在何种程度上可以构成一个有意义的故事,它们整体上只是需要艺术化,不过还经常有人会问是否有一些隐喻的、想象的故事,有关阿尔斯特史诗的爱尔兰传说。有一些作品只有在特定的地域环境中才能被理解和接受。尽管一般只能见到自然界的动物——生机勃勃的马、猪、公牛、熊、狗、鹰、乌鸦、蛇和蜥蜴——不过凯尔特人偏爱在自然的基础上加以变化的怪兽,有一些是以东方化的形式,比如珀加索斯(生有双翼的神马,被其足蹄踩过的地方有泉水涌出,诗人饮之可获灵感)、海马、半狮半鹫的怪兽、鸟身女妖;其他一些基本上都是凯尔特人的想象,比如带着人头的马、山羊头的蛇;不过大部分都只是最没有想象力的残忍而不可辨认的怪兽,可以相信它们足以连铁匠都吓走。自然界的野兽经常被描绘为为了战争或崇拜而树立起的形象,而非其本来的样子:这可以从它们站立的形象中看出,有些情况下,我看到它们被拿在手里。人的形象通常不是武装着骑在马上,就是长着翅膀站着。在凯尔特人中一个有翅膀的人—— 一般是胜利女神。

器物。这里也要展示一下器物;最多的是武器,比如斧子、宝剑、矛和盾。也有许多战时喇叭,凯尔特人用过的海豚头样的战时号角。有寺庙和寺庙的柱子,牧师、首领或神的王座(凯尔特人一般不用椅子),以及形式各样的祭坛。特别有趣的是一个木制的形象(32、33 号钱币),接近法国的赫拉克勒斯,与塞纳河和尚马利尔斯发现的十分相似。在一个晚期的斯达特金币上,传统而无意义的元素,战车御者的手臂变成了凯尔特人衣领上的搭扣。许多图案目前还无法解释。

32　　33

第十二节　本研究所援引之文献

本研究所用的文献资料主要来自布兰切特、弗雷尔、保尔森和潘克的基础作品。其中布兰切特和潘克的著作是迄今为止最重要的。后者 1950 年所著的《凯尔特人钱币学导论》是迄今为止有关这一主题最好的介绍。最近几年最好的作品是巴黎的科尔伯特 · 德 · 博留博士的,我的研究很大程度上受惠于他的著作;然后其著作中大多数是发表在法国的期刊上,且多数是不易获取的。此外德国的卡尔 · 克莱斯特博士,捷克斯洛伐克的卡雷尔·卡斯特林博士,罗马尼亚的康斯坦丁·普蕾达,比利时的西蒙·舍尔思博士和瑞典的卡尔-阿克塞尔·莫贝里。除了关于英国的钱币,英语世界里有关这一主题鲜有认真的研究,尽管英国的公共藏品在很多方面都非常丰富。

凯尔特钱币最重要的那些收藏在国外,其中巴黎的收藏是最卓著的,不过很多国际上的展览也有关于凯尔特钱币重要的收藏,其中著名的有维也纳、慕尼黑、美因茨、苏黎世和柏林的收藏。在英国大英博物馆的藏品是最丰富的,牛津大学、剑桥大学、曼彻斯特大学、利兹大学、格拉斯哥大学一起几乎囊括了英伦群岛上所有的凯尔特钱币。至于欧洲大陆的凯尔特钱币,英国最好的、最大的收藏仍是在大英博物馆,尽管它只是说明性的,不过每个大学博物馆加一点,汇集起来就很可观。一些公共博物馆如卡迪夫或科尔切斯特的博物馆也能发现一些有用的例子。总体来说,英国有关这一主题的公共藏品相当丰富,每一个都在某种程度上弥补了其他方面的不足,不过收集的过程十分偶然,且巧合。在某种程度上,过去有一种对凯尔特钱币的偏见,认为它们不过是对真实事情的野蛮反映,是对希腊和罗马高级文明进行拙劣模仿的产物。现代艺术的不整合倾向和对原始文化的崇拜,提供了一种可以恢复平衡的氛围。野蛮抑或文明,欧洲早期的历史是写在这些钱币上的,没有其他幸存的凯尔特遗迹可以如此鲜活地描绘我们不能忍受的喜爱争吵但非常富有想象力的祖先的生活和思想,农耕以及征战。与此同时,忒俄克里托斯①和弗吉尔也在用截然不同的术语描绘地中海农民的生活。

关于凯尔特钱币的好书几乎没有,尤其是在英语世界中。这一主题很难研究,因为材料是如此分散,任何想要驾驭它的人都需要阅读各种不同语言的不同质量的书籍。由于研究的规模,没有一个人能够希望掌握所有的文献。

---

① 希腊诗人,牧歌创始人。

第二章　银币分布地带

第一节　中心地带:波河流域

银币的分布横跨欧洲南部从大西洋到黑海的区域,包括凯尔特人的中部山南高卢,因为他们的钱币为其余的钱币设定了时间序列。在公元前 390 年罗马人将伊特鲁里亚驱逐出这一区域之前,西北部的凯尔特人大多定居在波河流域以北。整个公元前 3 世纪,这些凯尔特人对罗马人以及中部意大利的其他人构成了持续的威胁。公元前 225 年,他们在特拉蒙被罗马人彻底击败,彼时罗马人攻克了梅迪奥兰。[①] 然而,尽管公元前 218 年罗马在普拉森舍和克雷莫纳建立了殖民地,他们仍为汉尼拔将军提供了很多帮助,直到公元前 191 年,他们的人口才逐渐减少,那时生活在波河以南的人(包括波伊人)被迫割让他们一半的领土,并向北迁移至多瑙河流域。到了公元前 102 年辛布里人和

---

① 古代的米兰,最初是因苏布雷人的城市,后来变成意大利北部一个重要的罗马城市。

条顿人入侵的时候，他们被罗马人同化了，不支持入侵者，公元前 81 年，苏拉重新将山南高卢人编入意大利北部边境省内。

与其他地方辉煌的凯尔特艺术相比，山南高卢的表现十分逊色，不过从早期阶段他们就开始使用从希腊殖民地马西利亚的德拉克马银币模仿而来的钱币，其正面为珀尔塞福涅的头像，背面是一头狮子(34 号钱币，图 11)。最初只是对较重的德拉克马钱币的简单模仿，上刻有一些模糊不清的币文，公元前 4 世纪在马里西亚地区打制而来。也有一种带着意大利名字“安娜瑞卡托”重量较重且样式精美的德拉克马。这个初始阶段大概是在公元前 3 世纪的前半段时间。

34　　35　　36　　37

后来有许多凯尔特风格的钱币，它们模仿马里西亚较轻的德拉克马钱币，开始取代了公元前 3 世纪中叶前期较重的钱币。有三种不同的模仿流派，每一种都位于不同的地方。它们是由不同样子的“狮子”和假币文加以区分的，它们可以归入历史上这一地区知名的三个部落——米兰附近的因苏布雷人(35 号钱币)，提契诺附近的诺马尼人(36 号钱币)和波河河口和阿迪杰河边的威尼斯人(37 号钱币)，后者并不视为是凯尔特部落。从贮藏中可以看出不同的钱币纹饰，比如彭赞斯、康沃尔的保罗贮藏藏有前面两种不同的纹饰，这两种钱币在历史上经历了平行的发展。

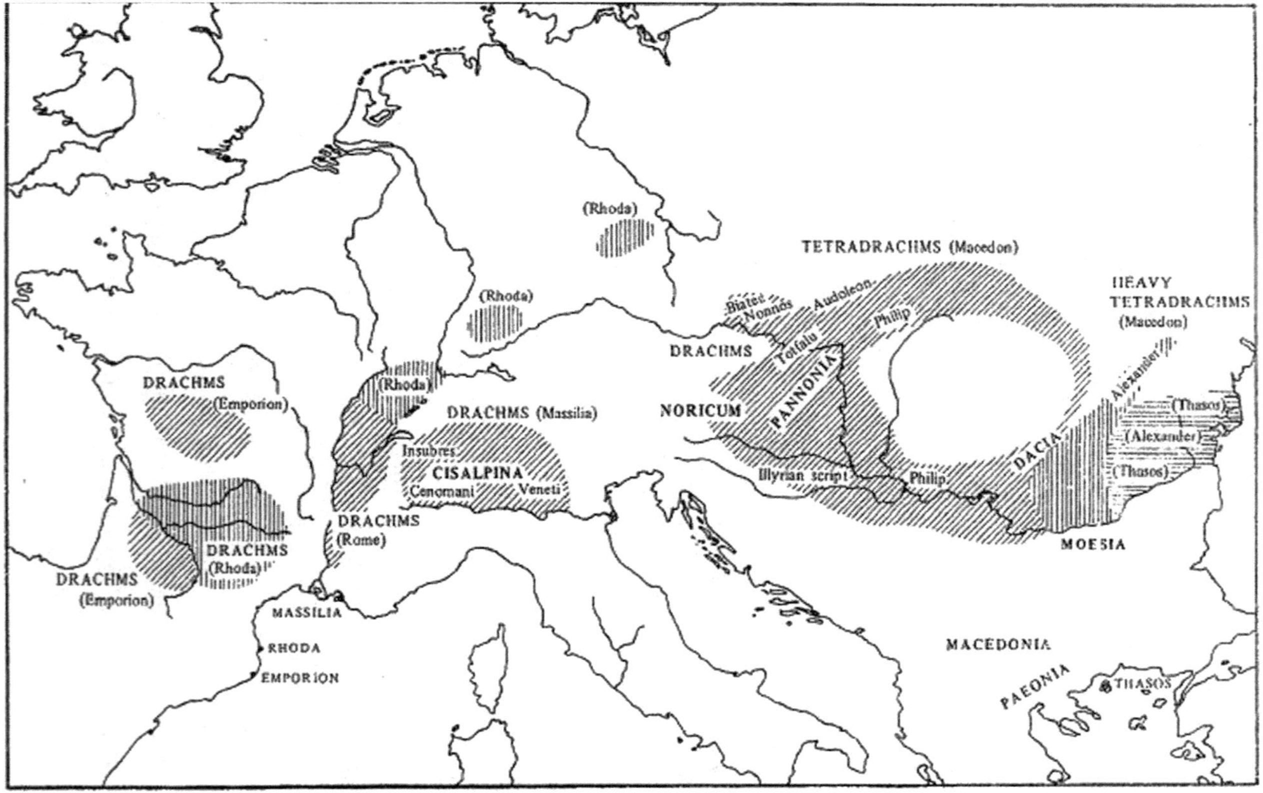
TETRADRACHMS (Macedon)
HEAVY
TETRADRACHMS
(Macedon)
(Rhoda)
(Rhoda)
Biatec
Nonnos
Audoleon
Philip
Tolfalu
DRACHMS
PANNONIA
NORICUM
Alexander
(Thasos)
(Alexander)
(Thasos)
DACIA
Illyrian script
Philip
MOESIA
DRACHMS
(Emporion)
(Rhoda)
DRACHMS (Massilia)
Insubres
CISALPINA
Cenomani
Veneti
DRACHMS
(Rome)
DRACHMS
(Rhoda)
DRACHMS
(Emporion)
MASSILIA
RHODA
EMPORION
MACEDONIA
PAEONIA
THASOS

地图5　欧洲南部的银币

图 11　山南高卢的德拉克马纹饰

对诺马尼钱币的发现始于 1933 年在罗马首都的贮藏发现的 8 个钱币，这里包括刻有四驾马车钱币的早期罗马钱币，钱币下半部分刻有凸起的币文“ROMA”的钱币。这些钱币的精确日期仍有待考证，但不会晚于公元前 214 年。钱币日期的不确定性是次要的，因为与其他贮藏不同的是，这些钱币被严重磨损，可以确定它们是在大约公元前 3 世纪中叶制造。它们很有可能是公元前 225 年特拉蒙之战中被士兵带回罗马的。

大约在开始模仿德拉克马钱币一个世纪以后这些复制品上就刻上了意大利字体的币文——“Rutirio”“Pirukoi”“Rikoi”（38、39 号钱币）——如果读得正确的话。它们可以与刻着“安娜瑞卡托”的钱币相比较。我们也有下半部无刻字的钱币（40、41 号钱币）。这些刻字的钱币似乎主要来自于阿尔卑斯山瑞士一侧的山谷。

有许多贮藏可以追溯到罗马钱币出现之始——比任何凯尔特钱

币的都要多。因此,比亚恩德拉泰,甘博洛,帕多瓦和圣·芝诺·瑙尼亚的贮藏显示属于公元前 3 世纪的最后 25 年,而刻着瑞克币文的钱币的杰伦扎戈贮藏属于公元前 2 世纪后 10 年或者前 10 年。有一些钱币纹饰随着时间逐渐腐蚀,比如在科莫的一个墓葬里发现了刻着相同币文的钱币,它们与奥古斯都和提比略的钱币放在一起。有可能钱币在公元前 81 年或之前就停止打制了,但是这些钱币流通的时间更久一些。

38 39 40 41

钱币始终保持同一传统,其间变化很小。一种凯尔特的风格可以在诺马尼(36 号钱币)所谓“蝎形钱币”上发现,或者上述因苏布雷人的“狼形纹饰”钱币(35、38 号钱币)上看出来。它们对其他凯尔特地区的钱币没有影响,也没有发现与它们混同。我们不能像我们期待的那样,追踪迁移来的波伊人,不列颠保罗贮藏也是隔离的。

这一钱币制造的重要性在于它证明了凯尔特地区存在的丰富但几乎保持不变的钱币制造,它长达两个世纪,从公元前 3 世纪中叶到公元前 1 世纪的前 25 年,希腊模式的传统从公元前 2 世纪开始就经受住了来自罗马的强大影响。这一时间跨度一度不曾受到质疑,它们赋予了凯尔特钱币制造的理论一种十分流行的假象,即它们将纷繁复杂的历史压缩到一个狭窄的时间范围内。它还对一个普遍的假设提出了质疑,这一假设认为在原始模型的流通和凯尔特复制钱币的首次发行之间有一个巨大的时间间隔。这些想法和对多瑙河盆地钱币的解释密切相关,这也是我接下来将要论述的问题。

第二节　东部地区：多瑙河河谷

在多瑙河河谷及其支流，尤其是德拉瓦河和萨瓦河流域，发现了数量巨大的银币。在喀尔巴阡山脉一带也发现了许多银币。

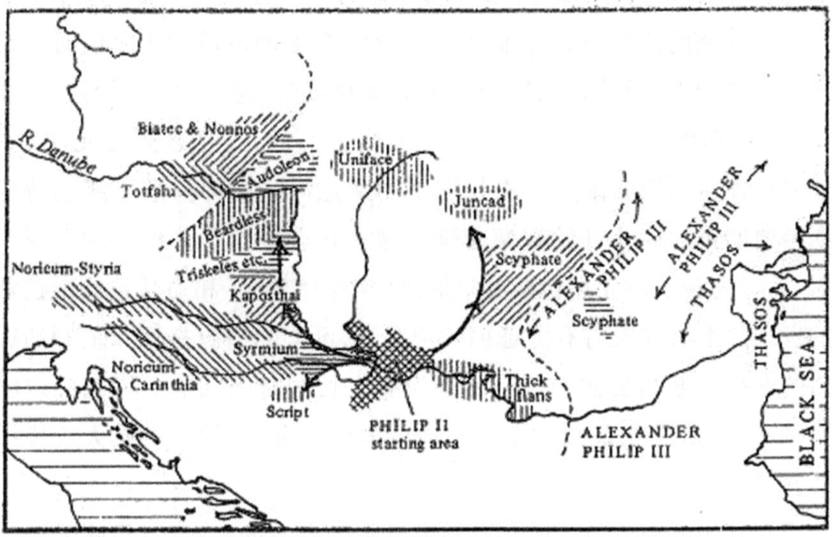

地图 6　多瑙河流域：主要类型的分布

钱币被发现的区域十分广泛，但不是全部，而是包括了罗马时代诺里孔、潘诺尼亚、达契亚行省和摩西亚的北部边境。现在这些地方从奥地利开始延伸，穿过南斯拉夫、捷克斯洛伐克、匈牙利、罗马尼亚和保加利亚的部分地区，到达黑海岸边。这些地方大部分居民都是凯尔特人，至少从公元前 4 世纪开始，不过其中也一定有一些非凯尔特人的部落，其边境混居了一些伊利里亚人，塞西亚人甚至是萨尔马提亚人。从许多资料中我们可以了解到生活在这一区域的一些部落。不过只在特定的一些情况下，部落的名字和钱币的分布可以联系起来。在这一领域，考古学最近有了重大发现，可以更好地了解这些钱币的分布。康斯坦丁·普拉达有关罗马尼亚的达契亚钱币的著作在这一领域十分领先。

大部分钱币起源于菲利普二世以及马其顿王国后来的统治者时的银制的四德拉克马。一个十分重要的来源分支是培奥尼亚的小色雷斯王国的钱币。此外,很大一部分来自萨索斯的色雷斯岛上的钱币。复制的主要钱币纹饰发行于公元前 359 ~ 前 286 年,尽管萨索斯的纹饰直到公元前 146 年马其顿钱币制造终止以后才开始。

马其顿的四德拉克马流通了许多年,多瑙河流域的人民何时开始模仿这些钱币,仍然是值得讨论的。潘克认为,这一过程直到公元前 168 年马其顿人在皮德纳被罗马人打败才开始,并且直到公元前 101 年罗马在多瑙河和南斯拉夫东北部的萨瓦河连接部打败了凯尔特的斯科迪斯奇之后才开始繁荣起来。这一观点遭到了普拉达的强烈反对,后者的观点建立在包括有早期凯尔特(达契亚)和马其顿钱币贮藏的发现之上。在没有有力证据的情况下,可能的情况是用以复制的钱币的发行日期和最初的复制之间没有太长的时间间隔。可以确定的是,钱币制造最初是在一个小的地域内缓慢发展,然后突然大规模扩散开来。

马其顿的银币所用的材料源自巴尔干半岛的银矿,有可能随着马其顿钱币的衰落,凯尔特人开始用其矿藏生产当地钱币。这一事件可能始于公元前 3 世纪中叶之后的某个时刻。我们之所以推定这一日期为起始日期,因为如此一来,钱币的价值,早期钱币的长期流通,甚至某些后期钱币的流通,菲利普四德拉克马在重量上稳定而不断地下降,直到剩下只比原来的重量一半多一点,这些现象才能得到有效的解释。

同所有的凯尔特钱币一样,多瑙河流域的钱币基本上都是模仿的,其模型可以从那些可用的模型中辨认出来。整个多瑙河地区的基本钱币纹饰包括马其顿王国的菲利普二世(公元前 359 ~ 前 336 年)时期福西亚人标准的 14.5 克的四德拉克马,其正面刻有宙斯带有胡须的头像，背面是面向左或右的马和骑马者。大部分的潘诺尼亚和达契亚钱币是在这一主题基础上变化而来的。这些钱币与两个培奥尼亚的国王不太丰富的模仿相关：佩特奥和奥达勒翁，马其顿的近邻色雷斯人。佩特奥国王（公元前 335 ~ 前 315 年）的钱币正面是无须的阿波罗头像，背面是头盔上饰有羽毛的骑马者，正用矛刺向倒下的敌人（42 号钱币）。在潘诺尼亚这一钱币制造影响深远，在某些地方钱币上的头像是无胡须的，如图 17 所示，这一形象得以确立。奥达勒翁（公元前 315 ~ 前 286 年）的钱币正面是雅典娜的头像，背面是没有骑马者的立着的马（44 号钱币）。其钱币的背面，而非正面，多数是模仿的，甚至币文和符号都是模仿的，它对于多瑙河北面和诺里孔的钱币有很大的影响。公元前 306 ~ 前 281 年，马其顿的利希马科斯的钱币上刻着一个无胡须的亚历山大大帝的头像，还有其标志性的蓬松的头发和阿蒙神的角（45 号钱币）。同时代的提努斯的钱币上刻着有胡须的宙斯阿蒙神的头像（46 号钱币）。头发中一个相似的角变成了多瑙河流域四德拉克马的一个典型特征，尤其是在东方，当然也不局限于东方。

以上是主要钱币制造的基本来源，不过偶尔也会有其他影响掺入其间。其间最显著的是带有公元前 4 世纪安菲波利斯、拉里萨或者培罗斯头像的钱币，公元前 3 世纪留着胡子的古罗马的两面神，公元前 2 世纪马其顿的阿尔忒弥斯和狄拉奇乌姆的公牛和小牛。

菲利普四德拉克马在早期阶段主要是直接复制。它们并不是当地钱币，而是当地钱币的替代品。这一复制的中心似乎是在塞尔维亚和波斯尼亚马其顿王国的北部边境，这一地区可能是被斯科迪斯奇的凯尔特（或者凯尔特—伊利里亚）部落占领，不过我们无法确认部落的具体名称，但一定与这些钱币相关。关键的贮藏（可能位于真正的流通领域之外）来自罗马尼亚西南部的巴纳特和阿拉德。有一组早期钱币（普拉达的 Husi-Vovriesti 以及 XXI – XXVII）几乎总是被切割或者被戳记，说明这些金属在漫长的生命历程中久经检验（47 号钱币)。其他早期发行的样本也经历了这种方式的测试,尽管不那么频繁。

42 43 44

45 46 47 48

很快,钱币开始获得了一个区别于其复制品的特征,它们的分布区域可以更准确地被描绘。其核心地区位于匈牙利和克罗地亚之间的边界地带,以及特兰西瓦尼亚。从这一中心,它们向三个方向扩散,东到喀尔巴阡山,东南到塞尔维亚,向西沿着多瑙河到奥地利,历史上第一次我们将其称为钱币制造。东线和西线在加利西亚汇合,这个意义重大的名字很可能是孤立的凯尔特部落科提尼以前的名字。向西扩散的钱币穿过布尔根兰到了施第里尔和卡林西亚,它们便是以前的诺里孔王国。在提萨河①的河谷里找不到钱币，这是萨尔马提亚人居住过的地方。普拉达已经证明，至少在多瑙河流域钱币制造的前两个阶段，凯尔特人民和四德拉克马钱币纹饰的发行之间存在紧密的联系。

这些基本的运动并不是发生得很快。其开始阶段，我认为，应该是在公元前3世纪中叶。凯尔特人在欧洲中部的扩张可以追溯到古希腊的历史，公元前279年他们洗劫了特尔斐（希腊古都），在接下来的几年入侵了小亚细亚。此时，马其顿及其邻国的钱币已经是凯尔特人采用作为其主要钱币的模型了。公元前168年皮德纳之战后，马其顿流出的钱币开始消失，这就鼓励了多瑙河流域产生一种新的钱币，新的钱币有些不同，不过这一定不是它们产生的真正原因。钱币的全盛时期无疑是在公元前2世纪，刚好在公元前2世纪末期到了最西边的地方——诺里孔。

关于这个故事的结尾，我们知道的比较多。在诺里孔，可以确定的是，钱币制造一直持续到公元前16年这一地区被罗马人侵占，在不列颠，只要当地王朝被允许持续掌权，钱币制造就一直被许可，直到公元前1世纪末期。这就符合与之相关的南斯洛伐克钱币（比尔泰克）的日期。不过，在潘诺尼亚，当地钱币可能消失得更早一起，可能是在公元前1世纪中期。在匈牙利和斯洛伐克，发现了以罗马共和国的狄纳里为原型的当地钱币，有的带有“Ravis”或“Ravit”的币文，很可能指的是伊利里亚的伊拉维辛(48号钱币)。布达佩斯的贮藏可以粗略确定时间在公元前76～74年（上面有罗马共和国的钱币日期）之后，其中一个纹饰大概复制了公元前63～前62年的一个狄纳里。这就表明，狄纳里这种钱币没有与四德拉克马混合，并且是四德拉克马之后才出现的，出现于公元前12～前9年的潘诺尼亚战争之前。不过这里，看起来在征服之后的前几年，对于当地钱币的连续使用得到了批

① 提萨河为多瑙河支流。

准。在达契亚,包括有公元前49年的罗马钱币的鲁卡贮藏,直到公元前1世纪中叶仍在使用。它可能在公元前约44年由非凯尔特的布雷比斯塔统一之后就停止使用了,后者打败了凯尔特的博伊人和陶里斯克人。

因此,看起来多瑙河盆地的钱币始于公元前3世纪,在公元前2世纪末期之前达到了繁盛的顶峰,其大部分在公元前1世纪中期终止了。尽管西部和北部,直到1世纪末期仍有这些钱币,这反映了罗马在多瑙河流域其他地区强大的影响力。

我们现在可以沿着大致的地理方位看一下一些主要的钱币类型。从东部的阿拉德和巴纳特开始,这里或许是斯科迪斯奇的故乡,我们发现了靠近塞尔维亚边境罗马尼亚西南部最早的当地钱币,它们最早且最近似地模仿了菲利普二世的四德拉克马。有一个突出的例子是德拉克马——在这个方向还没有1/4钱币——在克拉约瓦的贮藏中发现了刻着无胡须的面颊和凯尔特人的浓密卷发的钱币。在这些钱币中法国风俗十分罕见,不过51号钱币上面的头发是一个例外。

49

50

51

喀尔巴阡山东南部的达契亚人中,我们很快发现了杯形的或者杯状的钱币,这些钱币较大,不过是由劣质而低级的金属制成的,其风格迥异(开始是52、53、54号钱币,后来是55、56、57号钱币)。它们最初出现在喀尔巴阡山东部和中部。在北部,钱币接近巴纳特的原型,不过也有一些地方特征。

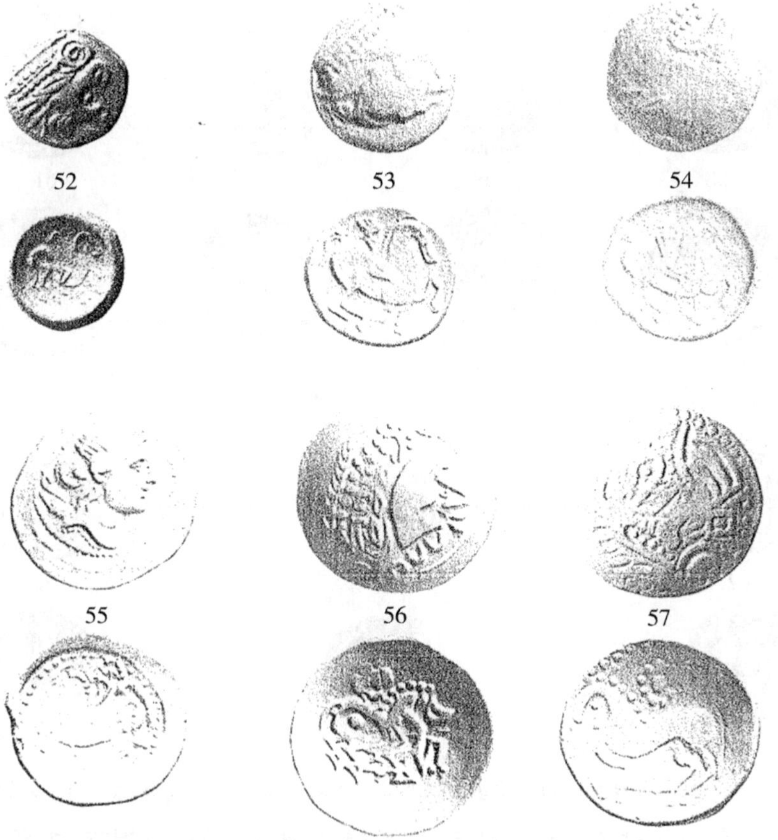

最后，在加利西亚，这一区域的最北面与西部连接的地方，我们发现了来自东部的钱币，全部没有正面纹饰且几乎只留下了背面（58、59号钱币）。这些单面的钱币属于科提尼人，在 O’Hulta 的贮藏里被发现，那里也混入了西部临近地区的一些钱币。科提尼人的钱币包括正面刻有花押字的德拉克马，可能读作“哈密”。从巴纳特向西南过去，摩西亚的钱币有很多具有相同的特征，不过在现在的塞尔维亚北边，币坯明显变得厚重且粗笨（60、61 号钱币）。许多不同形式的钱币在细节上与相邻的罗马尼亚有些类似，不过它们在构造上明显具有不同的特征。这里也是那些著名的刻着古罗马两面神头像钱币的故乡（63、64 号钱币）。其头像模仿了拉里萨的钱币（62 号钱币）。

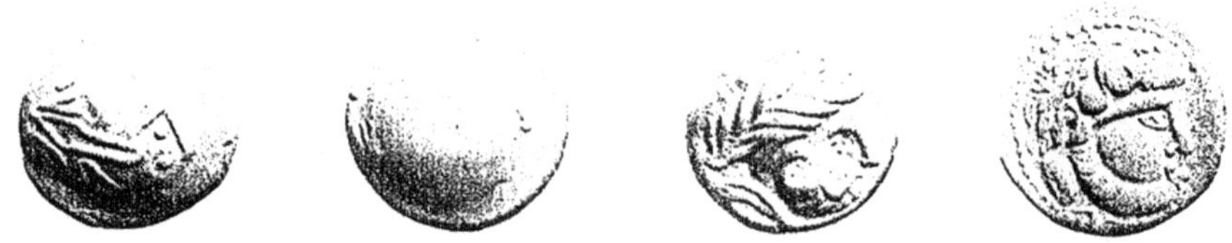

58 59 60 61

62 63 64

回到巴纳特的钱币并继续向西,潘诺尼亚发现的各式钱币数量庞大,其分布相对来说比较固定;比如 65 号钱币,带有三螺旋体①符号,位于巴拉顿湖,这一地区在罗马时代属于赫克尼茨。② 骑士们流行在头顶上带着精致的羽毛(66 号钱币),在有的钱币上这变成了一对神奇的角。这些特征在佩特奥的骑士头盔中都可以找到原型。另外一组(67、68、69、70 号钱币)来自卡波斯塔尔(也许对应着安迪泽特人③

① 三螺旋体是一个由三螺旋体构成的旋转对称的图案。螺旋设计可以基于连锁的阿基米德螺旋线,也可以代表三条弯曲的人类腿。

② 在公元前一世纪中期,赫克尼茨人是一个小部落,他们定居在沿着靠近多瑙河的一个狭窄的凯尔特聚集区,位于河的西侧,现代的布达佩斯以西。他们的名字来源于古代的印欧语,意思是橡树。公元 40 年,这个部落最终被罗马征服。

③ 安迪泽特人,居住在今天波斯尼亚和黑塞哥维那的疆土上的小潘诺尼亚部落。

的部落），有一些向南，位于多瑙河和德拉瓦河之间的区域。在萨格勒布地区带有明显凯尔特特征的一组钱币上有伊利里亚文字的币文"*Sasthieni*"，也许和希腊的所提尼是一样的（71 号钱币）。这一类别只有一种币文。72 号钱币上刻有一般的头像和粗糙的币文。再向北部，在佩特奥的钱币上也可以见到奥达勒翁的印记。在最北部与科提尼人接壤的地方（大概在 Osi 地区），我们看到了钱币正面有菲利普传统的有胡子的头像，背面是模仿的奥达勒翁，其币文也可辨认（73 号钱币，然后 74、75 号钱币）。在布尔根兰（也许在伊拉维辛中），我们发现了一系列无胡须头像的钱币，正面基本上源自奥达勒翁纹饰，背面有的有骑手，有的没有（76、77 号钱币）。另外一组特别重要的钱币出现在西米乌姆，后来罗马在下潘诺尼亚的首府，位于萨瓦河和德拉瓦河之间，对应的部落是阿曼提尼人。① 它们都刻着浓密胡须的头像和不带骑手的马匹，又一次结合了传统的元素。在潘诺尼亚的这个区域，出现了德拉克马和 1/4 德拉克马，法国风俗十分流行。不过能够表明与西部凯尔特人联系最紧密的钱币来自诺里孔。

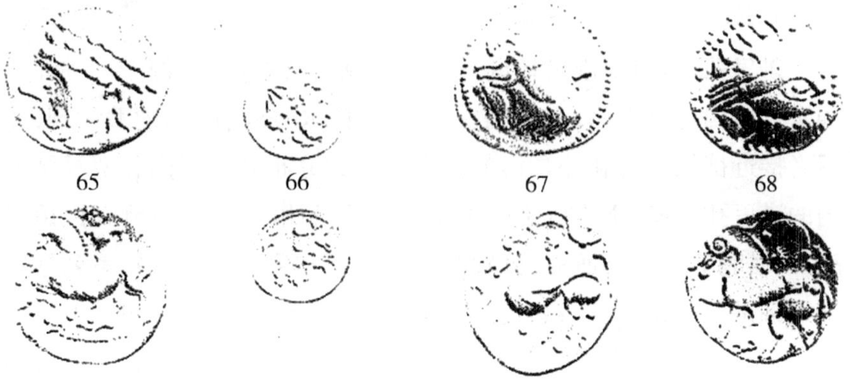

65　66　67　68

① 阿曼提尼人，潘诺尼亚平原伊利里亚部落的名字。他们极力抵抗罗马人，但在失败以后被卖作了奴隶。

69　70　71　72　73

74　75　76　77

诺里孔（或者更准确地说是陶里斯克人）的钱币起源于一种无胡须头像的四德拉克马，它们是在瓦拉日丁，Križovljan 的贮藏发现的，后者接近德拉瓦河和穆尔河的交汇处。其分布并不局限在罗马疆域内的诺里孔行省，而向东走得更远。有两个相互关连的地方钱币系列，斯塔利亚和卡林西亚，分别沿着萨瓦河和德拉瓦河。每系列钱币开始都是无胡须的脸，戴着一套精心设计的头饰（78、79、80、81 号钱币）。最后则是一个骑马的人在投掷长矛，分别刻有一个拉丁字母的币文。这些币文包括“Eccaio”（82 号钱币）的名字，出现在北部高卢，以及“Tinco”，这让人联想到不列颠的提乌斯。这一演进与不列颠钱币的演进历史十分接近。比如两者，环绕阿波罗头上的花冠都在设计中扮演了重要的角色。在其中一个纹饰中，比如“Svicca”，花冠居于钱币的中央,而不是人脸,马匹则是叠加上去的(83 号钱币)。

在波西米亚最重要的贮藏西梅林(84 号钱币)和托特法鲁(85、86、87 号钱币)发现的一系列碎片中,最突出的仍是花冠。罗马时代居住在阿兹提的这一区域所生产的钱币构成了卡林西亚的诺里孔钱币和波西米亚—斯洛伐克系列钱币(比尔泰克)之间的桥梁,后面我们将会讨论到,后者的全盛时期可以追溯到公元前 75 ~ 前 50 年。诺里孔碎片的一个变化,即其背面复制了公元前 87 年的一枚钱币(狄纳里)。诺里孔大概是少数带有利西马科斯头像的钱币最初产生的地方,这些钱币上还有意大利字母的币文。

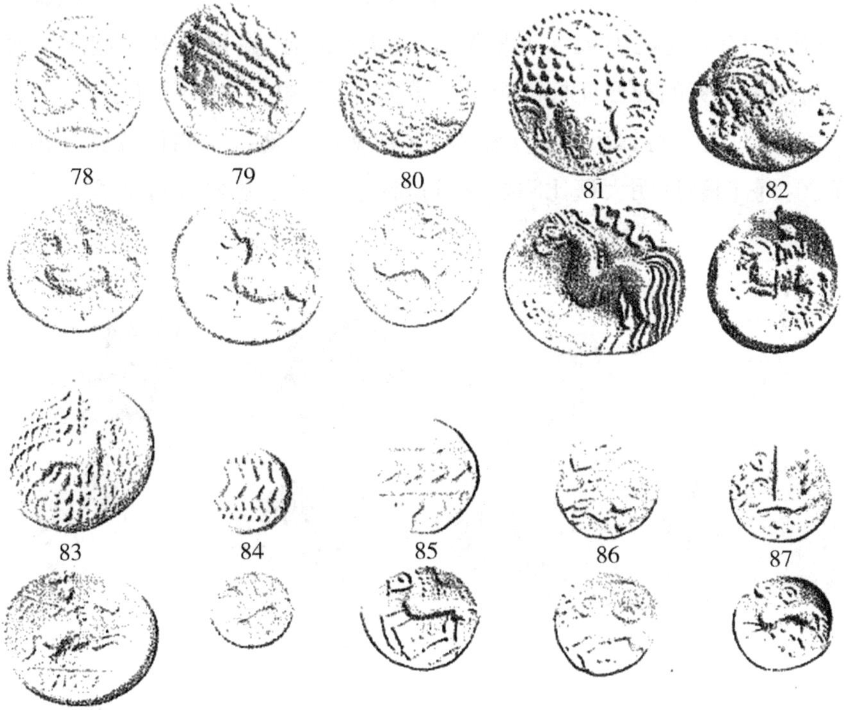

毫无疑问,诺里孔钱币的雕模师一定熟悉公元前 2 世纪晚期罗纳河、塞纳河和索姆河河谷的某些钱币。公元前 113 年,诺里孔王国受到了辛布里人的攻击,国王仍然得到了罗马人的支持,虽然不甚成功。

诺里孔钱币的新特点反映了那个动乱的时期对人们的影响。

除了模仿自马其顿王国菲利普二世的钱币的四德拉克马之外，在东部还有大量对亚历山大三世（公元前 336 ~ 前 323 年）和菲利普三世（公元前 323 ~ 前 316 年）的马其顿四德拉克马的模仿（88、89 号钱币；仿制品 90、91、92、93 号钱币）。它们主要是在现在加利亚的摩西亚，尽管有一些不同样式的钱币出现在罗马尼亚北部。其正面是身披狮子皮的赫拉克勒斯的头像，背面是与属下和鹰坐在一起的宙斯。也有类似的德拉克马（92、93 号钱币）。这种钱币所经历的变化没有菲利普二世的四德拉克马（尽管很少有真正的创新）那么戏剧化，不过这种钱币并没有被认真分析过（普拉达 pls. LXXII – LXXIV）。这些四德拉克马是 17.4 克的阿提卡重量标准。与之相对，德拉克马看起来一直只有 14.5 克的福西亚标准重量。事实上，历史上也曾传到了西边，那里它们对凯尔特钱币产生了影响，远到莱茵兰地区。四德拉克马相对较重，它们被证明大概比阿提卡重量标准的下个系列时间要早。

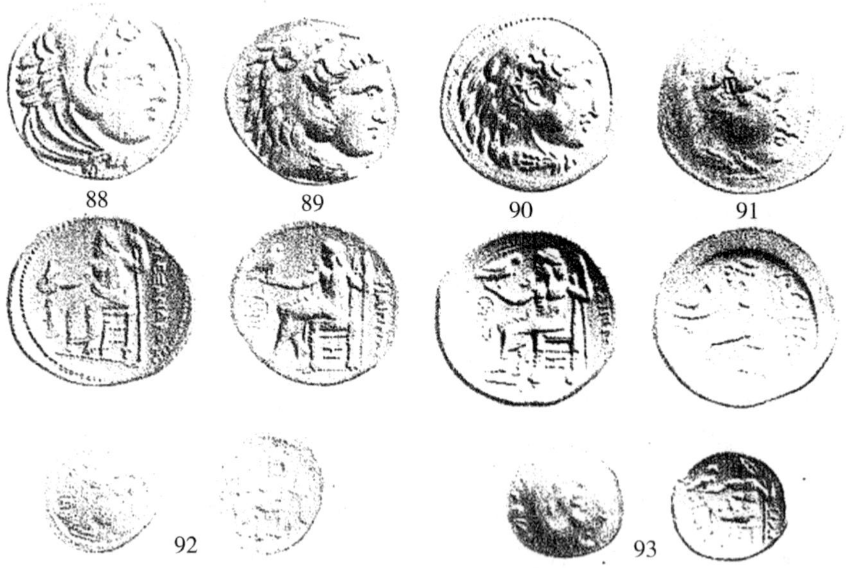

88 89 90 91 92 93

94 号钱币是对萨索斯钱币的模仿，其正面是年轻的酒神狄奥尼索斯的头像，头发上带有九片葡萄树的叶子和葡萄，背面是站立的赫拉克勒斯（94 号钱币）。它们被大量且粗糙地进行了复制，其设计最终变成了令人无法理解的点和线（95、96 号钱币）。还有一个例子，赫拉克勒斯换成了手中持矛的骑马者，其上还带有希腊字母"ΔHMHT"币文（97 号钱币）。萨索斯钱币都是在公元前 146 年之后被复制的，由此可以推断复制钱币的全盛时期是在公元前 1 世纪，而对亚历山大三世/菲利普三世类型的钱币复制则是在之前的公元前 2 世纪。不过关于这两组钱币，都没有明确的记载。

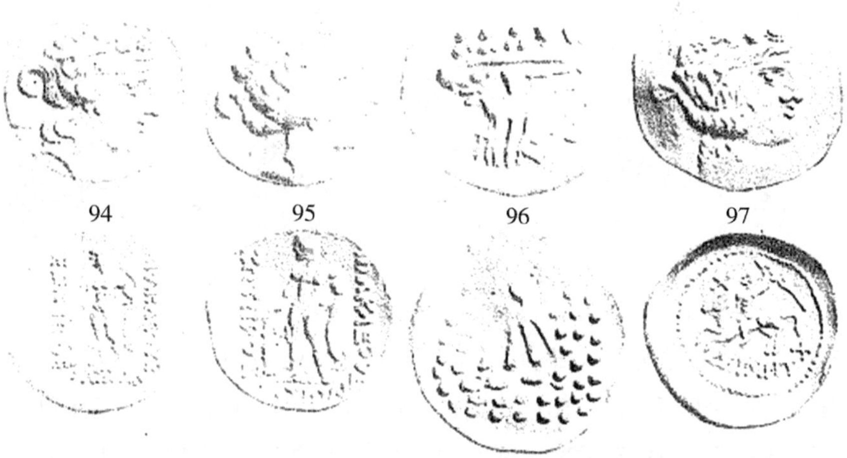

94 95 96 97

另外一组重要的阿提卡重量标准的 17.4 克的钱币来自波西米亚和南斯洛伐克地区，尤其是伯拉第斯拉瓦地区。这些钱币紧挨着西北部的菲利普四德拉克马，不过与其他阿提卡四德拉克马在不同的地方。它们就是通常所知的比尔泰克系列，其币文最早出现，也是最常见的，不过还有其他的一些系列。这些钱币来自不同的地区。其背面带着骑手的部分与菲利普的骑手以及诺里孔有铭文的钱币相关，而其他一些钱币的正面和背面则明显来自大约公元前 46 年罗马的 60 狄纳里（98、99 号钱币）。

与此同时，不同钱币都有不同的历史，后期出现了斯达特金币，还有带着比尔泰克币文的贝壳纹饰的片段，这一点我们在下一章中会讨论到。

在盖利岑阿尔卑斯山的1903～1904号贮藏中发现了比尔泰克和诺诺斯的钱币，同时还发现了刻有阿塔纳曼提、纳莫提和阿塔的诺里孔钱币，以及公元前43年的罗马奎那留斯银币。在后来出现的一些贮藏中，钱币中还有西梅林和托特法鲁的纹饰。由此，这一系列的起点要追溯到公元前1世纪中叶。

在全部16个不同的有关四德拉克马银币的币文中，其中有一些十分常见，不过所知大部分钱币仅仅来自一些币模。早期的钱币，其背面有一个骑手（100、101、102、103号钱币），有的与背面有马术师的西班牙钱币有关，不过这种联系并不能让人信服。后期的钱币有很多丰富的样式，其部分带有罗马化的特征，同时期的不列颠钱币则是塔司西欧沃纳斯和库诺比莱纳斯时期的——狮身鹰头带翼兽（104号钱币），鹿头状的马（105号钱币），戴着头盔的鸟身女妖（106号钱币），身旁还有一个训练师，有翼的半人马座女神（107号钱币），盘旋的蛇，吃人的怪兽等。也有比尔泰克和诺斯的一些钱币碎片，不过后者是传统的托特法鲁纹饰。

据推断，这些钱币存在于公元前12～前9年提比略攻打潘诺尼亚之前。的确，来自伯拉第斯拉瓦的这一批钱币可以根据这一事件予以年代确认，或者从公元7～9年潘诺尼亚彻底沦陷时开始计算。它们

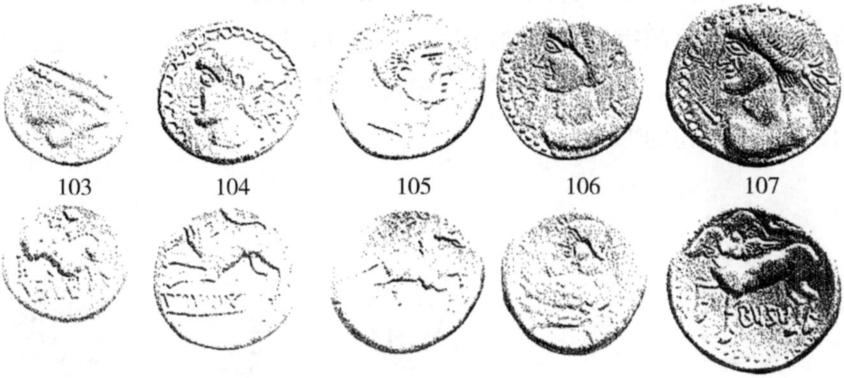

103　104　105　106　107

是所有晚期凯尔特钱币中最令人瞩目的，与不列颠的凯尔特钱币几乎同时发展。

第三节　西部

一、罗纳河谷

我们刚刚回顾了东部从波河到多瑙河盆地以及黑海这一带的钱币分布。现在我们来看西部。首先遇到的银币位于罗纳河谷。这里的钱币(110、111、112 号钱币)来自西班牙迦太基，或者可以推测来自罗马最早期的银币，经过北部意大利(108、109 号钱币)，这些银币的背面普遍都刻有马匹的头像。后期银币的背面变成了整个马匹或者山羊，而不只是头部。在目前的阶段，我只是简单地介绍了这一钱币制造，我相信钱币制造最早开始于公元前 2 世纪的第二个或第三个 25 年，我会在第五章中回到这一点，讲述高卢地区小额银币和青铜币的起源和发展。此处说这些银币刻有币文就足够了。与山南高卢的早期钱币和诺里孔的一些钱币一样，这些银币上最初的币文都是意大利南部古希腊移民城邦的文字。这些银币在重量上与山南高卢的银币一样，两者都建立在马西利亚—罗马相结合的标准之上。然而，罗纳河是非常重要的边界。罗纳河西岸没有发现这一类的钱币，反之，它们要追溯到西班牙的马西利亚人殖民地，罗达和恩波里翁，这也是我接下来要讲述的部分。

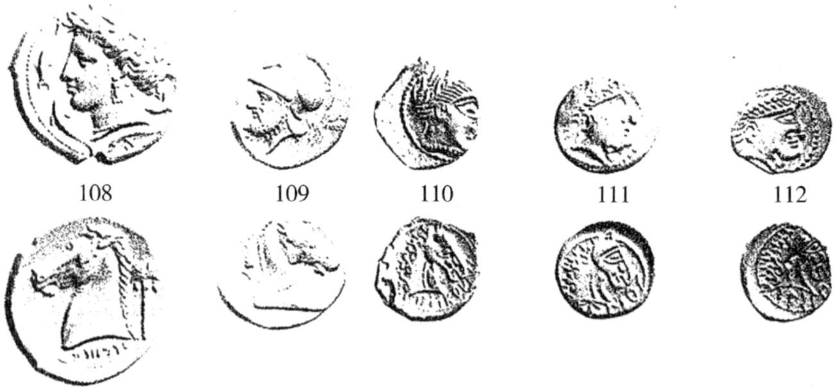

二、加斯科尼、吉耶纳及其他地方的罗达模仿物（拉克鲁瓦币）

公元前 4 世纪早期开始，罗达的希腊殖民地就开始打制银质的五德拉克马，其一面是叙拉古（或迦太基）风格的女神头像，一面是一枝盛开的玫瑰（113 号钱币）。这些在地图 7 所显示的区域都被复制过。这些复制品很容易辨识，因为从很早开始，其背面刻制的玫瑰从底部来看，就被误读并转化成了一个太阳型或交叉样式的轮子（114、115、116 号钱币）。女神的头像也受到了凯尔特人的影响。复制品的第一代还不能被精确定位。然而，不久以后，这些钱币的主要特征就变成了玫瑰的四个盏所形成的十字，每一个角都有一个花瓣构成的新月型。这四等分继而镶嵌了许多图形，最开始是小球、戒指、“S”以及其他标志。继而是耳朵、眼睛、花朵、盾牌和特别突出的斧头（117、118、119、120、121、122 号钱币）。

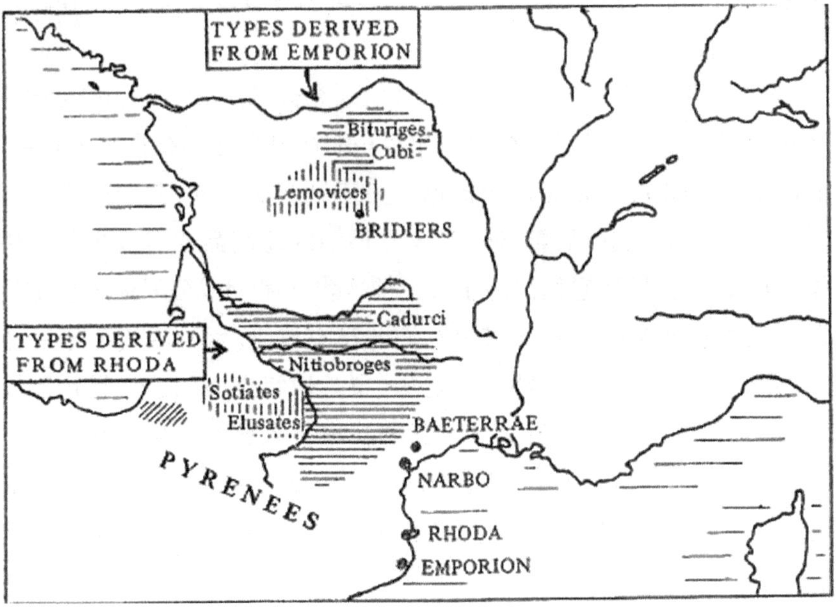

地图 7　来自罗达和恩波里翁的钱币纹饰

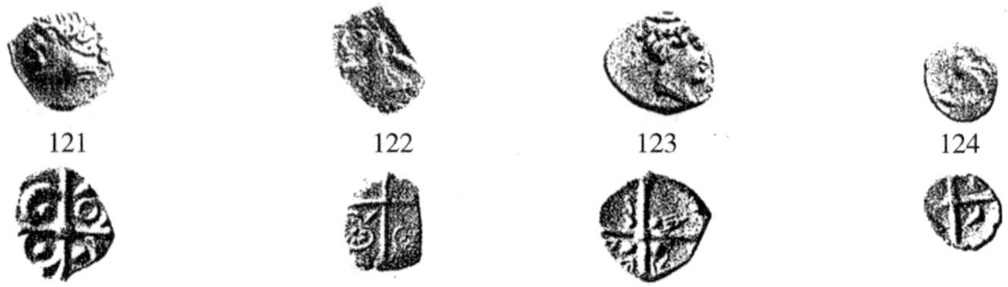

121 122 123 124

这种钱币制造在西班牙并不多见，不过在临近的地区，比利牛斯山靠近法国的边界，吉耶纳、加斯科尼或者用罗马的词汇来说，高卢阿基塔尼亚很多。在加伦河河谷及其南部发现了大概 40 个贮藏，在这些地方其他凯尔特钱币十分匮乏。正如我在引言中所述，大多数钱币是由切割成的币坯而不是铸造成的币坯打制成的。从古希腊地理学家斯特拉博那里我们得知，阿基塔尼亚的高卢人被认为更接近西班牙的高卢人，而不是凯尔特的高卢人（斯特拉博 4.1.1,4.2.1）。除了一份早期的黄金复制品，如果它是真的话，所有这些钱币都是银打制而成的，尽管在塔尔贝利人①和托洛萨特人部落中发现了金矿，这在古代十分著名。

年代学通常面临的困难是，难以找到充分的解释方法，因为在这个领域，比如在波河河谷，在罗马和罗马的西班牙之间存在某种联系。然而，迄今为止尚缺乏必需的证据。关于其起始日期，我们还没有不容争辩的证据。钱币的重量似乎表明早期的复制品或多或少与原件是有关系的，据推测它们出现于公元前 4 世纪晚期或公元前 3 世纪早期。不过，拉克鲁瓦币看起来跟它们并没有联系，因为它们始于一个较低的重量标准。在巴泰勒米②之后，布兰切特也表明这一钱币制造始于公元前 3 世纪的最后 25 年，紧随汉尼拔入侵意大利之后。这可能是一个正确的年代顺序，但是它没有要求汉尼拔建立阿基塔尼亚的凯尔特人与西班牙的凯尔特人之间的关系。当罗马执政官赛尔维利

① 塔尔贝利人是罗马时期之前的阿基塔尼部落，定居在今天的法国西南部。

② 1687 年陪同探险者 De La Salle 的法国青年。

斯·凯皮欧于公元前 106 年歼灭了泰克托萨热斯时，他俘获了（不过在回程的途中又丢失了）一笔数额巨大的金银财宝（AV 100000 lb，AV 110000 lb，斯特拉博 4.1.13），比迄今为止发现最大的凯尔特钱币贮藏要多好几百倍，这里可能包含有拉克鲁瓦币。的确，许多现存的贮藏可以归因于这次战役。比如，靠近佩皮尼昂的邦帕发现的贮藏包括了 13 枚古罗马狄纳里，还有近 600 枚磨损的十字钱币，形式十分完备，通过它们可以看出这些钱币的日期。最近的两个罗马钱币是全新的，属于高卢的皇帝华勒流斯·弗拉库斯，打制于公元前 83 年。因为贮藏可能埋藏于公元前 83 年的前后一两年左右，其中磨损的十字钱币一定是在更早一些时间被打制出来。直到公元前 51 年残币仍在流通，如同阿莱西亚的发现所显示的那样。不过仍然有恺撒战争前后打制的钱币，因为公元前 52 年恺撒提到的卡乌尔斯人的领袖卢克莱修①发行了一枚钱币，也是这种十字样式（125 号钱币）。有一个在洛特省的库藏斯被发现。

在阿基坦有许多不同种类的十字钱币（117 ~ 125 号钱币），有一些带有罗马的币文，还有一些带有凯尔特—伊比利亚的币文。124 号钱币那类的钱币是一小部分。现在可以看到，在许多问题上既有地理的差别，也有年代的差别。罗马时代这一地区部落众多：包括尼提波尔格斯、佩里格、卡乌尔斯以及最著名的泰克托萨热斯。钱币通常通过最后几个名字得以辨识，不过这也代表了一种过份简单的看法，因为很少有贮藏来自他们熟知的区域。不过，泰克托萨热斯十分显著，不仅是因为他们在罗马历史上起到了重要的作用，而且因为我们知道其中的一些移民。他们于大约公元前 300 年前从美因茨地区到达了托洛萨，之后，部分部落回到了海西森林，还有一部分迁移到了伊利里亚和潘诺尼亚。余下的人沿着多瑙河迁徙到了小亚细亚，在那里，他

---

① 卢克莱修曾是卡乌尔斯人的领袖，卡乌尔斯人是领地位于现代法国洛特省周围的凯尔特人。恺撒称他是一个无与伦比的勇敢的人。

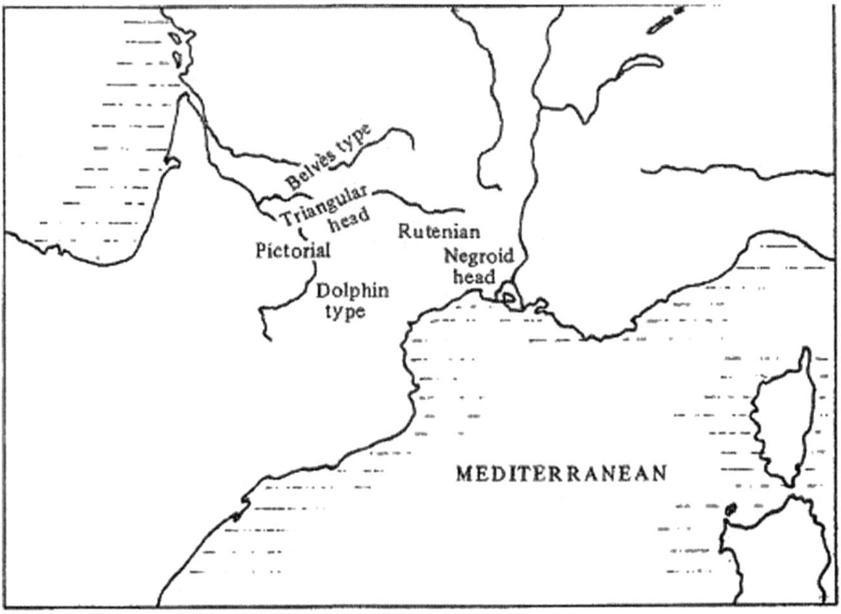

地图 8　拉克鲁瓦币的分布图

们与其他部落一起在公元前 230 年被阿特拉斯一世打败，然后建立了加拉提亚。这些活动的痕迹可以从里申和波西米亚（126 号钱币）的十字型钱币中看出来。最具代表性的里申发现的贮藏来自劳特拉赫，福拉尔贝格，它们也包括一枚公元前 110 年发现的罗马狄纳里。同样，在波西米亚（其全盛时期处于公元前 110～前 103 年）斯特拉多尼茨的奥皮杜姆和奥地利的马格登堡，同样的十字类型钱币只留下了规模和重量特别小的（128 号钱币）。同样的小额钱币也出现在古力娜和艾斯的贮藏里，这表明它们与后期刻着币文的诺里孔钱币是同一时代的。我们可能在不列颠看到一个十字类型的痕迹。不列颠的 1/4 斯达特金币，也是我们所熟知的克拉克顿堆，看起来与里申的类型相关。

阿基塔尼亚缩小币坯的传统并不限于拉克鲁瓦币，如同拉克鲁瓦币分布区域的东部发现的一组钱币所显示的那样。在阿伟龙的古特朗贮藏里，与拉克鲁瓦币一样，发现了用缩小币坯制作的银币，其正面是一个头像，背面是设计精美的野猪（127 号钱币）。在纹饰上，而不是在构造上，它们与公元前 1 世纪法国中央高原和阿维尔尼人的银币有很多相似点。

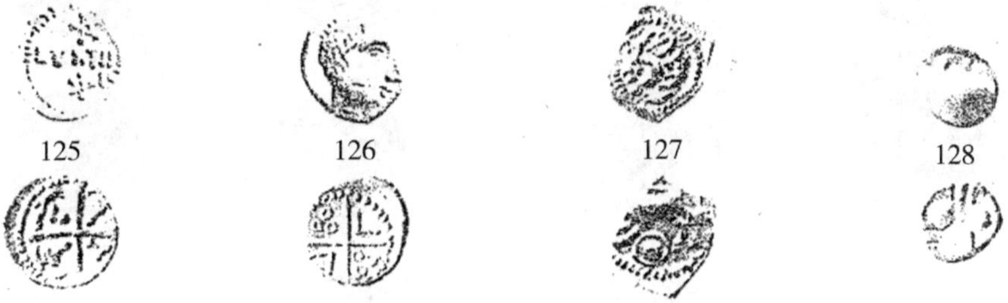

125　126　127　128

三、利穆赞，普瓦图和拜里（贝里）的恩波里翁仿制币

西班牙的第二个希腊殖民地，恩波里翁紧邻安普里亚斯湾的罗达。与罗达一样，这里发行了德拉克马银币。起初，其正面是女神的头像，背面是一匹站立的马，上方一个飞翔的胜利者。3 世纪晚期，它们变成了正面是带着海豚的阿瑞图萨①头像，背面是珀加索斯（129、130、131 号钱币）。许多后期珀加索斯的背面有一个很有趣的特征，即马的头部被一个蜷缩的男孩所替代，他外表上看起来很像马的头部——所谓的克律萨俄耳类型，它只是偶然间被复制下来（131 号钱币）。这些钱币直到公元前 4 世纪晚期才开始出现。恩波里翁的银币直到公元前 2 世纪晚期还在流通，这一点经由塞加洛贮藏可以发现。

在罗达，复制品开始得很早（132、133 号钱币）。的确，有一些复制品比晚期的原件要重，甚至比克律萨俄耳的类型要重。我们可以确信的是最早的复制品，如果不是出现在公元前 3 世纪，就是出现在公元前 2 世纪早期。复制的进程看起来比在罗达要更加连贯。还有凯尔特—伊比利亚的币文，没有缩小的币坯，而其重量上唯一的中断发

① 山林仙女，月神阿耳忒弥斯为使其逃脱河神阿尔甫斯的追逐，将她化为泉水。

生在较晚的时间。

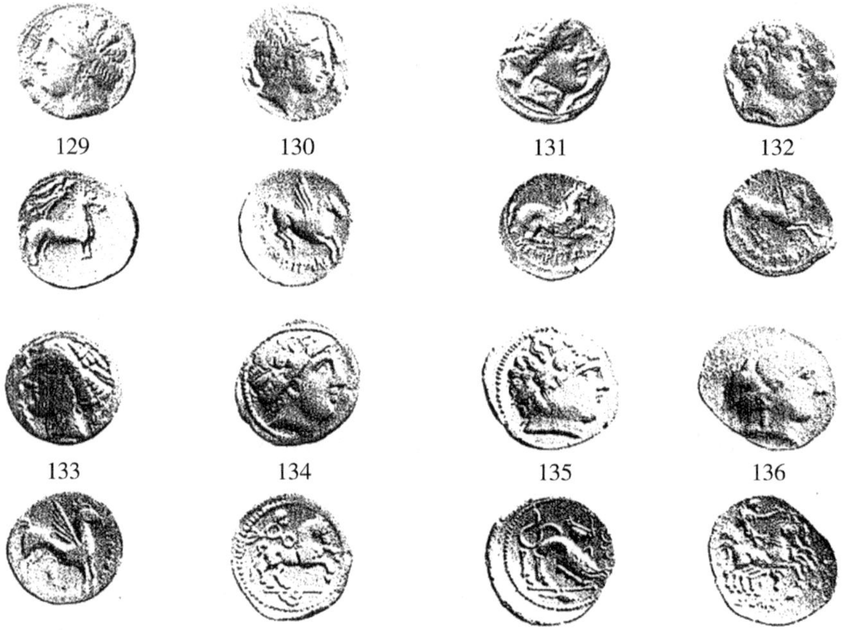

由恩波里翁钱币模型衍生出来的钱币类型在高卢的主要传统位于利穆赞和普瓦图及其附近。在罗达的影响下，其北部区域亦是如此，并且也显示出这两个希腊邻居之间利益的划分。这一类型主要的贮藏位于布里德斯或者科勒兹的布雷斯。布里德斯贮藏包括许多银币，其正面来自恩波里翁，背面则是各式各样的图案（134、135、136 号钱币），有一些是刻有二匹马拉着的二轮战车（及其币文）的菲利普二世金币，有一些是刻有骑手的（及其币文）的菲利普四德拉克马银币（137 号钱币，一种在贮藏里没有发现的纹饰），有一些刻有狮子的马西利亚钱币，有一些早期的恩波里翁钱币上刻有带羽翼的胜利者飞过马匹。受这些钱币的启发，那些钱币上刻有带着羽翼的骑手后来变成了普瓦图发现的钱币上的手臂（141 号钱币），不过日期要晚一些。从菲利普的币文形式和刻着布里德斯纹饰钱币上的马匹来看，我们似乎处于公元前 2 世纪早期。在这一阶段或者以后，出现了其他试验性的纹饰，这时飞翔的胜利者变成了一组车轮（139 号钱币），骑马者挥舞着盾牌和剑，最后克律萨俄耳的头与之相分立，取而代之的是胜利者，马也加上了人头。现在我们才真正回到了凯尔特的传统中。需要注意的是头发上三角形的锁，这是凯尔特传统最典型的特征。

下一个阶段是在两组贮藏中发现的大的银币，出现在贝里，后来传播到普瓦图。第一个是在安德尔，第二个是在维埃纳和德塞夫勒及其西部。最开始发行的钱币上，马背上有一只狗或一匹狼，下面则是三螺旋体纹，或者两匹前后站立着的马，或者一只手拿着盾牌和剑，另一只手垂着的骑士。在普瓦图发现的第二组钱币中，骑士长了双翼，下面则是花丛。所有这些纹饰的钱币都与我们下一章将要讲的金币有一些联系，不过可以确定的是早期的一些钱币属于公元前 2 世纪中期。贝里的银币可能与这一地区早期发现的斯达特金币属于同一时期，不过我认为银币出现得更早。伊勒 · 维莱纳以北发现的最早的金币上刻着挥舞着盾牌和剑的骑马者，狗和螺纹的币文当然要早于利穆赞南部刻着鹤和螺纹的斯达特金币。而第一种类型上马匹下面的手似乎是未来许多普瓦图刻着手的斯达特金币的始祖。这些钱币正面头像上的锁对于许多 1 世纪阿摩力克地区的斯达特金币正面图案有决定性的影响，后者上面找不到头发上的菲利普的花环。阿摩力克的钱币，实际上是菲利普和恩波里翁传统的一种混合。

137　138　139　140

141　142　143　144

其他具有同样头发样式纹饰的钱币是在较低的重量标准上打制的，它们与公元前 1 世纪中部高卢（142、143、144 号钱币）银币的一般重量是一致的。其背面，有时马匹的上方或下方有一个分离的人头，有时有一把剑或者一个象征性的树。其他上面，我们也看到有币文。这些钱币出现在贝里和利穆赞地区，且很可能属于莱摩维斯①部落。在阿莱西亚也发现了少数钱币——它们属于公元前 1 世纪前半叶。

带有同样头发样式纹饰的钱币穿过卢瓦尔河北部到达了罗伦洛，位于卡尔努特斯地区。那里发现的青铜币正面有鸟形，背面是蛇或者蜥蜴（145、146 号钱币）。在卢瓦雷和约讷也发现有同样的青铜币，在塞农人中可能也有同样的钱币，刻着不同的鸟和币文乌鲁齐，柯亚卡或者维拉克斯（147 号钱币）。最后我们有刻着吉亚米洛斯·色努（148 号钱币）币文的钱币，它们均与从 64 号和 45 ~ 43 号的罗马狄纳里复制而来的银币和青铜币相关。乌鲁齐钱币发现于阿莱西亚，且在公元前 51 年，不是吉亚米洛斯，而是乌鲁齐延续了恩波里翁的传统，并将之从公元前 4 世纪的发源地带到了高卢征战之后。

还有另外一个恩波里翁的传统。它们一般是来自埃卢塞特人（埃乌兹）②的普通银币，一面有令人费解的点状序列或者破折号，一面有一匹艺术造型的马匹，发现于热尔（150、151 号钱币）的芒谢和洛瑞赞

① 莱摩维斯是中欧的一个高卢部落，于公元前 700 ~ 前 400 年在利木赞和普瓦图建立了自己的部落。

② 埃卢塞特人是一个前罗马时代的阿基塔尼部落，定居在今天的法国西南部，阿基塔尼领土的东北部，埃卢萨市周围，也就是今天的埃乌兹。

145　146　147　148

贮藏里。也有相应的奥波尔。通过格拉斯哥发现的一枚奇特钱币（149 号钱币）和其他复制品，可以追溯到德拉克马源自恩波里翁 3 世纪晚期德拉克马上面站立的马匹。150 号钱币和 151 号钱币所有的特征几乎都可以在早期的格拉斯哥钱币上发现。另外，我们还发现了刻着币文的青铜币，上面刻有公元前 56 年恺撒提到的首领阿提图尼斯，读作“Adietuanus, Rex Sotiota(of Sos)”（152 号钱币），它们复制了银币正面令人费解的点状序列或者破折号。这些钱币一定是在恺撒战役之后立刻打制出来的。由此，恩波里翁钱币的影响力可以追溯至公元前 3 世纪，且一直持续到恺撒之后。

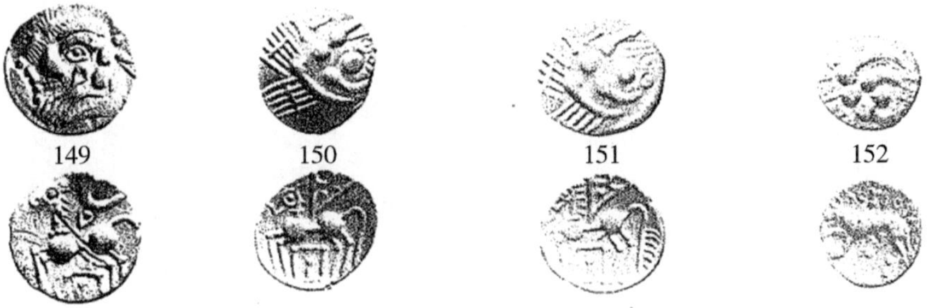

149　150　151　152

第四节　总结

我们已经简单描述了南欧凯尔特银币的主要部分。在多瑙河盆地，波河和罗纳河谷，加斯科尼、吉耶纳、普瓦图和贝里，我们都发现了银币。

除了罗纳河谷之外的每一个例子中,都可以找到可能或可推测的原因,证明这些钱币始于公元前 3 世纪,有的始于公元前 3 世纪中叶。有证据显示这些钱币产生之后,一直延续到公元前 1 世纪中叶。当然,这些钱币并没有立即从其最初的中心传播到整个区域,但到公元前 2 世纪中期乃至晚期,欧洲凯尔特聚集区的南部都出现了它们自己的银币。

在一个迁徙的时代,不同地区的平行发展不仅仅是一种巧合。尽管某一个凯尔特地区和另一个地区之间的钱币交换只是一种例外,风格和概念的传播远比实物更加便捷。在广袤分散的不同地域,钱币上使用了相似的马匹和骑手不仅仅是被选中的模型的历史机遇,也是人们对这些器物的普遍认识导致选择了这些模型。在下一章中,我会将目光转移到与之相对的一个北部区域,那里主要使用的是金币。其地理的辐射面积并不辽阔,不过钱币更加多样,并且有可能它们在凯尔特的习俗中比本章中所描绘的那些钱币更有影响力。

第三章　金币分布地带

在上一章中我描述了从大西洋到黑海的凯尔特银币区域，现在我们开始转向北部与之相对的金币分布地带，这一区域位于菲尼斯泰尔和易北河之间，其地多产金币。金币分布地带又分为东部和西部，可以约略地称为日耳曼和高卢地区。这两个地方钱币的发展历程几乎是同步的。

东部是以马其顿王国的亚历山大三世斯达特金币为原型发展而来的，而西部则是以马其顿王国的菲利普二世的斯达特金币为原型发展而来的。其他的影响都是次要的。两个原型都具有相同的重量。它们数量巨大，在公元前 3 世纪和公元前 2 世纪同时流通。作为模板，它们都可使用，不过日耳曼部落偏好刻有戴着头盔的头像和亚历山大的胜利女神的斯达特，而高卢部落则选择了带有花环的头像和驾驶着二轮战车的马匹构成的菲利普斯达特。到目前为止我们并不知道哪一种最先开始出现，它们可能各自发展，并且经历了大致相同的时间。如果把不列颠人算在高卢人之内，那么高卢的金币持续了大概一个世纪之久。

第一节　东部：日耳曼部落

我首先从东部开始讲起。我所述大部分要归功于布拉格的卡雷尔·凯斯特林博士的研究成果。关于在不列颠的钱币，我们的资料很少，没有发现一个样本。

一、尼克纹饰

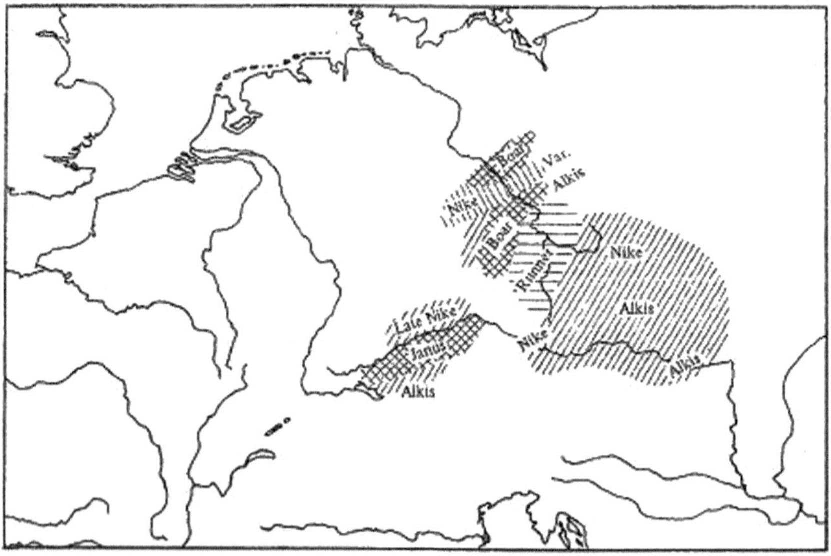

地图9　日耳曼的早期金币

这一部落中最早的凯尔特钱币只是对亚历山大三世斯达特金币的简单模仿，复制品上一面是戴有头盔的雅典娜头像，一面是手持矛和花冠，象征胜利的站立的人像——称为尼克系列。它们几乎与原件重量相同。它们最初出自摩拉维亚西部和紧挨着的波西米亚地区，与纳赫尼茨（靠近 Nový Bydžov）和克鲁克的凯尔特奥皮杜姆相连。无疑这些原件沿着多瑙河流传到了这里，反之复制品则流传到了遥远的摩拉瓦河和易北河。

重量和纹饰均显示出这些钱币是日耳曼系列中最早的一批。它们的日期可以从后来的钱币——阿尔克斯系列——中推断出来，阿尔克斯系列的钱币最初产生于公元前 2 世纪的第二个 25 年。如果我们把摩拉维亚地区尼克系列钱币产生的时间放在公元前 3 世纪之前，可能并不准确。

尼克的模仿钱币本身也被复制。我们发现凯尔特人处理的轻型钱币（不超过原始钱币重量的 2/3）。在西部，155 号钱币上，可以发现在剑客的右手边有一只大鸟的爪子，鸟嘴。关键的文物发现地是在巴伐利亚多瑙河边上的因戈尔施塔特。从重量可以看出它们最晚出现在公元前 1 世纪早期。最后，在康斯坦茨湖还有公元前 1 世纪特别格式化的版本，它们甚至更轻。

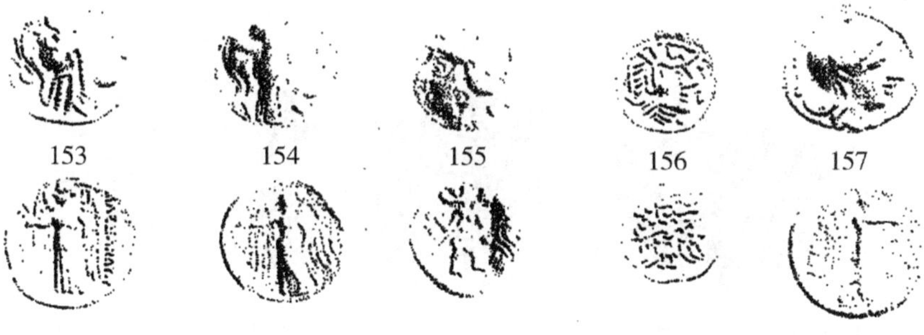

二、阿尔克斯纹饰

尼克纹饰钱币之后，又出现了一种十分相近的阿尔克斯纹饰的钱币，这可以从其中背面的图案看出。这一系列中最早的钱币是 1/3 斯达特，全面额钱币直到很晚才开始出现。

钱币的正面和背面的起源是不同的。正面有一个佩戴头盔的头像，并不是从尼克钱币的雅典娜衍生出来的，而是从最早的罗马钱币之一罗马拟人女像衍生而来，即所谓的罗马人的战争系列（157 号钱币）。阿尔克斯钱币上的头像是有迹可循的。最初这一纹饰用于罗马的两德拉克马上，其背面有一个站立的胜利者人像，可追溯到公元前 265～前 242 年的克劳福德。我们还发现了蛮族人的银币，混合了这一头像，以及另一个罗马人的战争的背面，即马匹的头像。遗憾的是，我们没有找到这些钱币发掘地，不过它们应该起源于北部意大利。我们所知的只有两组币模，不过其中一个币模的正面也呈现为银币的样子，重量减少了 1/3，同时混合了典型的早期阿尔克斯的背面。在斯特拉多尼茨发现了一个例子，波西米亚主要凯尔特人的奥皮杜姆。如果仔细考证，它们与罗马的联系十分紧密，尤其是阿尔克斯钱币的背面与马其顿相关。事实上雅典娜的阿尔克斯背面直接复制了马其顿的腓力五世（公元前 220～前 170 年）的四德拉克马银币上交织的文字，上面还有矛和闪电（158 号钱币）。这一类型要追溯到其统治时期的最初十年。

158

159

160

可以看出，阿尔克斯系列钱币的正面和背面的原型都可追溯到公元前 3 世纪的最后 25 年。阿尔克斯钱币本身（159、160 号钱币）大概始于公元前 175～前 150 年。这刚好与波西米亚凯尔特人的历史相吻合。公元前 3 世纪的最后 25 年和公元前 1 世纪初期，生活在山南高卢波河以南的波伊人与罗马人冲突不断。公元前 191 年，他们被驱逐出去，被迫迁徙到了多瑙河（伊斯忒耳）两岸的地区，在那里他们与拉里萨人生活在一起，并与达契亚人持续征战。拉里萨人具体位于哪里，关于他们的疆域仍存在争议，不过可以肯定的是一定位于波西米亚的南部和西部。不过可以推测这些波伊人迁移到了波西米亚(Boiohemium)，而另一部分波伊人定居下来了。

三、贝壳纹饰钱币系列

尼克和阿尔克斯纹饰后期逐渐退化，其中，凯斯特林将阿尔克斯纹饰与斯达特中的贝壳纹饰联系在一起，这一点后面我也会提到。

阿尔克斯和贝壳纹饰系列一起展现了原始阿尔克斯纹饰的迅速衰落以及再造。在凯尔特钱币中不断出现这种纹饰的转换，不过在这一过程中，钱币并没有形成可理解的或者具有代表性的纹饰。它们所呈现出来的仍然不过是一些金属块或者金属条。164 号钱币是贝壳纹饰，161、162、163 号钱币是进化的阿尔克斯纹饰。这一系列一直持续到公元前 1 世纪的第 3 个 25 年，那时正如本书最后一章所展示的那样，我们有很多斯达特、1/3 斯达特和 1/9 斯达特的例子，其上刻着比尔泰克的币文，在斯洛伐克南部(165 号钱币)发现了与它们相同的大银币。这些银币可追溯至公元前 50 到公元前 40 年，这一时期刚好也构成阿尔克斯和贝壳纹饰钱币消失的分割时间点。在这些时间界限之间可以把钱币细分为四种连续的纹饰以及很多次级的小组。

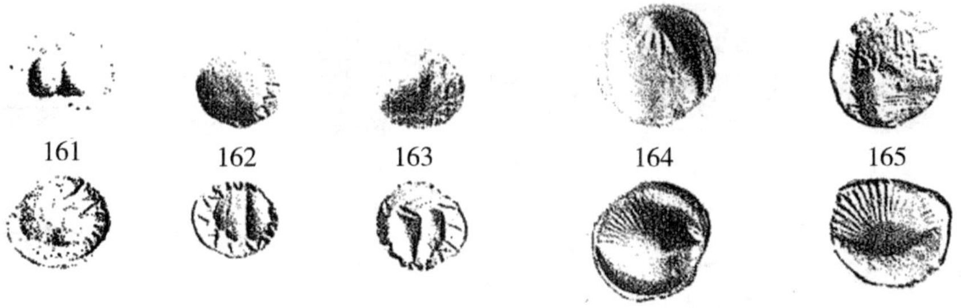

161　162　163　164　165

这些数量庞大的钱币最初发源于波西米亚、摩拉维亚、匈牙利和奥地利低地的东北部。我们可以大致推测它们来自一个铸币地点，不过也有很多相互关联的分支大约来自其他的铸币地点。在大部分时期并没有固定与之相连的银币系列，不过在斯特拉多尼茨的奥皮杜姆也有一些小的银币，其中一些交叉纹饰在最后一章中有描述，其他一些钱币背面则有一匹马。在晚近的案例中，有一些金币和银币币模的互换。可能是公元前2世纪的最后几年，斯特拉多尼茨是主要钱币纹饰的铸币地点。有一组标准重量1/3的斯达特源自核心的钱币系列，却有些不同，它们位于摩拉维亚有围墙的奥皮杜姆老拉迪斯科那里。这一类型钱币其他的发掘地点中，有一处大的贮藏是1912年里窝那附近的切奇纳。如果将这一贮藏与公元前2世纪的最后几年辛布里人的入侵联系起来，将是十分有趣的现象。然而，凯斯特林对这些钱币年代的推断将这一贮藏的日期推迟了很多年。

四、阿尔克斯变形钱币

除了贝壳纹饰和阿尔克斯这两种主流的钱币外，还有很多稀有且罕为人知的钱币，它们在纹饰和重量上和主流钱币有些类似。有一些纹饰是从阿尔克斯纹饰直接衍生出来的。因此，我们有一种斯达特金币，具有1/3斯达特和1/9斯达特的标准重量，大概来自波西米亚和摩拉维亚，其上有一个凯尔特人的锁和阿尔克斯背面的一种变形（166号钱币）。这一纹饰的复制品最远到达洛林地区。

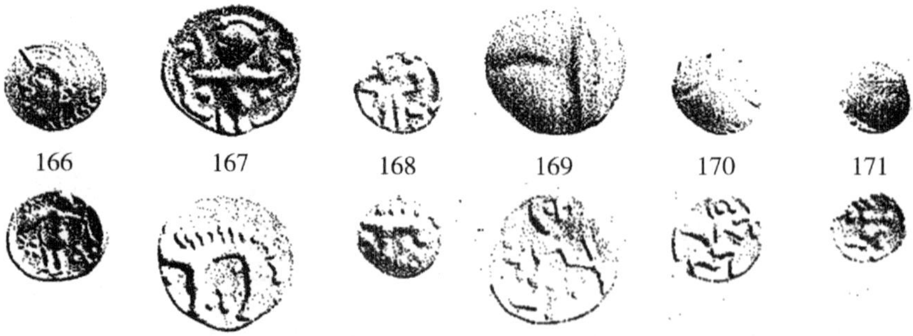

166 167 168 169 170 171

其他系列钱币与阿尔克斯钱币没有那么直接的联系。有两种基本的纹饰包括野猪—勇士（167、168号钱币）和奔跑者（169、170、171

号钱币)。这些纹饰的第一个其背面有一个加利克风格的公猪,特别像我们后期在东方的高卢波坦币上发现的公猪。其背面有一个与阿尔克斯类型相连的站立的勇士。这些钱币位于易北河中部和萨克森地区。它们包括标准重量的 1/3、1/9 和 1/27。钱币上刻有奔跑的人的这种风格粗犷的纹饰。比较好的钱币中其正面有一张弓,背面是手持十字弓箭奔跑者的造型,也是阿尔克斯纹饰的衍生品,它们基本都是标准重量的 1/3 和 1/9。这些钱币发现于野猪—勇士纹饰钱币发现地的西南部,那是一个位于贝龙卡河中部的遥远地方。野猪—勇士和奔跑者纹饰的钱币都属于阿尔克斯系,通过重量来分析,它们应该属于阿尔克斯系的早期组成部分,即大约铸造于公元前 2 世纪中叶或者更早些时候。就钱币发展史而言,它们代表了凯尔特人(也许称凯尔特文化更准确)向丹麦和波罗的海地区最具活力的扩张。

还有一组斯达特属于晚期系列,尽管其使用区域很难精准确定,但大致位于易北河和萨克森地区,它们也发展出凯尔特人钱币的一些特征。最早期的一组,一面铸有凯尔特人头像,另一面则是施特尔人(172 号钱币)。另一组则是用马来替代了,在正面很明显是一个有裂缝的马头纹饰(173 号钱币)。晚期还有一些其他背面为马头的纹饰,但其正面有的是阿尔克斯造型(174 号钱币),有的是闪电造型(175 号钱币),有的则是三只转动翅膀的造型。从地理上说,这些钱币并非凯尔特钱币体系的主流,但从另一个方面来说,这恰也证明了当时钱币使用的丰富性和交融性。还有一种造型,下面是一匹马,上面则是戴花环的阿波罗神和两条虚平行线(175 号钱币)。这些造型看起来像是公元前 1 世纪早期诺里库姆人的钱币,但其转动的图纹造型与不列颠境内出土的钱币更相像。这让我们联想起公元前 113 年辛布里人攻打诺里库姆人,大约在同一时期,他们与条顿人的侵袭被贝尔格人成功地抵御了。如果这些事件是日耳曼人干的,这倒是在长年远征中带回新理念继而体现在钱币铸造上的一个很好机会。但这些事件其实更像是凯尔特人或凯尔特—日耳曼部落定居在易北河沿岸的部落成员所为,无疑,这些地方对于我们更加准确理解其铸造过程将是最重要的。

五、两面神纹饰

在多瑙河的发源地和康士坦茨湖之间的奥皮杜姆还发现了第 24 组或第 27 组记录的一小组斯达特,这一地区后来被称为奥古斯塔·温德利科伦。其正面是双面神的头像,背面是左边或者右边的一匹马,有的上面有个分离的头像(176 号钱币)。这一纹饰钱币从重量上属于阿尔克斯系列,不过其正面衍生自公元前 3 世纪最后一个 25 年罗马的四驾马车币。钱币大概可以追溯至公元前 2 世纪中叶,且搭建了东欧和高卢之间金币流通的桥梁。

六、蛇和彩虹的纹饰

我现在要回到波西米亚和摩拉维亚的贝壳纹饰,作为地图 10 将要提到的钱币的起点。在公元前 2 世纪的第三个 25 年,从重量上来看,曾有人试图改进贝壳纹饰和阿尔克斯系列钱币的外形。斯达特的正面是一个斧子的形状,来自意大利北部、提洛尔和福拉尔贝格,其背面是一个盘旋的蛇,雕刻精美,且其源头可追溯到黑海的塞西亚。这种一面是蛇,一面是项圈的纹饰持续了近 1 个世纪。

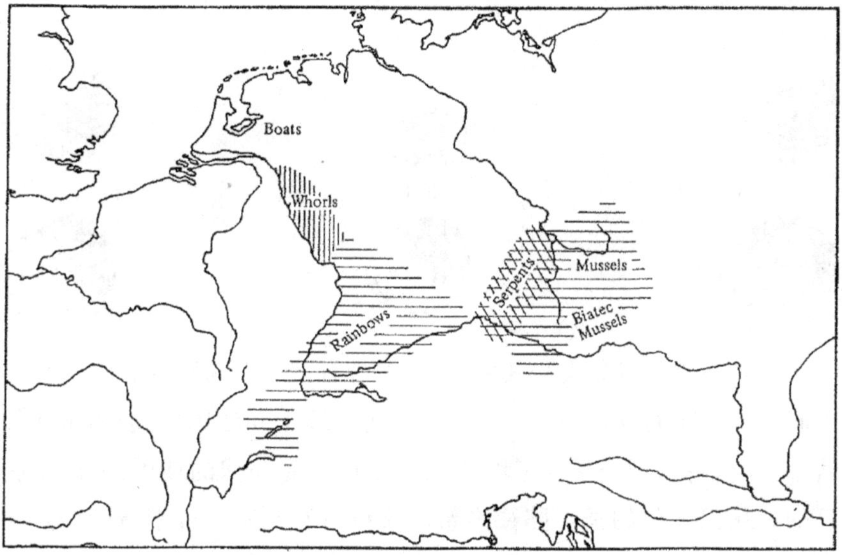

地图 10　晚期日耳曼金币

它们都是稀有的钱币。只有两组斯达特和 1/4 斯达特的模具为世人所知。第二种斯达特的正面(带着芯块的)后来加上了 CVR 的币文。由此钱币看起来既有东方的风格,又有西方的风格,结合了阿尔卑斯山的斧子头像,凯尔特的项圈和镶刻塞西亚蛇的拉丁字母。钱币发现于斯特拉多尼茨地区的波西米亚,在八个有记录的发现点中五处是这样的钱币。它们标志着一个新的发展,然而,它们没有在其起源地保存下来,那里贝壳纹饰类型一如既往地发展着。

与之相反,蛇形钱币成了一种更加普遍的钱币的原型,称为彩虹杯。钱币最开始只是复制品,正面是塞西亚的蛇,背面则是项圈,装着一组六个(或者三个)芯块(177 号钱币)。紧接着,蛇的头部变成了鸟的头部,而蛇的身体则变成了一种波纹缘饰(178 号钱币)。最后鸟的头部被舍弃了,变成了一个花冠(179 号钱币)。这些钱币并没有得到与贝壳纹饰同样的关注,反之关于它们还有很多存疑的地方;不过我之前描述的纹饰基本上都是巴伐利亚的钱币,以及在最关键的金格斯和宜兴(挨着凯尔特人的曼兴奥皮杜姆)贮藏中的流行钱币。

177 178 179

此外还有很多分支。其中,有一种带有三个七弦竖琴和一对 S 字母而不是项圈的纹饰属于西南部,发现于瑞士和法国的边境(180 号钱币)。也有一面是复制了埃杜维人的加利克头像的钱币,一面是相反的。从巴塞尔的圣·路德维希贮藏可以看到有一种带着四个点的星星和 S 符号而不是六个芯块纹饰的钱币(181 号钱币)属于瑞士,这一类型在意大利北部大圣伯纳德山口也有发现。布拉格的贮藏与重量较轻带着胡须的头像和马匹的小银币也有一些饶有趣味的关联。极有可能,这些斯达特是辛布里人和条顿人在它们去意大利和西部的路上带过去的。比如,这些纹饰出现在维切里,也有一些罕见的例子,包括维切里发现的一个,刻着罗马字母的 Atull 币文。在法国境内也可以发现斯达特金币的踪影,它们构成了库尔库里(滨海夏朗德省)贮藏的大部分。

180 181 182

有一些来自巴伐利亚和符腾堡杯型的金币要么表面是空白的,要么在其背面中间有一些诸如小圆圈状的残余图案。这表明这些陌生

的钱币来自一个可确定且相近似的区域,即位于莱茵河、内卡河和多瑙河之间的凯尔特—日耳曼人定居的芬斯特洛尔,同时也表明蛇头和鸟纹的货币实际上出土自多瑙河南部。与之前的传统观点相反,通过重量也可充分证明,这些表面光滑的斯达特其铸造时间要早于蛇头和鸟头纹钱币。由此也表明,在这些表面光滑的杯型斯达特和比利时高卢陌生的球型金块(182 号钱币)之间存在某种联系,因为二者都在中间有小圆圈,除此之外再无其他标记。这些金块也曾在遥远的苏格兰被发现,在基尔库克(位于皮布尔斯)发现的这些金块很大一部分都是项圈的残留物。

183　184　185

最后,在莱茵河谷发现了一组完整序列的彩虹币(183、184、185 号钱币),这组钱币以金币开始,然后是优质银币,最后是青铜币(可参照杜罗特里吉人部落钱币)。巴伐利亚人钱币的鸟头图纹可以看作莱茵兰带有螺旋纹或三角纹图案钱币的变形,这是凯尔特人一种常见的设计样式。在钱币的背面,环形取代了球形。发现金币的最主要区域是在默兹河和莱茵河下游,这两条合流的两岸基本上都是被凯尔特人占据的。在太阳纹饰和其他斯达特纹饰之间也有明确的区分。最主要的发现是 1880 年在马尔堡的马尔多夫获取的,那是一个中心地带位于或靠近波恩的地方,在那里同时发现了莱茵金币和巴伐利亚人鸟头型金币。银币的发现最远可往北追溯到乌特勒支地区,仅有的凯尔特人银币一般也是在荷兰发现的。青铜币则分散在比利时—高卢交界处。我们发现,金币和青铜币的影响主要集中在默兹—特瑞尔的内尔维地区。可以肯定的是,莱茵纹饰的使用一直延续到了公元前 1 世纪的晚期。

我曾提及在东部金币和这些高卢币之间有几点紧密联系。这些货币并非广泛分布的,它们主要位于莱茵河沿岸。一些高卢钱币在东部被发现,但是大部分则是分布在斯特拉多尼茨地区和一些凯尔特人定居点。这些钱币从时间上可以追溯到后恺撒时期,主要是银和锡的合金材质。除了因辛布里人和条顿人入侵所带来的少量黄金贮藏物外,东部的钱币并未在西部出现,但这不能说明二者之间就存在紧密联系。与西部的钱币相比,东部的钱币显得粗糙、原始,其钱币经历了与人口流动方向相反的一种变迁。但这并不能就此表明日耳曼中部部落、考契人、切鲁西人、沙提人和赫门杜里人或苏维汇人他们自己对于钱币铸造技艺已经驾轻就熟,因为但凡阿利奥维斯塔从日耳曼带去高卢任何钱币的话,不可能没留下任何踪迹。

第二节　西部:加利克部落

186

如果说欧洲东部的金币起源于亚历山大三世所发行的斯达特,那么高卢地区的金币则发端自马其顿王国的菲利普二世所发行的斯达特(186 号钱币)。遗憾的是,我们至今并未找到直接可靠的证据来证明菲利普斯人在何时以及怎么抵达得高卢,以及他们为何选择这种而

不是其他同等的复制品来作为模型。原初的菲利普斯币在高卢并没有大面积流通;因为在法国至今很难发现它们的踪迹。早期的钱币复制品比原币要轻,复制钱币也被大量发现,这并不是因为原币消失而为格雷欣法则作辩护,而是这些复制钱币质轻、量大足以表明,直到罗马人入侵之前,只有凯尔特人钱币在此正常流通。菲利普斯币被选中的可能原因就是高卢人更倾向于刻着战马和战车图案或者同时刻着年轻头像的金币。

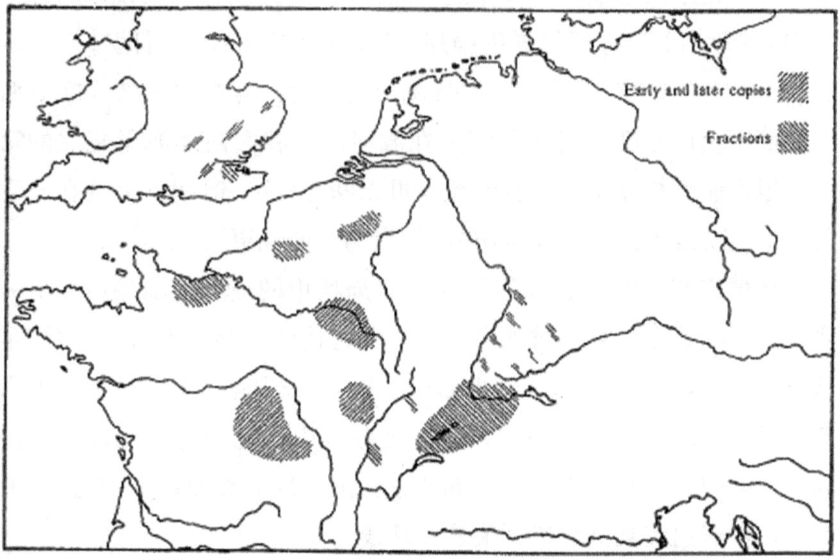

地图 11 菲利普斯金币

可以确定的是,菲利普斯币直接复制于瑞士和莱茵兰地区的原币,在复制中也较小程度地受到贝里、波旁以及布尔日、伊苏丹和穆郎城等地方原币的影响,其中后三个地区的影响要更大一些。在法国中心地带,原币能够容易抵达发源自马西利亚的罗纳河流域以及流经侏罗山脉的多瑙河流域,实际上,后者应是更为可能的路线。在整个流转过程中,马其顿人铸币的痕迹或多或少地能够被发现。然而,菲利普斯人在罗纳河谷或他们能够容易抵达的其他贫瘠之地,始终未能建立起独立的铸币体系。

与流通本身的意义相比,对具体路线的质疑就显得那么无足轻重了。罗纳河路线的支持者提出,菲利普斯人在离开罗马后仅到过高卢,他们在公元前 2 世纪晚期的马其顿战争中掠夺了大量战利品回家,这在时间上就限定了其不可能发展出如凯尔特人一般复杂的钱币体系。但是,无论从哪个角度来看,多瑙河路线的可能性更大。钱币并未大批量流转这一事实向我们证明,在一开始,金币仅是在莱茵兰地区和卢瓦尔河弯曲地带使用过。遗憾的是,并没有早期钱币的出土文物(或者几乎没有任何详细描述)来清晰确定开始的时间节点。尽管缺少充分的证据,但我们可以推测出这一时间点与凯尔特人在波西米亚推行金币制度或者凯尔特人在波河河谷和大西洋海岸建立的第一套银币制度相差不远。我们至少可以断定,这一时间点大约在公元前 2 世纪初或者公元前 3 世纪末(后者的可能性更大)。

从最广阔的地域范围来看,菲利普斯钱币的流通范围是从瑞士一直到大西洋北岸的夏朗德地区。最南端是达到奥弗涅地区,最北端是从肯特到亨伯河—赛汶河一线穿过了整个不列颠。最东端是在美因茨或科布伦茨南麓的莱茵河河畔。这些钱币在比利时西北部的阿登高地逐渐减少。它的真正发源地就在法国北部的高原地带,在这一地区我们可以追踪到其流通的痕迹和路线。

一、第一代复制品

这些复制品的第一代可以用肉眼辨识,且重量可以明确(8 克、10 克或者更多)。其关键特征为一个大约可辨识的“ΦΙΛΙΠΠΟΥ”币文和背面的驾驶二轮战车。这些钱币通常带有原产地的小铸币厂和地方长官的标志,比如三螺旋体、闪电、杯子或者太阳纹饰。与闪电标志相连的交织的希腊字母“AP”(alpha-rho)也被复制了(187、188 号钱币)。最开始,只是偶然地选择了单一模型。后来这些标志变得越来越显著，并局限于特定的地域。不过总体上来看，那些试图将钱币追溯至部落的尝试都误入歧途。因此，从复制的花押字来看，传统上认为这些钱币属于阿维尔尼人纯属无稽之谈，尤其是这些钱币并不是在奥弗涅地区发现的。斯特拉博提到的卢尔纽斯的金币和银币可能指得就是凯尔特人的钱币，卢尔纽斯是公元前2世纪中叶比图图斯的父亲，不过，如果这样的话，这些钱币肯定不是当地流通的钱币。

187　188

与往常一样，仿制的钱币总是可以追溯到某一起源。目前的记录并不足以将所有变化的钱币形式都找到所述的区域，不过从钱币上刻画的标志还是可以清晰地看出一定的趋势。最持久的标志是与花押字相结合的闪电，在延伸到勃艮第的中部山丘以北的富饶平原聚集了大量的钱币，与最早的一批复制品属于连续的系列（189号钱币）。花押字本身演变成了三幅轴。在弗朗什—孔泰地区的东部，我们发现了杯型的标志（190号钱币），其他地区则发现了倒立的七弦竖琴，常常与太阳相交织（191、192、193号钱币），三叉戟也时有出现（194号钱币）。

在这一早期阶段，我们发现了第一批1/2斯达特和1/4斯达特，尤其是在瑞士地区，尽管它们后来才有了更大的发展。现在我们第一次遇见了用罗马字母刻印的真正的币文，“EIQITIVICO”（其中Q和T字母是倒置的）。这出现在谢尔河的格雷西地区的一个带有三螺旋体标志的钱币上（195号钱币）。

即使我们并不确定这一早期阶段始于何时，但有太多种类的钱币样式导致我们可以确信其存续了相当长的时间。如果高卢金币中的任何一种出现于第三个世纪，那就指的是它们。

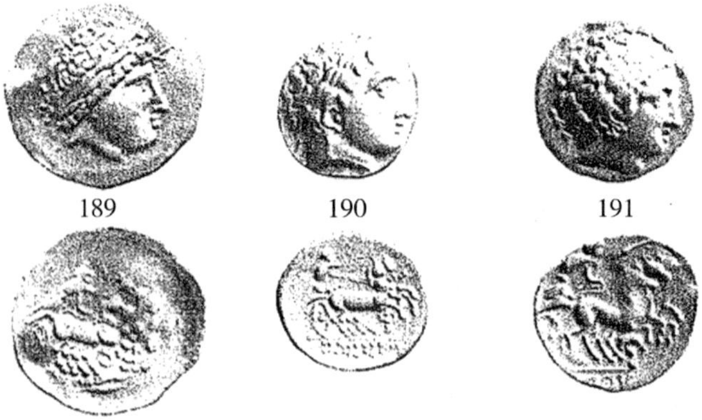

二、第二代复制品

第二代复制品衍生自第一代。传统的阿波罗标准头像和两匹马拉着的战车被保存下来，不过钱币看起来不像是被遗忘的原件。精心打造的不同纹饰经常出现，表现为进攻的动物和装饰物，象征物也变得越来越大，并且更加醒目（196～203 号钱币）。格式化的币文取代了菲利普的名字（198 号钱币），第二匹马开始消失，尤其是在残片上（200、180 号钱币）。这段时间比较突出的是 1/2 斯达特和 1/4 斯达特,也有少量的 1/3 斯达特。令人诧异的是,在比利时的高卢地区,没有出现斯达特或者很少出现斯达特。也是在这一早期阶段,1/2 钱币才开始流行。钱币大体上没有个性特征,不过一枚归属地不明的斯达特上用希腊文刻着“KABAΛA”的币文(178 号钱币)。

196　197

198　199　200　201

第二代斯达特最多产的地域之一位于贝里和波旁,那里闪电和希腊字母“AP”的交织纹饰仍得以保留,后者表现为稳固的三螺旋体形式。三螺旋体的装饰在科尔多①东部和孚日山脉、侏罗山脉和瑞士境内(197 号钱币)。这里钱币变成了一个较大的杯形。太阳的装饰始于贝里和利穆赞地区,显然也向北传播了。倒立的七弦竖琴(“KABAΛA”钱币就属于这一种)钱币可以断定位于北部,因为它们影响了阿摩力克和比利时的钱币。这一时期另外一个较为显著的钱币是特维希的钱币,从纹饰上看也属于早期的阿摩力克钱币(183、202

① 科尔多省(Cote-d'Or)是在 1790 年 3 月 4 日法国大革命期间创建的 83 个行省之一。它是由前勃艮第地区的一部分形成的。

号钱币）。

有一些1/2斯达特和1/4斯达特可以被精确定位。在芒什和卡尔瓦多斯(204、205、206号钱币)、接近亚眠的皮卡第，默兹河河谷直到那慕尔市的地方还发现了与众不同的纹饰。其他的分布在通向瑞士北部的途中，以及莱茵河河谷直到斯特拉斯堡的地方。到现在为止，可以看到钱币有一些有意的区分；因此在芒什和卡尔瓦多斯，战车的御者手持一把剑或者小船，而在瑞士，马匹之下可以看到鸡身蛇尾怪。一张有胡须的脸，其头发是∿形状，是典型的亚眠人和加来海峡人的特征，在不列颠也发现有这样的。斯达特大多来自中心，1/2斯达特和1/4斯达特来自海峡两岸，默兹河、莱茵河和瑞士地区。

202 203 204 205 206

可以确定这一时期有所延长，且主要存在于公元前2世纪。对于现有钱币的全面研究让我们将高卢北部、中部和东部放在一起或者更显著的地区，而不一定是一些已知的部落。但限于版面，在此不作讨论。

三、同时代的实验

公元2世纪中叶是一个实验期。尽管其主要的传统仍然是菲利普斯币，刻有戴着花冠的头像和驾着二轮战车的纹饰，同时也受到一些其他钱币的影响。这其中最重要的是公元前4世纪晚期塔伦特姆的斯达特,刻有德墨忒尔[①]蒙着面纱的头像和骑在马背上的年轻骑手(207 号钱币)。在比利时高卢的海岸可以发现这些钱币的复制品(它们似乎是从海上传过来的),且影响了芒什和卡尔瓦多斯的钱币。从皮卡第开始就有了骑手的传统,德墨忒尔的面纱似乎影响了后期比利时地区钱币正面上刻着的头部和花冠的形象。在塔伦提那传统中有一种奇怪的 1/2 斯达特(209 号钱币),其正面刻着一个人头把一匹马分开,仿佛马的前半身要从一只耳朵里出来,后半身要进到另一面一样。

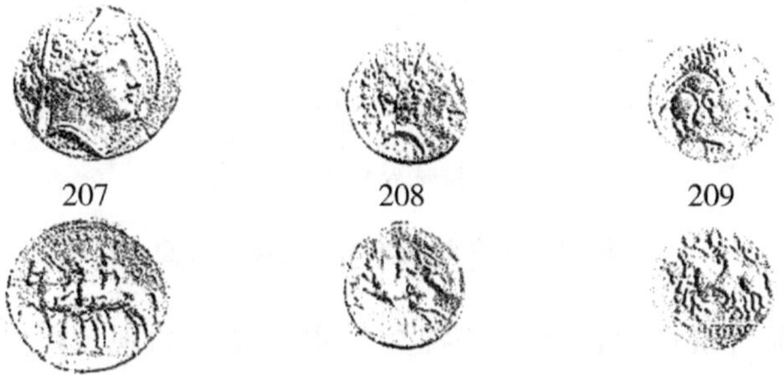

207　208　209

早期一组重要的钱币都属于头绕花冠的菲利普纹饰,而在背面则有一个赤裸的(也许是)女性骑手,挥舞着盾牌、枪或者刀剑。它们主要来自阿摩力克的高卢人以东的芒什和伊勒·维莱纳。这里有马其顿的阿波罗美男子的头像,其上要么刻着塔伦提那的骑手,要么是最后一章所描绘的恩波里翁骑手,二者都是凯尔特钱币常见的一种样式。其他的纹饰较难定位,不过大多位于塞纳河和卢瓦尔河之间,其正面可比较,不过背面,正常菲利普纹饰中的战车御者被一只鹰所取代,马匹旁边还有一只驹或者鸡身蛇尾怪。有一个例子中钱币上的一对印记显示钱币存在了很长的时间,且有公认的价值。

还有一组有趣的钱币是由斯达特和 1/4 斯达特构成的,其模具的正面要么被线条或者切口划伤,要么损伤的痕迹就被模仿了。在背

① 德墨忒尔,掌农业,结婚,丰饶之女神。

面,一开始马匹的旁边常常伴有鸡身蛇尾怪。这一纹饰既出现在高卢,也出现在不列颠,更有甚者出现在伦敦地区,现在这里是比利时高卢。

图 12　比利时高卢 B 斯达特,背面

从主流传统衍生出的这些种类与我所描述的现象可并称为钱币制造的第二代,不过这还不足以从时间或空间上对它们做出一个完整的描绘。我们所能说的是它们出现于公元前 2 世纪,且多数位于中北部地区。

四、泰阿克贮藏

第一批菲利普钱币可以确定的点位于泰阿克地区发现的贮藏,这一地区位于纪龙德,接近利布尔讷,发现于 1893 年。在发现的所有钱币中,78 个是彩虹杯,剩下的则属于菲利普钱币。有 65 个主要属于比利时高卢(210 号钱币)早期钱币的类型,另外 65 个浅色的斯达特金币上面刻着马匹,下方是三幅轴,大约属于科尔多或者约纳河地区,余下的 195 个是带着三螺旋体标志的红色斯达特金币,大概属于吉伦特河流域(212 号钱币)。在西部也发现了三螺旋体的标志——将银币与这一标志相比较，后者来自马勒的贮藏（布里德斯贮藏）。与泰阿克的三螺旋体标志相近的五枚钱币来自鲁凯特，挨着多尔多涅河的埃梅县，那里也有很多罗达传统的拉克鲁瓦银币。

泰阿克贮藏将高卢西部、北部和东部的钱币都汇集在了一起。这就确立了一个很有趣的联系。贮藏与辛布里人和条顿人的入侵有关，尽管不太可能确定其日期，但根据比利时和勃艮第钱币的年表推测，其日期可能处于公元前 120 ~ 前 110 年。库尔库里的巴伐利亚南部类型的一百个彩虹斯达特贮藏可能和泰阿克贮藏不同，前者只是短暂地与辛布里人和条顿人有联系。其日期与鲁凯特贮藏十分契合，因为最可能埋葬这一波贮藏的历史契机就是在公元前 106 年左右。

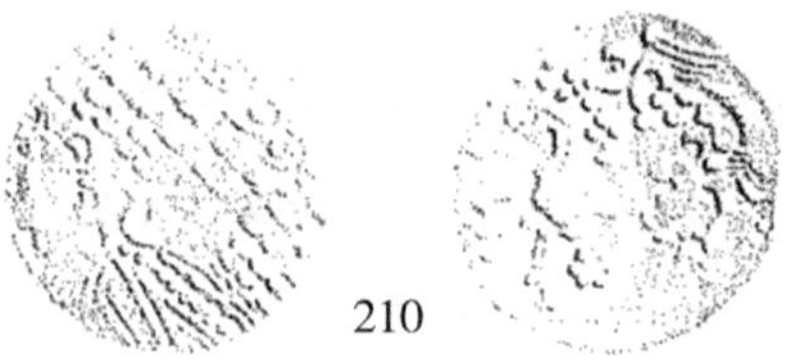
210

211

212

如果对于泰阿克贮藏的这一推断是正确的，它就为推断菲利普钱币的日期提供了一个重要的支点。总体来说，7.5 克和 7.5 克以上到 8.1 克的钱币，即我作为第二代描述的大批钱币制造，出现于公元前 2 世纪的前 75 年。较轻的钱币是后来才出现的。

五、部落的钱币制造

从这一阶段开始，高卢的金币可以正当地归于部落。钱币变得越来越普遍，更加个人化，也可以更加精准地予以定位，与此同时，我们对于部落名称和亲缘关系也所知更多。即便如此，也有很多可疑的案例，且说区域比部落更加合适。

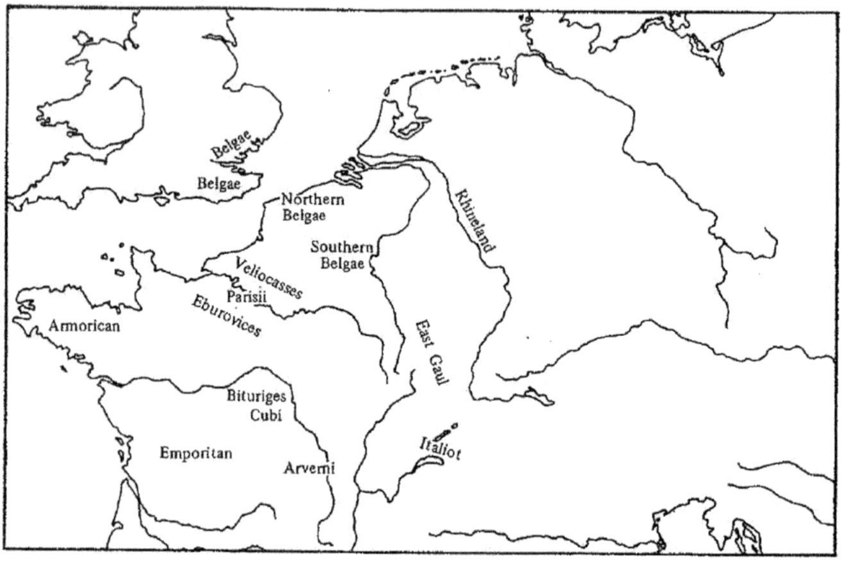

地图 12　晚期菲利普金币

这一时期从公元前 2 世纪的最后一个季度开始，那就是从泰阿克贮藏之后到公元前 1 世纪中叶，总体上大概 60 年或者 70 年。后一个日期是由在阿莱西亚发现的贮藏推测出来的，并且也被几个较晚的贮藏确认。在这些限制之间，并没有发现可与任何已知的历史事件相连的贮藏。我们可以确信斯达特金币在恺撒征战奥弗涅、贝里、普瓦图期间仍然流通，不过也可以确信金币那时已经开始减少。可以确定的是，在高卢中部，金币几乎在征战之后立即就消失了，无疑这可能是征服者掠夺的结果。在阿摩力克高卢，金币无疑很早就不再用于日常的使用了。不过在比利时高卢，可以看到征服之后金币仍在使用并发行。

无疑，我是有选择性的。我们从南部—中部（213、214、215、216 号钱币）阿维尔尼人的钱币开始。起初阿维尔尼人的钱币上是没有名字的——有很多变化——不过后期有了一系列的名字：阿特尔，哈密罗，斯诺—奥摩登，凯斯以及韦辛格托里克斯。到后期，还有很多刻着币文的青铜币。在头部，原来的花冠纹饰很快就在锁中间消失了，它们后来也变得松散了；马匹放松地站立着；早期的装饰，三螺旋体或倒立的竖琴被双耳瓶、新月，鸟或者其他的器物所取代。韦辛格托里克斯的钱币（214、215 号钱币），他也是恺撒在高卢最后也是最强劲的对手，于公元前 52 年在阿莱西亚的大量墓葬群被埋葬。

从阿维尔尼向西和向北，我们看到了贝里的比图里吉人制作精良的钱币。它们一般都刻有标记，比如阿布朵斯或者索里玛（217、218 号钱币）。与它们相伴的也有青铜币（219、220 号钱币）。接下来我们可以看一看普瓦图的庇克东内斯钱币，这里钱币的头像明显带有恩波里翁的传统（221、222 号钱币）。也是在这里，我们第一次见到了人头马，在北部和西北部我们将不断遇见这种纹饰。如最后一章所展现的那样，还发现了恩波里翁银。钱币存续的时间很长，所有钱币纹饰在马下面都有一只手。许多上面还刻有币文“SA”（222 号钱币）。在阿莱西亚发现了比图里吉人和庇克东内斯的钱币。

221　　222　　223　　224

卢瓦尔河以北直到阿摩力克高卢地区，南斯地区南姆奈特斯的钱币（223、224 号钱币）与庇克东内斯刻着手形的钱币紧密相连，不过在这些钱币的面前，纹饰最开始是海豚，后来变成了拉长的绳子，最后小的分离的人头像就加上去了。在头发中经常有一个十字。在人头马的下面有一个伸长了胳膊的半人形。这种类型的钱币也是银制的。

接下来我们看一看莫尔比昂和菲尼斯泰尔威尼西亚人的钱币，头部的锁获得了一个 S 形的环绕造型，两个或三个向后，一个向前。头发中经常发现有一头野猪、一个七弦竖琴或一个鸡身蛇尾怪。其背面一个俯卧的戴着头盔且有双翼的造型取代了半人像。

在法国西北角欧斯密人中间，这种类型的钱币居多。其中降落有翼的图案有时被一个竖琴、轮子或其他装饰取代（225、226、227 号钱币）。有许多不同的样式，有的可以被准确定位——比如甘冈贮藏可以定位在菲尼斯泰尔和科特的北岸，可以明确是欧斯密的一个分区。相同的类型绕着法国的北岸到了芒什和卡尔瓦多斯的屋内利和白奥凯塞斯（228 号钱币），这里它与源自塞纳河的其他传统相遇了。

所有这些阿摩力克类型最开始都是金币，不过在恺撒统治时期之前已经被同样类型的低级银币或比朗合金币（billon）取代。大约在公元前 57 ~ 前 56 年的贮藏发现了大量的低级银币。正是这些类型，尤其是那些属于科瑞索利兹（229、230 号钱币）的钱币，构成了海峡群岛发现的大量贮藏的一大部分。

225 226 227 228 229 230

与这些阿摩力克钱币同时，向东且向内陆地区，还有另外一组钱币，其头像纹饰无疑来自菲利普的传统，因为它们有一个明显的花冠，不过它们还是混合了其他的传统，这从一枚女性耳环纹饰的出现可以看出。看起来最早的位于安德卡维的昂热。① 它们刚开始刻着一个带着翅膀的形象，后来有一个手持盾牌和矛的战士(231 号钱币)。在西北部，瑞达思②人中的雷恩地区，我们发现了马匹下面带着轮子的钱币(232 号钱币)，这些钱币上面的头像有时有胡子。

231 232

① 昂热(Angers)是法国西部的一个城市，巴黎西南约 300 公里处。

② 瑞达思(Redones)是古代高卢的一个部落。

在看了西部的斯达特和北面阿维尔尼的斯达特之后，我们现在来看一看东面的钱币。弗朗什—孔泰地区的斯达特，包括塞广尼人和乌契人的钱币，现在还无法区分，更多的是菲利普钱币的衍生品，而不是阿维尔尼人的钱币。它们可能直接沿袭了瑞士的第二代 1/4 斯达特，不过它们是宽的、薄的、杯状的，且大多是劣质的钱币（233 号钱币）。许多最早的钱币保留了三螺旋体的标志，后来就变成了一个轮子。我们在瑞士发现了带有玫瑰或太阳标记的类似钱币，其中一个的正面模型在阿旺什被找到。在洛林的北部发现了同一家族的其他钱币，属于梅茨的梅第欧玛崔西人①和凡尔登的维洛顿尼人（234、235 号钱币）。

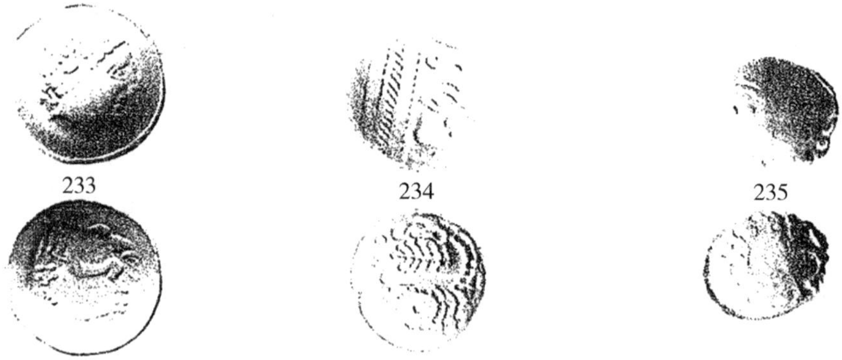

① 梅第欧玛崔西（Mediomatrici，Μεδιομάτρικες）是高卢古凯尔特人，属于贝尔格人的一个分支。

尽管整体上具有不同的特征，这组带有一个无胡须的两面神头像的罗马钱币(236、237 号钱币)是梅第欧玛崔西人传统上使用过的钱币，它们与刻着菲利普头像(238 号钱币)的钱币模型上相互联系。有时会在塞纳河两岸发现一些其他的银币，其背面带有罗马人长相的珀加索斯(239 号钱币)，法兰克福或者沃木斯河是这些钱币的主要分布地，可能会与这一地区的一组银币相连。

我们现在梳理完了高卢东部以及阿维尔尼人以西的部落的斯达特。现在我开始讲述塞纳河、马恩河和默兹河流域内的比利时高卢之前，我要先讲一下位于南部和西部的三个部落钱币制造，每一个都提供了与贝尔格族钱币沟通的桥梁。

塞纳河地区巴黎西的华美钱币(240 号钱币)十分宽、扁平，看起来像我们在泰阿克贮藏里遇见的最早的比利时钱币。不过钱币上的发型纹饰与芒什的阿摩力克钱币有些联系。它们比泰阿克的钱币更轻、出现得更晚。来自黑森林储藏堆里的钱币与特维希不记名的钱币，如果存在的话，早于恺撒征服之前，可能是有所助益的一个关联。241 号钱币就是旁边出现的一个波坦币。

来自埃夫勒的奥勒希·埃布罗维斯(242、243 号钱币)和跨域塞纳河的维利凯西思(或许是凯勒特斯[①])有关。请注意 242 号钱币脖子上颠倒的野猪纹饰和 243 号钱币上面的文身纹饰。维利凯西思的斯达特金币与青铜币有联系(245 号钱币)。两者上面刻着的马匹十分相似。不过与钱币正面刻着的头像不同的是，我们在青铜币上看到了一个奔跑者，它看起来像是奥勒希·埃布罗维斯钱币上变大了的战车御者(243 号钱币)。人们也许会推测，这些钱币可能出现在不列颠，就像阿摩力克和比利时的钱币一样，不过在不列颠根本就没有。

---

① 凯勒特斯(Caletes)是今天诺曼底地区的一支高卢人或比利时人部落。

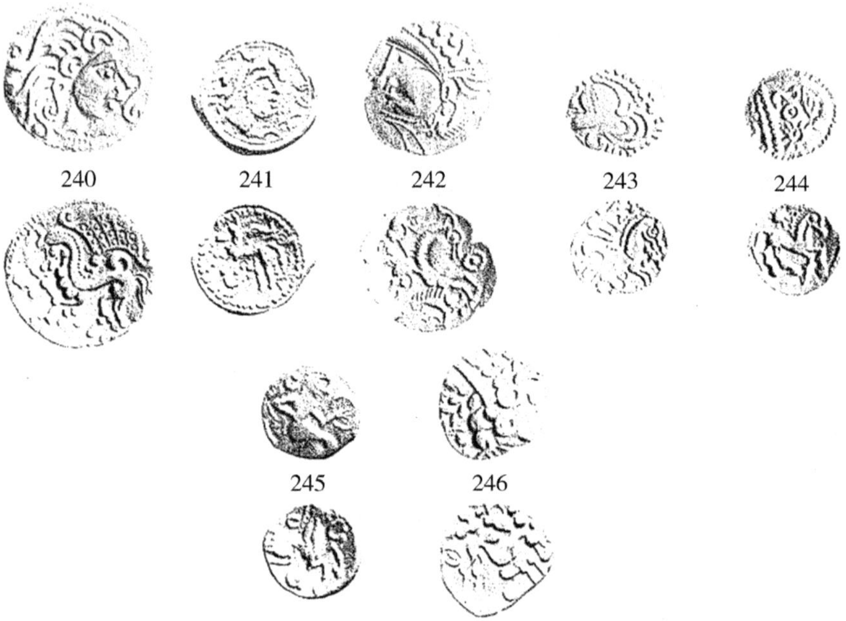

六、比利时高卢

公元前 1 世纪比利时高卢的金币几乎全都来自泰阿克贮藏中的大量斯达特金币，后者属于公元前 2 世纪的后 25 年，其中第 5 个类型展现了全部的类型。即使在它自己的时代，这一纹饰无疑也是令人震撼的。其正面几乎看不出有菲利普的痕迹，不过背面可以看到马车的车轮、三螺旋体，甚至还有一个假币文。后来这些钱币存续了很久，且经历了很多变化。它们是第一批引入到不列颠的钱币纹饰，我们称为比利时高卢 A，其后继者称为比利时高卢 C(246 号钱币)。比利时高卢 A 基本上是索姆河山谷的一种钱币，不过没有考证出可靠的部落名称。比利时高卢后来的钱币，一开始是退化的钱币，后来变成了一种新的形式，基本上也是部落的钱币。它们出现的区域清晰可辨，且极有可能是由比亚尼人打制而成。

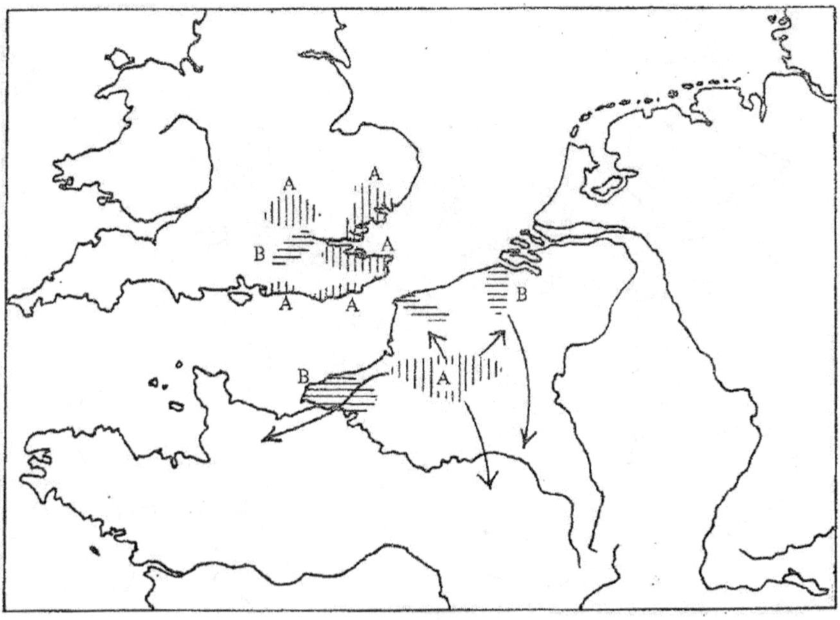

地图 13　不列颠发现的早期比利时钱币

比利时高卢的金币可以分为两组:一组是在不列颠发现的,另一组是没有在不列颠发现的。在不列颠发现的金币基本上位于北部和中部地区,尤其是索姆河流域。那些没有在不列颠发现的,基本上位于东部和南部。

我会迅速略过第一组钱币,因为在这个国家这些钱币为人所熟知,且我已经在其他地方叙述过它们了。它是由在不列颠语境下称为比利时高卢 C,D,E(246、247、248、249 号钱币)的钱币构成的。这三种类型构成了不列颠斯达特金币发展的基础。有时每种样本在不列颠都有记录,而在它们自己的故乡高卢则没有。

如同许多凯尔特钱币一样,考虑到与其他比利时高卢钱币的区分,与这些钱币相连的流行的部落名字的选择,需要严格地审视。由此,我开始意识到为什么有些钱币直到最近才被认为属于像比亚尼人这样明显的凯尔特部落(亚眠人),只是因为这一名字很早就选定了,

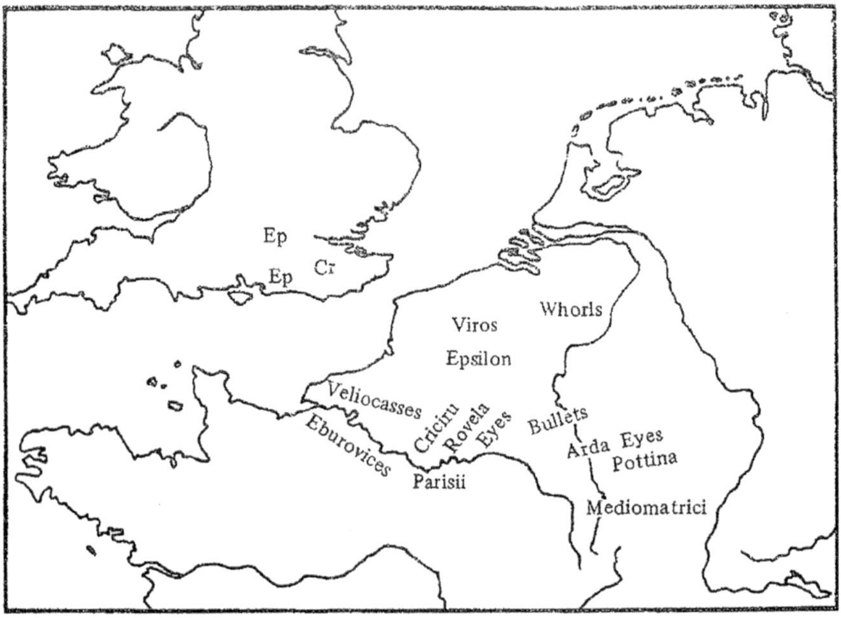

地图14　在不列颠没有发现的比利时金币

钱币也是如此。在考古发现的基础上，我们可以将比利时高卢C钱币归于比亚尼人以及阿特雷巴特人（Arras），也有其他的证据表明属于比亚尼人是十分合理的。比利时高卢E的单面钱币，经常也称为阿特雷巴特，广泛分布在法国北部，加来海峡①、滨海塞纳、索姆河北部以及比利时（247号钱币）。高卢钱币的原型——刻着三个尾巴马匹的钱币，比利时高卢F，并没有在不列颠发现，它们被证明属于贝洛瓦契人，②后者已经没有了那些被错误划分归属地的钱币原型，且并没有余下什么金币（250号钱币）。部落名字在比利时金币上的分布比其他钱币都要混乱。

我们现在回到在不列颠没有发现的比利时高卢类型。第一组，也

① 多佛尔海峡，位于法国和英国之间。

② 公元前57年，由尤利乌斯·恺撒征服的东北部高卢的比利时部落中，贝洛瓦契人是最强大的。

是较大的一个(251 号钱币)源自比亚尼而不是阿特雷巴特(246 号钱币)。这里正面的头像是两个锁合成的,它们合成为一个艾普斯龙。这些钱币与单面钱币同时出现,且可能属于内尔维。① 最近的钱币有币文“VIROS”(252 号钱币)。科瑞蒙特贮藏,包括刻字和未刻字的类型,都是在提比略时代埋下的。也有刻着“VIROS”的青铜币,其上刻着头像和骑马者,也作为塔司西欧沃纳斯的一种钱币流传了下来(253 号钱币)。在公元前 57 年最初消灭部落以后,恺撒对内尔维人十分仁慈,将幸存者完好无损地送回到他们的家乡。看起来有些钱币在内尔维人回去之后仍然发行。

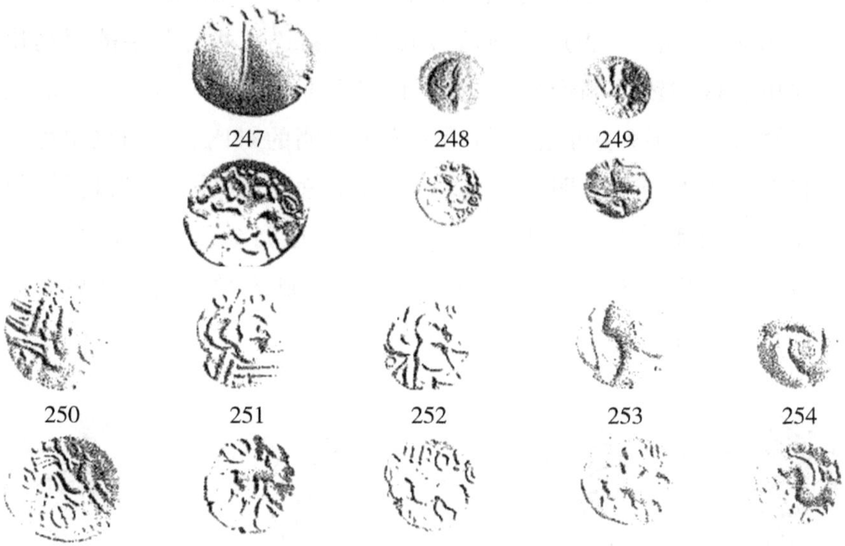

另外一种没有在不列颠发现的类型(254 号钱币)是由低级金属制成,它们的背面纹饰都很相似,但是其正面是由三个锁的螺纹组成,或者由新月图像构成。这种构造明显借鉴了莱茵兰地区的彩虹斯达特,因为这些钱币刚好位于与贝尔格族接壤的地方,而且它们很可能

① 在被罗马征服的时候,内尔维是最强大的比利时部落之一,住在高卢北部。

属于勃隆尼斯人。① 因为勃隆尼斯人于公元前53年被恺撒打败了，其钱币应该早于这一时期。

在其余没有在不列颠发现的比利时金币中，大部分源自刻着三个尾巴马匹的钱币，比利时高卢F，我暂时将其归于贝洛瓦契人（250号钱币）。也许最重要的类型应该属于特维希人，他们的奥皮杜姆位于特里尔附近。阿登高地的森林将这些钱币与艾普斯龙的钱币分开，因此二者从没有混在一起过。钱币正面设计的中间是一个大的三角形器物，上面包含一个看起来像是眼睛的东西（255、256、257、258号钱币）；它实际上是比利时高卢F钱币上阿波罗头像的一种复制品。这些钱币最开始都是没有名字的，后来就有了“Lucotio”“Pottina”“Vocarant”的币文，再后来则是“Arda”“Arda”这些有名字的罗马化青铜币。这些钱币的产生及发展，以及它们的币文，与此后尤利乌斯·恺撒时代不列颠的记名钱币形成了鲜明的对比。于西尼戈德布朗格贮藏中的证据表明，“Arda”的青铜币就是恺撒之后出现的，但并不能完全证明。舍尔思将“Arda”青铜币追溯至公元前40年。这里我们可以再次推测，比利时的金币并不是随着恺撒的胜利就突然中止了。

255　　256　　257　　258

再往西南，朝着巴黎的方向，我们还有可以发现属于苏埃西翁人

① 勃隆尼斯人是一个住在高卢东北部的部族，位于现在的荷兰南部，东部比利时、德国莱茵兰，历史上该地区被罗马征服过。

（苏瓦松附近）和梅尔第（莫城附近）的金币。它们分别刻着“Criciru”和“Roveca”的币文（259、260、261、262、263、264、265、266、267 号钱币），并且也源自三个尾巴马匹的纹饰。两者与不列颠的钱币都有共同点，而且它们都既有银币，也有青铜币，青铜币反映了罗马的纹饰，几乎与塔司西欧沃纳斯在不列颠作为一种独立的钱币出现处于同一时期。我们也许会困惑，“Criciru”这个名字是不是西塞罗凯尔特化的名字。奎图斯·图留斯·西塞罗，马库斯·图留斯的弟弟，公元前54～52 年于比利时地区在恺撒手下任职，他的名字的出现很可能是为了与凯尔特人合作而采取的一种妥协。然而，也有证据表明，在波米耶尔、杜努姆苏埃西翁奥皮杜姆这些奎图斯·图留斯·西塞罗的钱币被发现的地方，这种钱币在罗马征服以后并没有存续很久。

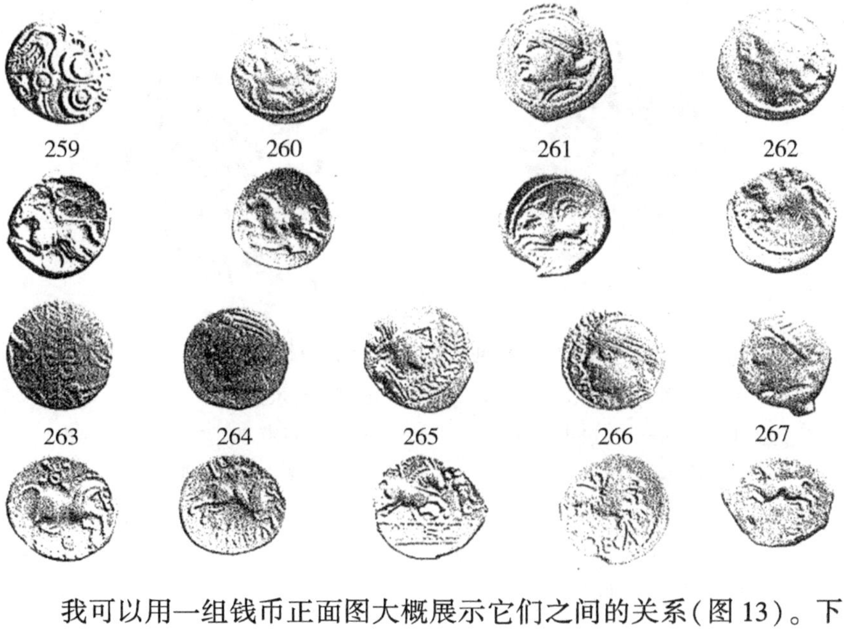

我可以用一组钱币正面图大概展示它们之间的关系（图 13）。下方左侧是比利时高卢 C，指的是内尔维人中的“Viros”钱币和苏埃西翁人的“Criciru”钱币。右边是比利时高卢 F，指的是特维希钱币，最后则是在不列颠被采用的比利时高卢 C。

图 13　比利时的斯达特金币纹饰

1　比利时高卢 C(比亚尼)；　2　罗斯(内尔维)
3　Criciru(苏埃西翁人)；　4　比利时高卢 F(雷米)
5　特维希；　6　比利时高卢 C(比亚尼)

在罗马最忠实的追随者,兰斯的雷米人①中,并没有发现金币。他们为了找零钱选择使用罗马钱币。

如同在不列颠我们发现越来越多的证据表明,一些钱币在罗马征服不列颠以后同时出现在四个主要的偏远部落中(杜罗特里吉人、多

---

① 雷米人是高卢东北部(Gallia Belgica)的比利时人。

布尼人、格列塔尼人和艾西尼人),至少有理由认为在遥远的比利时东北部,一些金币在恺撒征服以后仍然允许使用。如果这样的话,有名字的钱币的发展可能和不列颠的乌斯、提乌斯和塔司西欧沃纳斯的记名钱币是同步的。这与伊尔久斯[①]的陈述是一致的,公元前 51 年的冬天,恺撒为了避免贝尔格族人中出现新的叛乱,就对当地统领和酋长十分仁慈,并免除了施加给他们的处罚。

我并不试图描述不列颠的故事,而金币制造是众所周知的。一言以蔽之,不列颠的传统产生于上文描述的钱币制造,它们持续繁荣了一个世纪,直到克劳迪乌斯统治时期甚至更远。

通过对欧洲凯尔特人的金币制造所作的简短的考察,我们可以看到金币制造从马其顿和其他地方开始起源,经过了两个半世纪的复杂发展。这一阶段与上文讨论的主要银币的发展是同步的。二者一起代表了欧洲凯尔特人的基本通货。下一章的主要目的是描述地中海一带的青铜币制造,以及数量巨大的、无论是铸造的还是打制的小重量的银币和青铜币,后者随着时间的推移逐渐替代高卢的基本通货,并且在逐渐繁盛的城市化经济中作为零钱使用。

---

① 奥卢斯·伊尔久斯,罗马的士兵和作家,大约在公元前 54 年,伊尔久斯在高卢的恺撒大帝手下服役,并于 12 月 50 日被派去与恺撒的对手庞培进行谈判。

第四章　西班牙和纳尔波高卢[①]

我们现在已经讲完了从大西洋到黑海的全部凯尔特银币和金币。我现在开始讲青铜币，尽管在西班牙和纳尔波高卢的凯尔特—伊比利亚地区也使用过银币。我并不准备讲得很详细，因为西班牙的钱币必须作为一个整体，且其整体并不是凯尔特的。不过，这一地区的某些部分居住着凯尔特人，如果整体忽略他们可能是个错误。有关钱币的币文请见第六章。

西班牙的凯尔特和凯尔特—伊比利亚区域与伊比利亚和塔特西人的区域之间并没有明显的分界线。从古代地理学家那里可知这一分界的大致地理位置，不过细说开来，西班牙的古文物研究者很大程度上要依赖数量庞大的银币和青铜币的语言学分析，这些钱币上都用凯尔特—伊比利亚文刻着城市和部落的名字。对于文字的解译很大程度上要依赖钱币本身，其中很多还是双语的。综合来看，凯尔特—伊比利

① 位于阿尔卑斯山、地中海和塞文山脉之间的古罗马行省，包括今天的法国西南省份。

亚的钱币币文出现在地中海沿岸，南至马拉加，埃布罗河和杜罗河山谷一带。然而，这些地区的钱币与西班牙其余地区的钱币并不是依靠外形或者钱币学的细节特征予以区分的。因此，我在地图 15 上展示了已知凯尔特语区的铸币厂。

这一时期的钱币由数量相对较少的早期银狄纳里（或者德拉克马）与大量带有驴子图像或其碎片的青铜币构成，前者与罗马的维多利亚银币或者马西利亚的德拉克马一样重，也有少量只有标准重量的 1/2 重。银币大部分来自萨贡托、恩波里翁、塔拉科、伊莱尔达、潘帕洛娜或者奥斯卡铸币厂，后者则占几乎 90% 的钱币。

其他 80 个铸币厂也生产青铜币，但并非均匀分布。有一些银币并非取自当地的原型，不过大部分都与青铜币十分相似。最具特征的正面纹饰是一个男性的头像，有的带着胡须，有的不带，它们经常同时受到迦太基和罗马的影响。其背面刻着一个带着棕榈树枝、矛、刀、飞镖的骑手，造型奇异，标准的凯尔特野猪币重量标准，如同在高卢见到的很多钱币一样。这些就是所谓的骑兵钱币。在恩波里翁，青铜币有逐渐递减大小的六种，每一个钱币都有一个动物刻在背面，可与我们在高卢见到的兽群币相媲美（268、269 号钱币）。

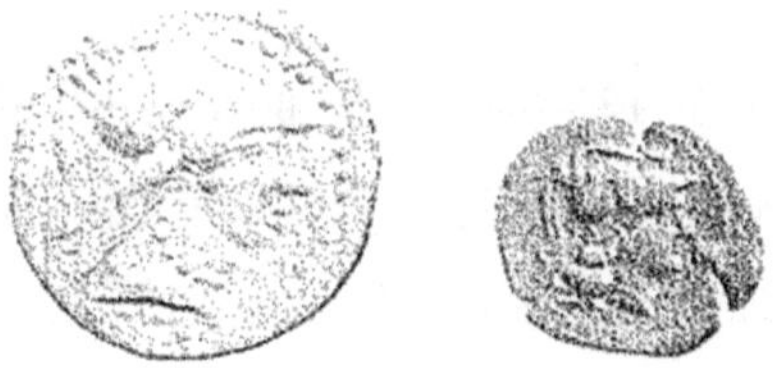

268　　269

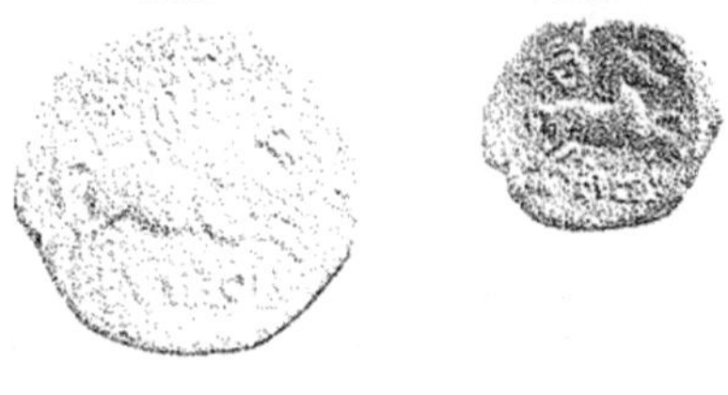

贮藏证据表明这批钱币的历史跨度十分长。切斯特贮藏可见，公元前 3 世纪晚期，萨贡托是刻着凯尔特—伊比利亚币文的压印银币。

地图 15　西班牙和凯尔特—伊比利亚铸币厂

围攻努曼提亚和公元前 133 年努曼提亚被攻占①的时候，骑兵纹饰的钱币十分盛行，这从该地区的遗址中可以看出。公元前 79 年梅特卢斯战役的时候，它们仍十分盛行，这一点从监狱卡瑟斯的遗址也可见一斑。公元前 124 ~ 前 92 年的科尔多瓦贮藏堆和公元前 78 ~ 前 49 年的帕伦苏埃拉贮藏分别证实了这一年代。尤里乌斯 · 恺撒征战高卢的时候，主要钱币已经分散出去了。有一些双语的钱币在此之前很快

① 努曼提亚的凯尔特伊比利亚奥皮杜姆受到罗马军队的攻击不止一次，但是努曼提亚的围攻指的是罗马共和国军队与西斯帕尼亚的土著居民之间长期的战争。努曼提亚战争是第三次伊比利亚战争，它于公元前 143 年爆发。10 年后的公元前 133 年，罗马将军和第三次迦太基战争的英雄，西皮奥 · 阿非利亚努斯，征服了努曼提亚。

就消失了。尽管这里钱币的环境与高卢钱币的环境大有不同——凯尔特—伊比利亚的钱币在多大程度上受到罗马政权的控制仍存有很大的争议——但是时间跨度并没有很大差异。就在西班牙比其他加利克地区更早成为罗马行省的时候,对于本土钱币的容忍或者最宽松的控制也随之产生。公元前 2 世纪晚期西班牙可以与公元前 1 世纪晚期的高卢相比较。

凯尔特—伊比利亚的钱币并没有广泛传播,也没有在西班牙之外和附近罗纳河以西法国的地中海沿岸,即纳尔波高卢,产生显著的影响。经常有人说,南斯洛伐克的钱币(比尔泰克钱币)源于西班牙的青铜币,不过我并不赞同。如此多的地区的凯尔特钱币上面刻着手持树枝的骑士(而不是武器和军旗),以至于我们必须将此视为凯尔特生活的一种特征。

纳尔波高卢的青铜币更接近西班牙,而不是高卢的其他地区。这方面我们可以借助 Hill 令人赞赏的研究。其中最重要的系列属于纳尔波系列,其凯尔特名字为"Nero"——这一币文赋予了 Neronenses 种族凯尔特—伊比利亚的特征。这种钱币有一种带折痕的女性头像,在头像的一面是有一头奔跑的公牛(270、271 号钱币),在另一面是一个带有海马图文的戴帽子头像(272 号钱币)。更多模糊币文也是存在的,有一些刻着公牛纹饰,有一些刻着西班牙骑士纹饰。我们可将这些钱币与一些青铜钱币一起考察,这些青铜钱币一面刻着迦太基的手持木棒的赫拉克勒斯头像,另一面是一头狮子,而且还带有一些诸如"*Betarratis-Béziers*"(274 号钱币)等希腊字母组成的城邦名称。

接下来我们还有一组相似纹饰的钱币,也有迦太基的赫拉克勒斯头像和狮子图案,但刻上的希腊字母却是拥有执政官头衔的凯尔特人酋长的名字,诸如:"*Kaiantolos*""*Amytos*""*Bitoukos*""*bitovios*""*Rigantikos*"(275 ~ 280 号钱币)。还有一半白兰托罗斯钱币带有女性头像和公猪的图案。这些钱币的铸造者应该是在贝济耶。最后,还有一组重量不一的青铜币,这些钱币正面是墨丘利头像,背面是一个由

270 271 272

273 274 275 276

277 278 279 280

马萨利亚青铜构成的三螺旋体图形(279、280 号钱币)。在三螺旋体图形之外,还有一些希腊字母组成的未知部落名称(比如隆戈斯塔莱特),偶尔也能发现一些凯尔特—伊比利亚的特征。在钱币的正面有一些希腊字母组成的人名："*Bokios*""*Loukotinos*"或者"*Loukotiknos*"，显然这些都是凯尔特人的特征。

迄今为止，只有纳尔波和贝济耶的钱币可归类于已知的铸币厂，其他则是在临近地区打制而成的。比如，远在侏罗山脉的贝桑松地区发现的纳尔波、文塔里斯和比托维奥斯钱币就属于这一类。

对于纳尔纳斯钱币出现的时间我们已经有了一些证据。它们大量发现于蒙特劳勒斯地区，纳尔波罗马以前时期的遗址。它们大约在公元前 118 年发现罗马纳尔波之前就在那里打制出来了（可信的时间处于这一时期和公元前 71 年之间，那时塞尔维亚战争[①]刚刚结束）；那时正流行恩波里翁的青铜币。对于剩余钱币我们所掌握的证据很少，不过它们出现得较晚。在蒙特劳勒斯地区发现了很多隆戈斯塔莱特的钱币。因此，我们基本可以确定，纳尔纳斯的一些青铜币系列全部存在于公元前 2 世纪，如果不是更早，有一些可能还持续到了公元前 1 世纪，不过并没有继续下去。

① 塞尔维亚战争是罗马的一次内战，伊比利亚人和罗马人联合起来反对苏拉所建立的政权。

第五章　次等银币和青铜币制造

在前面的两章，我大概描述了欧洲凯尔特人的主要银币和金币制造的发展，这一章我将讲述次等钱币制造——银币、青铜币和波坦币——它们在同一时期后期对高卢和不列颠(某种程度上，还包括日耳曼)的钱币做出了某些变革。它们处于从小村庄的奥皮杜姆到城市生活开始的阶段，这一阶段，我们认为在中部高卢比凯尔特世界的其他地方更加发达。

第一节　高卢的银币

一、罗纳河谷群

高卢中部的银币首先是罗马钱币的反映，其中也受到了一部分马西利亚钱币的影响。钱币流通的主要路线始于罗纳河谷上游，主道从地中海南部到肥沃的中部平原。从这里小的银币开始向高卢中部、北部和东部扩散，直至不列颠，因为大部分独立于我们目前所检视的更有价值的金币和银币。

银币始于罗纳河谷的东岸。如同之前我提到的那样,第一批罗纳河谷钱币很可能来自一个迦太基的原型,经过西班牙,不过也有可能来自罗马诺—坎帕尼亚古希腊银币(两德拉克马)的两种纹饰。其中从一个原型上借鉴了阿波罗的头像,从另一个原型上借鉴了马匹的头部作为钱币的背面。钱币的重量(从 2.6 克到 2.2 克不等)是以公元前 3 世纪到公元前 2 世纪马西利亚轻的德拉克马为基础的,罗马的维多利亚银币重量也与之相同。于是,钱币结合了公元前 3 世纪中后期罗马图案以及公元前 2 世纪前 25 年从罗马钱币借鉴而来的钱币重量。在图尔当(伊泽尔河)贮藏发现的钱币还带有公元前 3 世纪希斯提阿伊亚破损的四奥波尔。尽管最初的钱币上是没有名字的,大部分钱币上面都刻有意大利南部古希腊殖民地居民的币文,这与波河河谷钱币上使用的钱币以及上萨瓦省的萨拉塞斯金币上的图案是类似的。最初的币文是"Kasios"和"Ialikovesi"(281 号钱币)。其后就是很多相似的钱币,它们上面刻着马匹而不是马的头部。有一些刻着意大利南部古希腊殖民地居民的币文,不过大部分是用罗马字母写的,比如"Vol"(282 号钱币)。接下来就是一组带着羚羊而不是马匹的钱币(283 号钱币)。

281　282　283

在罗纳河谷东岸和伊泽尔河河谷,这一组钱币存在的时间很长,在这片地区有阿洛勃罗奇人、沃康蒂人和卡瓦尔斯人。第一个部落历史上最有名,因为它是第一支罗马人卷入的高卢部落。公元前 121 年,他们被多米提乌斯·巴布斯打败,在此之前罗马人打败了比图图

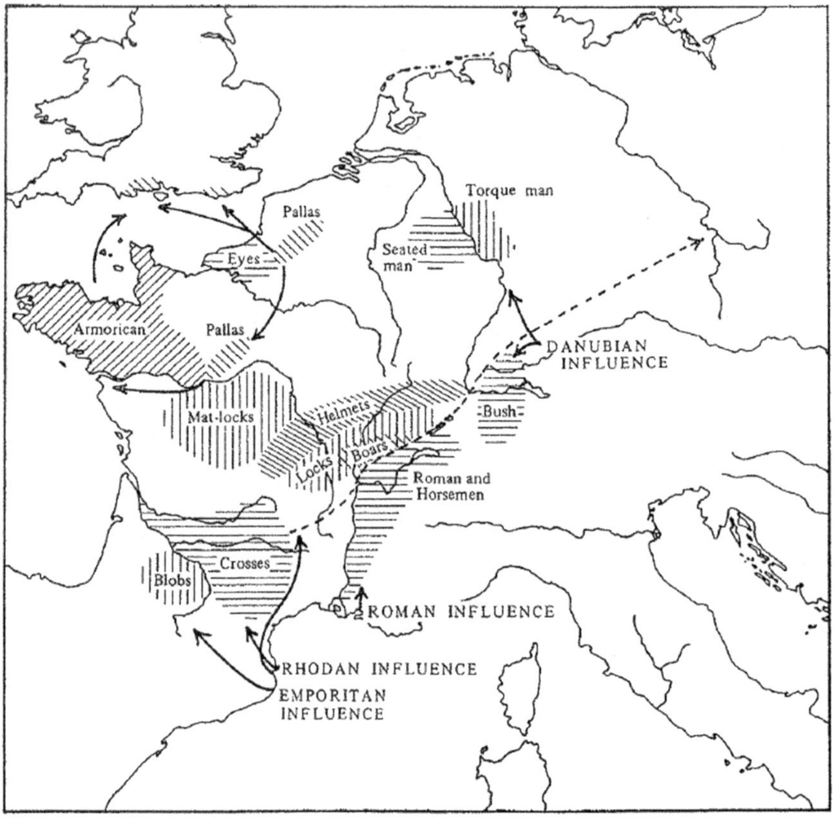

地图 16　早期加利克银币的大致分布图

斯人和阿维尔尼人。我们几乎可以确信，这些钱币出现在这些事件之前。这一时期，受罗马入侵的影响，钱币不可能不复制当时流行的罗马狄纳里，其上刻有佩戴头盔的罗马拟人女像，背面则是狄俄斯库里。[①] 因此，这些钱币可能出现于公元前 2 世纪中叶，或者更早一些，那时它们可能与波河流域记名的钱币以及早期阿基坦的拉克鲁瓦币的银币处于同一时期。不过它们在发行之后很久仍在流通，公元前 52

① 宙斯和勒达的双生子卡斯托耳和波吕丢刻斯的合称；死后成天上的双子座；被视为体操运动员、战士和水手守护神。

年阿莱西亚战役的时候,“Vol”币文的钱币仍在流行。

这就是中部高卢数量众多的银币的起源。从这一时期开始,尽管头像和马匹的纹饰占据主导地位,但银币并没有像金币一样采用传统的样式。这些纹饰范围十分广泛——大多数受到了罗马的影响,即使是很远的地方。与此同时大部分钱币都带有凯尔特的特征。事实上,钱币混合了罗马和凯尔特两重特征,其中罗马特征逐渐占据了主导地位。

早期,钱币的正面刻着一个戴着头盔的头像。阿洛布罗吉人的东部,零星发现一些金币,不过大部分都是银币,它们一面刻着戴着头盔的头像,这明显源于罗马,尽管不直接来自罗马狄纳里,其背面则刻着带有凯尔特特征的双翼海马(284 号钱币)。从贮藏中可以看出,这些钱币与“Vol”币文钱币同时流通,不过大约处于公元前 2 世纪末期。

284

很快,我们就发现了大面积的银币分布,这些银币上的头像和公元前 2 世纪流行的罗马狄纳里上戴着头盔的头像十分类似。这种类型的钱币不仅出现于罗纳河的东岸,而且瑞士的西部、侏罗山脉、法国中央高原的北麓都能看到这种钱币。它们在塞广尼人、林贡斯人、埃杜维人、安巴里以及阿洛勃罗奇人、沃康蒂人中十分流行。最初钱币的重量只是罗马狄纳里的一半。这就是与罗马有直接联系的凯尔特部落可能生产出来的钱币。其开始时期不可能在公元前 124 年前,不过也不会更晚。最终的钱币可能紧接着罗马征服以后。

带着佩戴头盔头像的钱币可分为不同的几组。第一组和最早的一组发现于罗纳河和伊泽尔河。其背面是出现在罗马狄纳里背面的狄俄斯库里的一个简单复制,罗马钱币的正面也出现在上面。钱币几乎都有两个罗马文字表述的币文,正面和背面各一个,已知已经有 20 个组合(见 285 ~ 289 号钱币)。早期和晚期都有一组。早期的重量是 2.2 克,第二组钱币的重量就变成高卢晚期银币的标准重量——1.9 ~ 1.8 克。我们所知最早的币文是“Cn. Volunt”(285 号钱币),最后一对是“Durnacus Donnus”,最后的“VS”只是在公元前 1 世纪中叶出现(289 号钱币)。早期的钱币其结尾是“OS”,如同“Durnacus Auscroco”(288 号钱币)一样。因此,钱币看起来已经持续了 60 年之久。罕见的奥波尔,从马西利亚的小钱币那里借用了轮子的纹饰,这种纹饰的钱币一直是常规的面额(290 号钱币)。

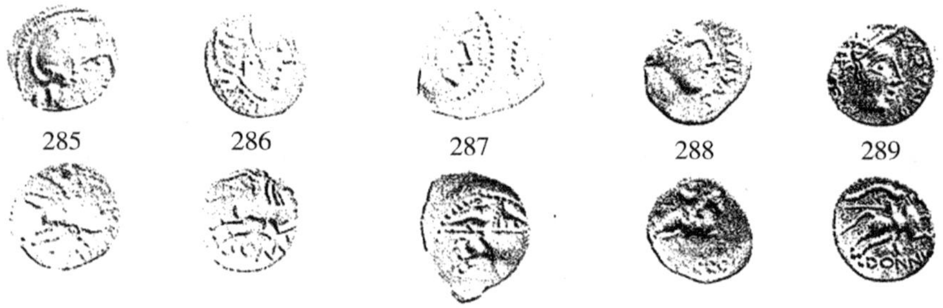

285　286　287　288　289

290　291　292　293　294

另外一种带着佩戴头盔头像的银币其背面有一个希腊文的币文,“Kaletedou”(见 291 ~ 294 号钱币)。早期的例子中有一个苏拉的拉丁文花押字,出现在公元前 151 年的罗马狄纳里上。晚期的钱币中,币文逐渐模糊,有一些字母逐渐变成了装饰,比如 293 号钱币,图案只剩下“Є”和“Δ”。有一些币文已经消失了(294 号钱币)。这又是一个存在时间很长的钱币制造,无疑与骑士钱币同时出现在埃杜维人和林贡斯人聚集区。它们主要是标准重量的钱币。

与之相比的另一组钱币位于东部，主要出现在埃杜维人和塞广尼人中间。所有这些钱币上都有戴着头盔的头像和马匹。其中一个系列刻着罗马的币文“Q. Doci Sam F.”（295、296 号钱币）。这与卡勒特都钱币十分接近。更粗糙的钱币上刻着币文“Togirix”和“Q. Julius Togirix”（297～299 号钱币）。与“Q. Doci”和“Togirix”钱币一起的，是刻着同样币文的波坦币。同时，与“Togirix”钱币一起还有一些面额较小的青铜币。阿莱西亚的发现和采用尤里乌斯的名字使“Togirix”这一币文逐渐消失，这一事件很有可能发生在尤里乌斯·恺撒征服之后，不过“Q. Doci”可能更接近这个世纪初期。刻着同样头像的改良版本的钱币，其上的币文为“Santonos”“Arivos”和“Orgetirix”，基本上都是在征服之后（300、301 号钱币）。

早期的罗纳河谷和后期戴着头盔头像的钱币，以及它们与罗马的紧密联系，是公元前 1 世纪高卢钱币的核心特征。后期的钱币在高卢全境分布，其原因无疑是恺撒征战及后续事件让这些钱币在高卢境内传播开来。凯尔特钱币，尤其是较小的钱币，其一般规律是很少流传到其发源地以外，而且一般使用十年就会归于沉寂。

二、阿莱西亚的发现

确定这些钱币产生的时间，其中最重要的证据要归于阿莱西亚的考古发现,这一点我已经几次提到过。1860~1865 年拿破仑三世在阿莱西亚的挖掘地,曾经是曼杜比埃①的奥皮杜姆,埃杜维人的组成部分之一,公元前 52 年恺撒在这里取得了对韦辛格托里克斯领导下的高卢部落决定性的胜利。在这里发现了 134 枚罗马钱币,但是止于公元前 54 年,从发掘出来的 449 枚凯尔特钱币可以一窥这场围攻战中部落带来的少量钱币,贝尔格族和阿摩力克人带来的较少。钱币有 10 枚是金币,我已经对它们进行了深入分析。246 枚是银币,140 枚是青铜币,53 枚是波坦币。到目前为止,我关注最多的是银币,它们占据了发掘物的大部分。到征服高卢时,青铜币和波坦币只扮演了一个很小的角色。

302　　303　　304

超过总数 1/4 的 122 枚钱币上面均刻有戴着头盔的头像,这一点我已经描述过,有 72 枚上面刻着“Togirix”,显然是出现时间最晚的,刻有“Vol”纹饰的阿洛勃罗奇人钱币估计是出现时间最早的。在其余的银币中,有一组带有“Pictilos”和“Epomeduos”币文,以及“Epad”币文(302~304 号钱币)的 12 枚钱币与其余的钱币风格迥异,这一方面是因为它们是生动的罗马—凯尔特风格,另一方面是因为它们的重量与早期出现在罗纳河谷的钱币重量相当(2.4~2.2 克)。它们几乎都是阿维尔尼人的钱币,“Epad”无疑是恺撒的俄帕斯纳克图斯,一个曾经的罗马阿维尔尼人的酋长,有不少于 50 枚青铜币是关于这个酋长

① 曼杜比埃人是居住在今天勃艮地和侏罗省地区的高卢人部落联盟,他们的首都位于阿莱西亚。

的。看起来在阿维尔尼人的部落以及罗纳河还幸存了一些钱币，它们具有马塞利亚的重量标准，而在其他地方则更偏好罗马的标准。

其余发现的银币符合一般的重量标准（1.9～1.8 克），除了在边远的阿摩力克、跨越莱茵河和英国的比利时高卢地区，其他地方发现的钱币重量都是相等的。有一些来自高卢较远的地区。在西南部，有四个来自罗达传统的阿基坦磨损的样本，其上刻有“拉克鲁瓦币”，到现在其重量已经降低为标准的重量了。在东部，还有一种莱茵兰类型的磨损的银币，来自西岸的法兰兹地区（305 号钱币）。正面端坐的形象无疑受到了东部的影响，因为它最终可能来自多瑙河传统中坐着的宙斯形象。在西部有 12 个利穆赞—拜里（莱摩维斯）类型的钱币上带有大的锁，源自恩波里亚的传统，有 4 个类似的钱币其上的马匹由带有野猪头和海马尾巴的野兽所取代，它们来自佩里戈尔（佩里格）（306 号钱币）。所有这些钱币都来自卢瓦尔河南部。恺撒也证实了阿莱西亚存在莱摩维斯人。

305　306　307　308　309

310　311　312　313　314

不过，大部分钱币从附近的地方来到了阿莱西亚。习惯性的做法是将大部分钱币归于埃杜维人，不过也应该考虑林贡斯人和乌契约人。最大且最简单的货币组一面有头像，另一面有一匹普通的马，不过也有其他不同的纹饰和币文："Solima""Anorbo-Dubnorix"（307、308 号钱币），"Diasulos""Dubno"（309、310、311 号钱币）。可以确定的是，它们与一些刻着戴着头盔的钱币是同时代的。它们借鉴了那些钱币的重量，且在北部很快就被发现了。它们是第一组——或者至少是第一批被鉴定出来的——罗马征服以后数量特别庞大的钱币。

来自阿莱西亚的一组有趣的钱币上面刻着"Sequanoiotuos"，一面有头像，另一面有一只野猪（312、313 号钱币）。就像它们的名字刻的一样，它们可能属于塞广尼人，不过从文物发掘地来看，它们可能来自埃杜维。有时候它们被重复打制了（313 号钱币），不过我没能辨认出其原型，请注意第一个直角处潜藏的头。与不列颠不同，在高卢很少有银币上刻着公猪的形象；"Sequanoiotuos"钱币上使用动物可能是受到阿维尼的马西利亚人殖民地的银币（德拉克马）启发的，后者在钱币的背面刻画了精致的野猪，H. Rolland 将其追溯至公元前二世纪晚期。

阿莱西亚的下一组钱币由雕刻精美的钱币组成，它们代表了罗马和凯尔特钱币结合的典范。钱币的正面基本上是罗马拟人女像的头部，其背面则是手持凯尔特武器，站立着的或骑着的形象。有两个币文读作"Dubnocou-Dubnorex"，其中一个上面刻着一个人手持野猪；另一个上面刻着一个人手持战时喇叭①、野猪、砍掉的头颅，还佩带着一把剑（315、316 号钱币）。有一个上面刻着"Vepotal"的钱币上面刻着一个戴着矛和野猪的战士，而第四个，读作"Litavicus"，上面则有一个戴着野猪的骑士（317、318、319、320 号钱币）。这一组高度罗马化的钱币可以归于前罗马的埃杜维人。在恺撒的战记中，杜布诺瑞克斯无疑是埃杜维人的领袖杜诺列克斯（即使他经常表现出反罗马的一面），如同李塔维库斯。这一组钱币的正面源自公元前 70 ~ 前 60 年的 10 年间的罗马狄纳里，于是这些钱币看起来就像是出现恺撒战争同时的了。

---

① 战时喇叭（Carnyx）是铁器时代的一种乐器，于公元前 200 年到公元 200 年之间使用。

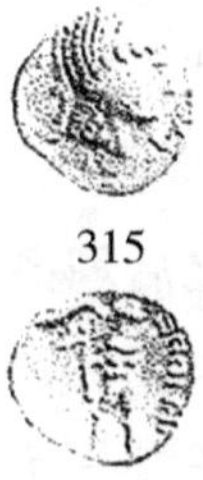

315

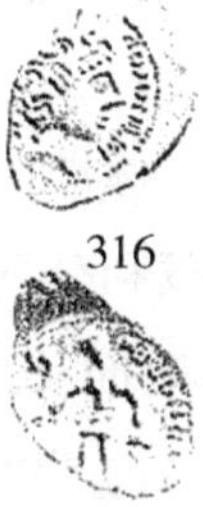

316

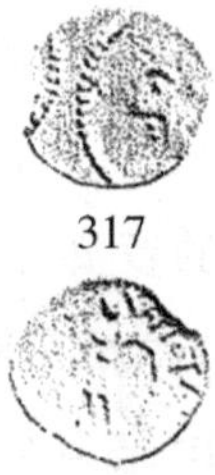

317

318

319

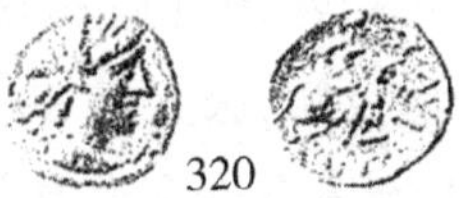

320

从阿莱西亚发现的这些钱币可以看出，到公元前 52 年，中部高卢已经发展出一系列丰富的银币，其上主要刻着酋长或者地方官的名字。这些纹饰与金币一直相去甚远，反之与罗马钱币有着紧密的联系。根据目前的知识，可以简单地说，不可能将它们用整齐的编年史顺序或地理顺序排列出来。不过这些钱币来自阿莱西亚却是大致可以确定的。如果将这些戴着头盔的头像和其他一些早期散乱的钱币弃置一旁，其他的钱币也就无法归于公元前 60 年之前了。恺撒在高卢征战的十年间，银币极其繁荣，其部分原因是要支付军饷。

三、数量庞大的银币贮藏

今天留存下来数量庞大的高卢银币来自一系列大的贮藏（有一个贮藏甚至有 13000 枚钱币），散布在高卢全境，从普瓦图到皮卡第，直至布列塔尼。它们代表着钱币制造的下一阶段（300、301、321、322、323、324、325、326、327 号钱币）。有一些罗马钱币可以用来标记这些钱币的时间，在中部和北部高卢它们第一次批量出现。这一贮藏可分为两个部分，前者可以追溯到约公元前 50 年或其后很短的时间内，比如莱扬特（上维埃纳省）和波米耶尔（埃纳省）贮藏。这些钱币几乎与阿莱西亚同时期出现，且均属于阿莱西亚的类型。它们处于恺撒交出权力之后一段模糊的扫荡时期。第二组包括在阿莱西亚没有发现的其他类型。这些贮藏代表了高卢征战之后 10～20 年内流通钱币的一个面向。典型的比如公元前 45 年之后埋藏的弗农(维也纳)贮藏、公元前 38 年之后埋藏的罗泽尔(泽西岛)贮藏和公元前 36 年之后埋藏的尚特奈(涅夫勒省)贮藏。我们可以大胆地推断,甚至也可以用证据证明,这些附加的钱币来自公元前 51 年之后。我们并不了解哪一历史事件可以清晰地解释这一批贮藏,不过公元前 46 年记载了贝洛瓦契人开始反叛,公元前 30 年到公元前 29 年则记载了其他贝尔格族的反叛,无疑还有许多没有记载的事件。这些贮藏里几乎所有的钱币都刻着一个或者多个凯尔特首领的名字。可以明确的是,所有贮藏的钱币都是从一个广阔的区域收集来的。只有在单一的钱币(或者币文)可以根据这些钱币的发掘地定位时,我们才知道它们真正源自哪里。

大部分新的公元前 51 年之后的钱币上都刻着头像和马匹,它们与在阿莱西亚发现的钱币具有大致相同的特征,不过在对头部的处理方面却有很大的不同。钱币上的头像经常是无胡须的,且与罗马钱币特征相似。钱币上出现的新名字历史上都不为人知。比如,"Nercod""Orgetirix""Caledu""Biovos"(321、322、323 号钱币)。有一些通过采用罗马的姓氏显示它们的日期处于征服后,比如"Durat-Iulios"和"Gaius-Julius-Agedo"(324 号钱币)。

321 322 323 324

新的钱币纹饰其背面不仅是马匹。滨海夏朗德省发现的一种重要纹饰,其上刻有"Ateula Vlatos"的币文,正面有一个带着羽翼的上身人像,背面有一只公牛。如果那个时候这些钱币存在并十分普遍,不可能不出现在阿莱西亚(325、326 号钱币)。类似的正面读作“Senodon”(327 号钱币),另外一个没有出现在阿莱西亚的钱币上刻着“Epad”的币文(328 号钱币)。正面取自公元前 67 ~ 前 66 年的罗马钱币(330 号钱币),反面上有一个站立的勇士,全副武装,明显更像罗马钱币,而非来自阿莱西亚的埃杜维纹饰。这里可能有一个同样阿维尔尼的俄帕斯纳克图斯钱币,我们之前已经见过,属于恺撒征服后期,不过到此时其重量已经减少为标准的银币重量。其类型也主要为青铜币(329 号钱币)。

“Orgetirix”币文的钱币,如我提到过的那样,属于这一时期。不同样式钱币上不同的币文告诉我们,Orgetirix 是一个埃杜维人 Atpillos 的儿子。他一定区别于恺撒的 Orgetirix,是一个生活在瑞士的人。钱币构成了一个序列。第一个正面(332 号钱币)来自一个不记名的银币类型(331 号钱币),与埃杜维的金币密切相关(179 号钱币)。奇怪的是这些钱币没有一枚出现在阿莱西亚。从公元前 51 年之后一般的银币来看,后者从风格上很难辨认。

另外一个显著的纹饰上面刻着戴着头盔的头像，还有矛，其背面则是在一个在木偶旁边行走的形象（334、335 号钱币）。这一币文就是"Segusiaus Arus"，并且肯定是 Segusiavi 的一枚钱币，位于里昂的东北部。其背面的图形是从公元前 47 年罗马狄纳里上手持棍棒和战利品的赫拉克勒斯经由我们熟悉的凯尔特化[①]过程演化而来的（333 号钱币）。

这个清单可以拉得很长；新钱币的数量和短暂存续的钱币类型也十分庞大。可以明确的是，新的罗马统治者一度废除了土著的金币制造，允许或鼓励征服前中部高卢的银币持续使用，甚至从海岸线到中央高地进行扩散。公元前 30 年这一扩散持续进行。晚期钱币贮藏里几乎都是青铜币。很可能奥古斯都于亚克兴角战役中终结了银币制造，公元前 27 年他到达了高卢。奥古斯都皇帝治下行省的组建始于这一时期。

第二节　其他银币纹饰

罗纳河谷、阿莱西亚和大的银币贮藏纹饰构成了高卢银币制造的主要组成部分。这些钱币中几乎没有一个与高卢主要金币制造有直接的联系。银币上的许多名字在金币上几乎很少出现，在青铜币或波坦币上也很少出现。它们反映了受罗马启发的银币侵入到主要是金币制造区域。

为了完善高卢银币制造的图景，我们需要看一看高卢核心区域的两边。在西部我们已经发现了银币。在阿基坦我们看到了拉克鲁瓦币，终结者属于冠以恺撒提到的卡乌尔斯的领袖卢克莱修之名的银币

---

① Interpretatio Celtica 是希腊或者罗马的神被转化为凯尔特的神的过程，即为凯尔特化。

和青铜币。我并没有证据表明这一地区的任何银币属于征服后期。在北部，贝里和利穆赞，我们看到了带有恩波里翁纹饰的锁的莱摩维斯的银币。有一些纹饰清晰可辨，有一些上面刻着“Cam”和“Iurcau”的币文(336、337 号钱币)。最发达的纹饰出现在弗农贮藏，其上刻着币文“Cambotre”(338 号钱币)，大约出现于征服后期。

336　337　338

再向北，阿摩力克地区，罗泽尔(泽西岛)贮藏中有许多小的钱币，通常是低级银币，那里许多不同类型的钱币在阿摩力克的贮藏里也有出现，不过它们一般属于征服后期(339、340、341、342 号钱币)。有一个刻着“Esvios”币文的钱币，其背面刻着马赛利亚的狮子(339 号钱币)。

339　340　341　342

在东部，我们从瑞士开始。这里在日耳曼南部发现的主要银币刻制在赫尔维蒂人①的帕奇上之一。其背面刻着一匹常规的马，正面刻着一个破碎的带着胡须的头像，模糊不可辨认，甚至看起来像一株灌木(343、344、345 号钱币)。其头部显然是西部多瑙河钱币上的有胡

① 赫尔维蒂人是公元前 1 世纪与罗马共和国交战的一支高卢部落。根据恺撒的描述，赫尔维蒂人共分为四个子部落，又称帕奇人。

须的宙斯的一种退化。可以对比一下北部诺里孔的阿洛勃罗奇人头像是如何被西梅林和托特法鲁纹饰的钱币借鉴过去的。“灌木”钱币，尽管没有出现在阿莱西亚，却在公元前1世纪的上半叶一直流通。钱币的样式有很多变化，有一些上刻着“MV”(345号钱币)。征服后期的钱币最具代表性的当属被罗马钱币深刻影响的那些，它们上面刻着墨丘利(上帝的信使)的头，还有一头叫作“Ninno”或“Mau”的公猪，有的是单独刻着的，有的是刻在一起(参照不列颠的库诺比莱纳斯纹饰；444号钱币，或者484号钱币)；在莱扬特和罗泽尔贮藏里均发现了这些钱币(346、347号钱币)。

在阿莱西亚的发掘物中还见到了一种莱茵兰的银币，上面刻着一个坐着的亚历山大，很可能是维吉尼斯人。在莱茵河两岸，有四种与灌木钱币重量相等的钱币。坐着的形象(306号钱币)来自西岸；其正面也刻着一个类似的头像(348号钱币)。东部美因茨和科布伦茨之间，钱币上刻着头像，还有一名男子拿着项圈(349号钱币)。最早的钱币上面有一个纯粹的罗马人，戴着头盔，背面刻着币文“Serveilius”，两者都来自公元前2世纪的罗马狄纳里。到了晚期,钱币逐渐凯尔特化。钱币周围的V字符号来自莱茵兰金币(或银币)。马头向后转的钱币纹饰是最北部的,可能来自乌比地区(350号钱币)。钱币背面一个奔跑的男人举着双手,可对比一下冈德斯特尔普众神的姿态。他要么是对战车御者的误用,要么可能是阿尔克斯币文的延续。因此,从瑞士到莱茵河中部可以看到一系列凯尔特的银币,其灵感一半来自多瑙河,一半来自罗马。这些构成了凯尔特世界两个分支之间的过渡桥梁。

一、帕拉斯的头颅

我们现在来看比利时高卢地区的钱币。这里的银币数量相对较少,且大部分出现时间较晚。这一地区通行的钱币中银币扮演了相对较小的角色,这就导致了尤里乌斯·恺撒之前不列颠东南部几乎不存在钱币。

第一阶段常常被忽视,这一时期的钱币正面刻着源自马其顿王国亚历山大三世斯达特金币上的雅典娜佩戴头盔的头像,这种类型的钱币后来演变为日耳曼尼亚的尼克斯达特。事实上,1/4面值的斯达特金币正面也有这种纹饰,公元前2世纪晚期这种钱币尤其普遍。背面刻着比利时马匹的钱币,其中之一出现在马恩河和塞纳河汇集处。这种类型的钱币很快用于银币之上。其最初似乎出现在沙特尔附近,卡尔努特斯境内,不过从这里开始,这种纹饰的钱币在东西两个部分传播开来(351号钱币)。在西部,我们在威尼西亚人中发现了小的银币，最显著者当属布雷希贮藏。在东部，我们首先在鲁昂地区发现，然后在亚眠发现了这种纹饰的钱币（352 号钱币）。到这一阶段，钱币上头像的面部已经模糊了，我们也仅保留了传统的纹饰；最终雕刻师开始将残留的人脸变成马匹的头。这种银币纹饰，当然属于公元前 1 世纪早期，对于不列颠具有特殊的意义，因为可以确信的是，鲁昂地区带有雅典娜头像的钱币，是不列颠杜罗特里吉人①一种极薄的银币的起源，在恺撒征服阿摩力克之前的勒·卡提伦贮藏就已经显示了这一点。

二、两种动物图案钱币

勒·卡提伦贮藏还发现了比利时高卢地区一组稀有的银币刻着两个动物面孔，其上刻有纹章，日期属于恺撒征服前（353 号钱币；参照 354、355 号钱币）。与它们一起，还发现了一组数量很少的银币，其上的头像看起来并不像不列颠的式样，其中一些发现于塞尔西地区以及南部海岸的其他地方（356 号钱币）。雅典娜纹饰的钱币大概代表了比利时高卢银币的试验阶段，不过银币也没有变成那里通行的钱币。

353 354 355 356

---

① 杜罗特里吉人是在罗马人入侵之前居住在英国的凯尔特部落之一。

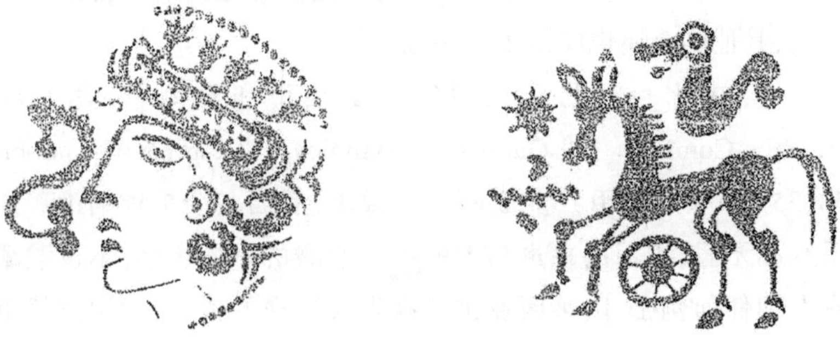

图 14　塞尔西的银币纹饰

三、记名的比利时银币

与此相类似，比利时高卢地区很少发现可与凯尔特化的高卢的记名银币相媲美的大量钱币。其中，在不列颠并没有发现这样的例子。有一组钱币所处位置不好，其上刻着“Nide-Arbodios”或“Abrodios”(357 号钱币)和“Pennoovindos”这样的币文，其中前者来自恩河。这些低级钱币的独特之处在于它们的重量与一般的银币重量并不相符，在阿莱西亚之前我们就发现了，这一点后来变得更加普遍，它们的重量从刚开始的 2.4 ~2.3 克逐渐变成一般的 1.9 ~1.8 克。这些钱币混合了希腊和罗马的字母。

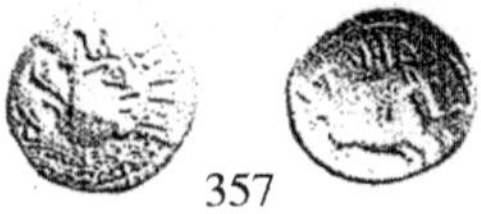

357

第二组钱币由一般重量的银币构成，如同在不列颠地区发现的那样，它们形成金币—银币—青铜币的顺序的银币部分。我们已经在苏埃西翁人或梅尔第(254 -8)上的斯达特金币上见到了“Criciru”和“Roceva”的币文。从银币和青铜币上“Criciru”可以明显看到它们来自罗马。刻着“Roveca”的银币上有一种朱诺莫内塔纹饰的头像，在许多罗马的狄纳里上都可以发现。我们已经说过这些斯达特出现于征服后期,其他的金属也印证了这一点。

最后,在比利时北部先后发现了银币和青铜币,其上刻着"Carsicios-Commios""Garmanos-Commios""Carmanos-Andobru"(358、359、360号钱币),前面两个是银币,后面一个是青铜币。这些钱币互相矛盾,银币的重量与大的银币贮藏的重量相当,不过贮藏里没有发现任何例子,阿莱西亚也没有发现这样的钱币,比利时钱币更是极为稀少。青铜币出现于公元前约30年的于西尼戈德布朗格。北部地区的弗利讷,是发现"Andobru"钱币的唯一地点。比如,在法国人科尔伯特·德·博留博士看来,这些都是恺撒的使节乌斯的钱币。在我看来,这些高度罗马化的钱币从来没有出现在这个国家,不太可能属于历史上的乌斯。最好将它们看作罗马征服前期唯一发行的银币和青铜币,其中大部分可能是乌斯逃跑之后发行的。其上的头部纹饰与"Criciru"和"Roceva"的钱币有很多相似点,所以如果我错误地认为这些钱币属于征服后期,对于乌斯的判断可能也是错误的。

358 359 360

第三节 不列颠

大体看来,历史上没有一个时期的钱币比不列颠的更加粗糙。可以看出,不列颠的钱币制造来自高卢,银币扮演了一个很小的角色,且在那个时候,几乎没有现成的模型可供复制。结果,当恺撒入侵为不列颠带来了除金币之外的银币之后,银币也发展出了自己独创性的纹饰。就不列颠借鉴的钱币而言,它们更多地借鉴了当时在它们周围流通的金币(多是高卢金币),而不是当时凯尔特高卢的银币。尽管我们有相当数量独立的银币,它们还没有构成一个有序的序列,尤其是在赫特福德、贝德福德和萨福克区。不过在肯特郡,大部分不列颠的银币与金币的币文和纹饰都极为相似。尽管一开始,它们的重量较轻,但它们构成了一个系统的钱币制造的一部分。只是在西部的杜罗特里吉人,银币(后来是青铜币)才是金币的低级替代钱币。

只有在不列颠和阿摩力克高卢地区,我们才看到了极其小的银币。在发达的中部部落,银币具有欧洲大陆地区十分罕见的显著的罗马—凯尔特混合特征,在清理这些钱币时清晰可辨。因此,在格列塔尼人和艾西尼人中,我们看到了野猪—马的纹饰,它们并非源自欧洲大陆,而是有自己的进化规律。在艾西尼人中,我们还看到了完全来自不列颠的马匹纹饰的钱币,与斯达特也有联系。在多布尼人中,我们还看到了头像—马匹类型的钱币,其中头部,如果受到影响的话,来自巴黎西的斯达特金币。不列颠的金币和欧洲大陆金币之间的连续性显而易见,而银币之间的联系则十分微弱且并不直接。后期银币很明显借鉴自奥古斯都时期的罗马。尽管从重量和钱币的目的来看,银币显然是欧洲大陆钱币的一种减缩版本,但钱币的纹饰和它们的艺术内涵显然与诺里孔和斯洛伐克的晚期钱币更相似,而不是高卢附近地区的钱币。

第四节　青铜币

一、阿莱西亚

罗马征服之前,用常规的模具打制出来的青铜币演变极为缓慢。

钱币本身的价值很小,其精确的重量也不重要。阿莱西亚再现了这一情景,在墓葬中发现了 140 枚青铜币。大部分当然是当时当地的钱币,不过也发现了一些时间较远类型的钱币。整体来看,它们代表了高卢打制青铜币的第一阶段,且并没有证据显示它们被掩埋时是旧的钱币。换言之,高卢中北部地区打制的青铜币直到公元前 70 ~ 前 60 年才开始。

高卢的青铜币并没有一个明确的起始时间点。也许最初的青铜币只是伴随主要流通部落金币的微小改变,不过同一个区域青铜币出现的时间和独立的银币出现的时间相距并不远。因此,阿莱西亚发现的阿维尔尼和比图里吉人的金币,每一种都有一系列刻着币文的青铜币伴随。在比图里吉人中,至少有一个名字,“ABVDOS”也出现在金币上,不过大部分名字并没有(361、362 号钱币:“Vandelos”“Caliageis”“Bibracte”则十分普遍)。在阿维尔尼钱币中,所有的名字都与金币不同(“Bucios”“D canaunos”,363 号钱币)。在比图里吉人中有 42 枚这样的青铜币,阿维尔尼有 9 枚这样的钱币。与之前的钱币不同,阿维尔尼人的青铜币对应着较重的银币皮克图洛斯、俄帕斯纳克图斯和埃泼米都斯,分别读作:“Caledu”“Cicedu-Bri-Epad”“Cambil”(364、365 号钱币),其数量分别为 7 枚、59 枚和 5 枚。这些占全部发现的青铜币的 3/4。

361　362　363　364　365

阿莱西亚剩余的青铜币中,最有趣的读作“Tasgetios-Elkesouis”(366 号钱币)。第一个名字是公元前 54 年被谋杀的卡尔努特斯首

领,因为钱币来自沙特尔区域。钱币的正面抄袭自卡尔普尼乌斯·皮索·弗卢基(公元前 90 年或公元前 67 年)的狄纳里,它们也在其他的钱币上使用过(比如,阿维尔尼的“Cambil”钱币)。因此,它们可能追溯至公元前 60 ~ 前 55 年。

接下来我们看到了一组带着锁形图案的钱币,主要出现在莱摩维斯人的银币上,我之前在恩波里翁的传统中也提到。一般的钱币基本上都是凯尔特人的,且不带着罗马的痕迹。有一组发现于卡尔努特斯(367、368 号钱币)。其背面刻着蛇或者蜥蜴的鸟,上面刻着或者带着“KA”的花押字。在阿莱西亚发现了四个同一主题的罗马化的不同式样钱币。第二组位于塞农东部一点,其上刻有一个有些不同的鸟类,刻着币文“Ulucci”(369 号钱币);这样的钱币一共发现了 6 枚。还有其他的币文,包括“Senu”或“Giamilos Senu”(370 号钱币)。后者可以确定属于恺撒后期,因为吉亚米洛斯的银币采用了奥古斯都的银币纹饰。

366　367　368　369　370

371　372　373

阿莱西亚其余的青铜币来自更远的地方。比利时的雷米人中出现了两种普通的钱币式样，刻着币文“Remo”（371、372 号钱币）。其正面有三个头像，背面有一个凯尔特的两轮战车。南部的比利时青铜币中还有一种样式，上面刻着希腊和罗马混合风格的币文“Deiviciac”，这与早期的“Diviciacus”，苏埃西翁人的国王（恺撒 B. G. 2.4.7）显然是一样的名字。最后还有一种新奇的钱币，一面刻着戴着凯尔特头盔的头像，佩带一个矛，另一面还有一匹放牧马，旁边有树和杯子（373 号钱币）。其他地方的发现表明这些钱币属于埃杜维人。青铜币不像银币和金币流通得那么广。因此，阿莱西亚的青铜币不像高卢早期的青铜币那样展现给我们一个全面的图景，不过它们却是钱币发展初期最好的标准。

二、晚期青铜币

在这堆钱币的另一端，我们还有两个重要的青铜币贮藏，它们给我们展现了公元前 30 年在洛林地区和公元前 10 年在旺代省流通的青铜币。于西尼戈德布朗格（默尔特—摩泽尔省）贮藏中包括超过 30 种类型的青铜币，有旧的也有新的，大部分来自比利时高卢，也有少许的银币和波坦币。这个贮藏让我们看到了公元前 30 年前后高卢东北部地区青铜币的一个缩影，从中可以推断出许多其他地方可与之相较的青铜币类型。这些钱币中大部分都是地方流通的独立青铜币，其上刻着发行者的名字。然而，这个贮藏包括刻有“Arda”和“Roveca”的青铜币，这个名字我们先后见过银币和青铜币上的“Commios”。通过比较梅勒赖厄—蒂莱，旺代省贮藏，可以发现普瓦图刻着名字的黄铜钱币（“Luccios”“Annicoios”“Contoutos”“Atectori”；374、375、376 号钱币）正在流通，且直到这一世纪的最后 10 年仍在使用。在贮藏里也有旺代省（“Viretios”和“Sactnos”；377、378 号钱币）的青铜币和少部分的散佚钱币，包括在阿莱西亚发现的阿维尔尼钱币和比图里吉人纹饰的钱币。公元 1 世纪以后再也没有发现可查明日期的贮藏；到那时除了一小部分广泛传播(379 号钱币)的高卢钱币,大部分钱币都消失了。

374　375　376　377　378

三、高卢青铜币

阿莱西亚和这些贮藏发现的钱币中有不少数量巨大、各式各样的高卢青铜币仍存留至今。其中至少有两百种钱币可以识别出来。可以确定的是,大部分钱币是在罗马征服后经罗马许可打制出来的。不过公元前 1 世纪后半叶一般没有精确的日期定位。尽管有时从地理上参考部落区域将它们的区域进行固定是合理且便利的,但钱币上面刻有发行部落的名字只是罕有的现象。多数情况下它们是以个人的名义发行的,无疑凯尔特的部落也是经罗马许可的,且看起来大部分情况下它们都仅仅在某一奥皮杜姆或城邦[①]中流通。每当新发掘了一个地方,当地的钱币提供了大部分钱币发现时,这一点更加清晰可见。

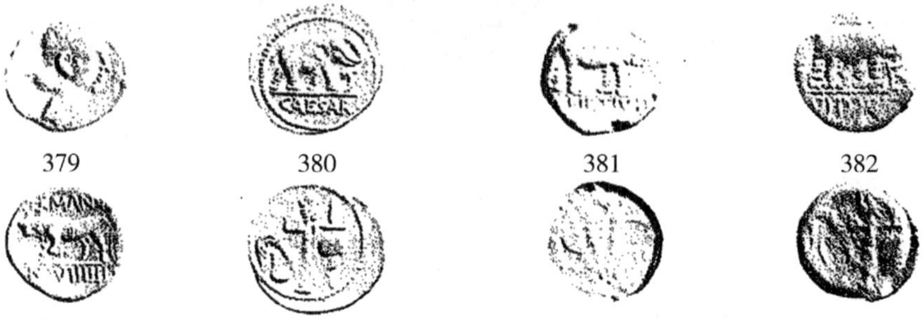

379　380　381　382

① 城邦不只是所有公民的集体团体,它是约束他们所有人的契约,是古典社会的抽象称谓。

有些钱币,从其币文或纹饰本身就可以推断出它的年代。这其中最显著的当属特里尔地区的钱币,其上刻有奥卢斯·伊尔久斯的名字,他是恺撒的朋友,也是恺撒在高卢的使者及恺撒战记的续写者。有一种纹饰其正面有一只象,其名字单独刻在上面;在其他的三种纹饰中,他被描绘成最高统帅,其名字旁边还有高卢酋长的名字(381、382 号钱币)。公元前 46 年,在罗马的模范城市(*praefectus urbi*),奥卢斯·伊尔久斯以恺撒之名发行了大规模的金币(奥里斯)。公元前 43 年,他被杀害。目前不太可能将任何这些钱币归于公元前 51 ~ 前 46 年的某一年,不过这个时间段一定包括这批钱币发行的起点。许多看起来像是连续的复制品。不过,另外一种读作"Carinas"的象纹钱币,据推测与 C. Carrinas 有关,后者于公元前 31 年成了比利时·高卢的地方长官。两种钱币都出现于于西尼戈德布朗格贮藏。另外一个类似的例子是刻着萨谟奈盖茨部落盖乌斯·克劳迪斯·卡斯提库斯名字的青铜币,清晰地向我们展现了更多的钱币。也有贮藏证明广泛传播的币文"Germanus Indutilli L."(L 代表自由;379 号钱币)钱币主要分布在特维希人那里,它们属于公元前 1 世纪的最后几年。相较而言,南部的"T. Pom. Sex. F"币文青铜币(383 号钱币)可能还没能准确定位。

383

在其他的例子中,如同先前提到的一样,被复制的模型常常可以反映钱币的时间。在安博瓦兹发现的奥皮杜姆有三种类型币文的钱币,分别是"Artos""Acussros""Drucca",所有的钱币都从公元前

88～前 54 年的罗马狄纳里那里汲取了灵感。公元前 52 年色纳布(奥尔良)附近汇集的商人被屠杀,这三种类型无疑都是在那之后被打制出来的。有几个其他的青铜币源自征服后期的罗马狄纳里,比如吉亚米洛斯,一定是公元前 49 年之后,“Connos-Epillos-Sedullos”币文约略在公元前 47 年之后出现。这个名单还可以再增加。总体来说,在高卢全境,除了阿摩力克(尽管不规则地散落在南方),经罗马的默许,仍有单个的小青铜币在发行,有的是由部落发行的,有的是由个人发行的,总体来说仅用于地方使用,不过公元 1 世纪的早些年,也在全国境内发行。有些钱币还能有序地呈现地方官的名字,有些钱币则相应地与银币相连,不过大部分都是地方的且相互孤立的。

384

385

386

387

388

389

这些在不列颠发现的高卢青铜币,如同我们可以预测到的一样,一般来自比利时高卢的北部,尤其是阿姆比亚地区,不过我们对它们本身及其历史所知甚少(384、385、386、387、388、389 号钱币)。其基本的贮藏是在圣安德鲁—苏尔—赛丽(塞纳—因弗奥)和圣雅克(亚眠)。这两者都没有标注日期。钱币大多是不记名的凯尔特式钱币,上面常常刻有鸟兽,有时成双成对,有时是旋转的。我们无法给这些各式各样的钱币定位，与这一地区的金币之间从类型来看实际上没有联系。这就是偶尔在肯特郡或贝德福德郡/赫特福德郡/萨福克郡边境发现的那一类钱币，它们构成了不列颠青铜币的起点。我们可以明确的是塔司西欧沃纳斯钱币的雕模师一定十分熟悉这些钱币。但不确定的是它们何时开始，不过可以明确的是它们大约是在征服前。在塞纳河以东的河口发现的刻有奔跑着的人的青铜币，在奥勒希·埃布罗维斯的钱币上可以发现战车御者的起源，可以肯定处于征服前，因为据说一枚银币在阿莱西亚被发现，而且它们与圣安德鲁贮藏的比利时青铜币密切相关。

大多数不列颠的青铜币与欧洲大陆的不同，因为它们构成了金币、银币和青铜币这组钱币的一部分。在欧洲大陆，只有在比利时高卢才能发现刻着“Roveca”和“Criciru”币文的一组钱币。有许多只有一个名字的钱币，比如塔司西欧沃纳斯和库诺比莱纳斯（390、391、392、393、394、395 号钱币），在高卢十分罕见。唯一的例子是刻着“Roveca”和“Pixtilos”币文的青铜币，后者来自中部高卢的卡尔努特斯。除了在肯特和赫特/萨福克郡边境，以及发现起源于高卢的不列颠两个地方，在不列颠并没有零星的、混杂的钱币复制品，而这是高卢青铜币的基本特征。

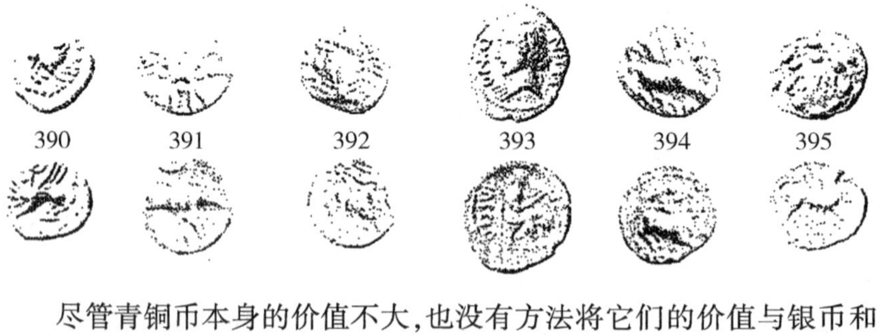

尽管青铜币本身的价值不大，也没有方法将它们的价值与银币和金币联系起来，钱币本身的价值和它所包含的金属之间一定有某种联系。否则我们就无法解释不列颠的青铜币为何在重量上比高卢的青铜币要轻 1/3，也无法解释直径不超过 8 毫米的最小的钱币为何在肯

特郡和科尔切斯特出现。笔者认为,库诺比莱纳斯青铜币的重量是其银币重量的两倍,也就是说有 120 个凯尔特镑。

第五节　波坦币

高卢大部分小面额的钱币并不是打制的青铜币,而是铸造的波坦币,由青铜和锡的合金构成。其准确的构成成分可能有变化,但基本上是一种代用钱币,以至于其准确的重量、大小或成分已经不重要了。波坦币贮藏相对较少,尤其是混合的波坦币,这就使弄清楚它们之间的关系变得越发困难了。

波坦币最远传播到高卢中部、北部和东部,不过还没有到达海岸线。它们甚至传播到德国西部,尽管据我所知,它们不是在那里制造出来的。在图卢兹附近也有一小部分钱币,其上有"T"形标记。在不列颠,肯特郡和英格兰东部(394、395、396、397、398 号钱币)也发现了这种钱币。在凯尔特世界的其他地方没有发现可与之相比的。不过在高卢,波坦币十分普遍。

勃艮第和弗朗什的刻有"Q. Doci Sam F."和"Togirix"(399、400、401 号钱币)的钱币就是波坦币,它是属于其他金属制成的一组钱币的主要例证。在比利时高卢最东北部,有相互联系的青铜币和波坦币。有许多准备融化的钱币,如芒德尔朱拉岛的钱币碎片,"Turonos Cantorix"币既有打制的,也有铸造的(402 号钱币)。不过总体上来看,波坦币与其他金属的钱币截然不同,某种程度上甚至将金币和银币两个分布区域区别开来。比如,我们发现比利时和凯尔特之间没有像金币和银币那样的分界。有些纹饰分布广泛,根据已经发表的信息(常常是不准确的)判断它们比较困难。它们很可能是在许多其他地方被制造出来的。不过,其他钱币和凯尔特钱币一样都是地方性的。如果金币能够显示与富人阶层之间的联系,波坦币则显示了与贫穷阶

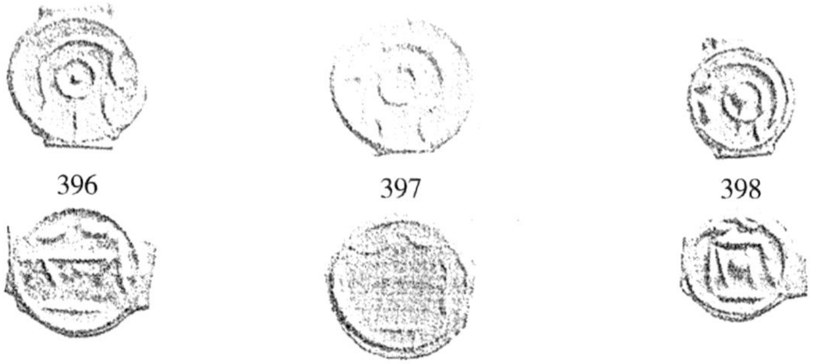

396 397 398

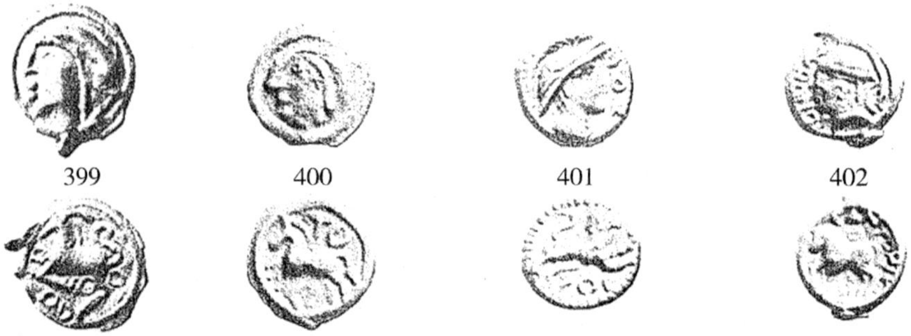

399 400 401 402

层之间的关系。

对于这种铸造的钱币概念没有一个经典的模型，不过第一批波坦币基本上都是那些复制了马西利亚上刻有对抗的牛的青铜币（403 号钱币）。原件一般要追溯至公元前 2 世纪，普遍认为波坦币始于那个时代。看起来有少量的钱币直接模仿了马西利亚原始的钱币以及与之相类似的钱币（404 号钱币）。它们似乎来自卢瓦尔河上游河谷。不过发现公元前 2 世纪 Ornacasso 的墓穴是不太可信的，其中发现了两种钱币纹饰，因为关于钱币和墓穴是循环论证，墓穴的时间是从钱币的时间推算出来的。

至于高卢的银币和青铜币，阿莱西亚的发现为波坦币提供了一个确切的时间点。在发现的 53 枚波坦币中，18 枚是马西利亚相互对抗的公牛类型。还有很多一面是被分解的头部，另一面是丑陋的四足动物，这些钱币从里昂传播到西边的卢瓦尔河湾，再到东边的瑞士、巴登维腾堡。然而，阿莱西亚最普通的 32 个类型的钱币用马匹代替了公

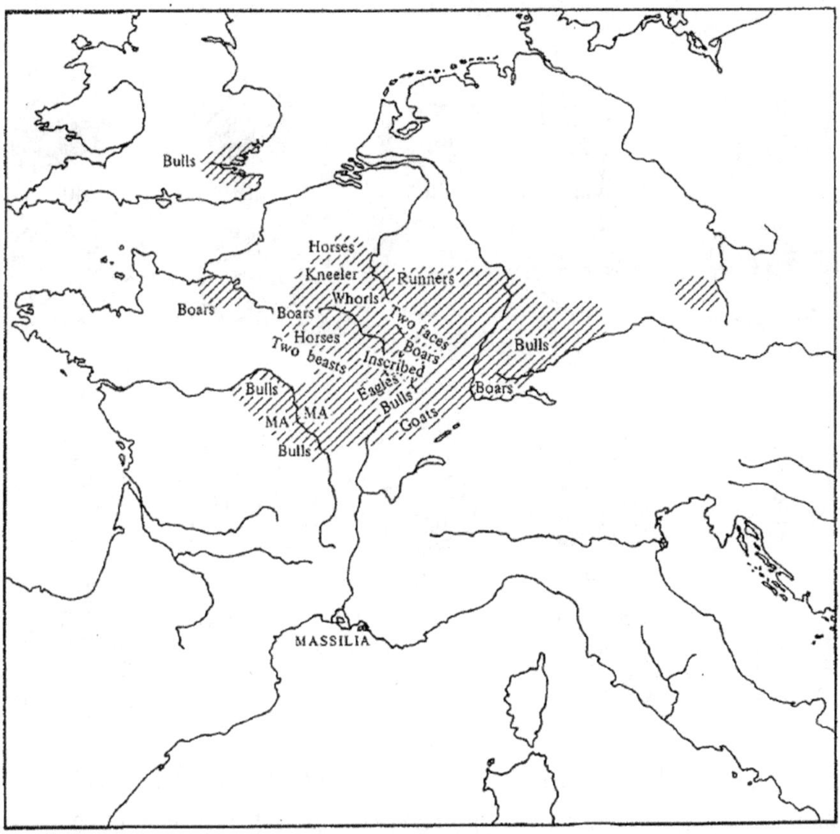

地图 17　铸造的波坦币

牛(405 号钱币);可以推定在埃杜维人和曼杜比埃人的家中,刻有马匹的钱币纹饰也出现在西北部。其余的三种阿莱西亚钱币帮助确定了时间之间的关联;有一个将背面的四足动物纹饰换成了野猪或野猪重量标准,它们是弗朗什—孔泰地区和上游的塞纳河河岸的典型纹饰,博维奥莱(406、407 号钱币)发现了大量这种纹饰的钱币。其余的两个头部已经模糊。其中一个一面刻着有三只胳膊的螺纹,另一面刻着三个旋转的野兽(408 号钱币)。这种钱币最初位于特鲁瓦和兰斯之间的奥布河流域以及中部的朗格勒。如同许多青铜币和某些比利时银币一样,另外一个一面有两只对抗的野兽,不过它们来自巴黎附近的塞纳河河谷(409 号钱币)。

403 404 405 406 407

408 409 410 411 412

因此,直到公元前 51 年,先前还是马西利亚的钱币已经演化成一种基本上是凯尔特类型钱币的特殊组合。有许多其他纹饰的钱币,有些极具原创性,比如正在吞噬人的野兽。有可能大部分波坦币存在于恺撒征服前,因为阿莱西亚基本上发现了全部的钱币,不过可以肯定的是,在法国和德国的出土发现,比如 Chateaumeillant, Cher 的发现,证明钱币已经流传至奥古斯都时代,公元 1 世纪钱币仍在使用。于西尼戈德布朗格的贮藏包括六种纹饰的钱币,与阿莱西亚发现的不同,它们包括我们所熟知的刻着站立人像和闪电的钱币(410 号钱币)。这些都散落在德国境内,以及东至斯特拉多尼茨的地方,那里也发现了其他高卢的波坦币。与之相平行的跪着的德鲁伊特纹饰没有在贮藏中发现,可能更晚一些。在斯特拉多尼茨也发现了这样的钱币(411、412 号钱币)。在站立人像的纹饰中发现了“改良”的罗马版本

(413 号钱币)。有许多纹饰刻有罗马文字,有的也有希腊文字。

413 414

不列颠所谓的锡钱币直接模仿了高卢刻着对抗的公牛或丑陋的四足动物(414、396、397、398 号钱币)波坦币。它们并不是衍生自比利时高卢非沿岸地区许多触手可及的模型,而是来自中部高卢。最早的钱币,事实上比一般的不列颠类型更厚,而且它们与欧洲大陆的联系更加明显。看起来它们似乎是波坦币在高卢境内全面传播开来之前就传到了不列颠的肯特郡,这里显然是它们最主要的发源地。否则就很难解释为什么有对抗的公牛这种纹饰。用钱币学的说法,这种"固定"的纹饰,在不列颠存续的历史很长,公元 43 年仍在流通之中,且由一种特殊的铸造技术发展而来。不过,在高卢,不列颠的波坦币与主流的钱币不同,我们也没有它们之间存在关联的证据。但是,从斯内蒂瑟姆的发现可以确信的是不列颠的波坦币至少可以追溯到公元前 50 ~ 前 25 年,而且在我看来,甚至更远。

我试图概括的高卢银币、青铜币和波坦币存在的时间和地理位置在前几章中鲜有提到,不过既有的材料十分稀少以至于关于它们的论述十分粗略。我试图展现其他钱币可以与之相连的一些点。我避免对钱币币文和纹饰作出解释。因此,下一章将重点讲述凯尔特钱币上的许多币文,钱币上的文字、语言和解释。在此过程中我也会顺便提到一些前文没有列举的银币和青铜币。

第六章　钱币币文

第一节　钱币币文的目的

现在我将尝试讲述关于凯尔特人钱币上一些的币文，尽管这些币文会呈现某些在阅读和理解凯尔特人钱币方面的问题，但其往往在书写货币史时被首先提及。

钱币上使用币文传递出与阅读和书写有关的艺术形式，但这并不意味着多数人借助钱币就能读懂这些币文。无论这些币文想表达什么意思，钱币发行者都想采用一种公开的形式将其记录下来。这里面暗含了一种彰显书写价值的意识，这种做法也许是一种交流或记录的工具，也许是为了某些可以想见的天马行空式的目的。

我的首要目的是记录，第二个目的才是阐释。尽管我的凯尔特语言功底比较浅薄，但是任何一项研究都应从读懂其币文开始，这些币文往往以拉丁文或希腊文这些古典文字来写就。而读懂这些币文是钱币收藏家的必要任务。在研究中，往往需要将几枚钱币拼在一起

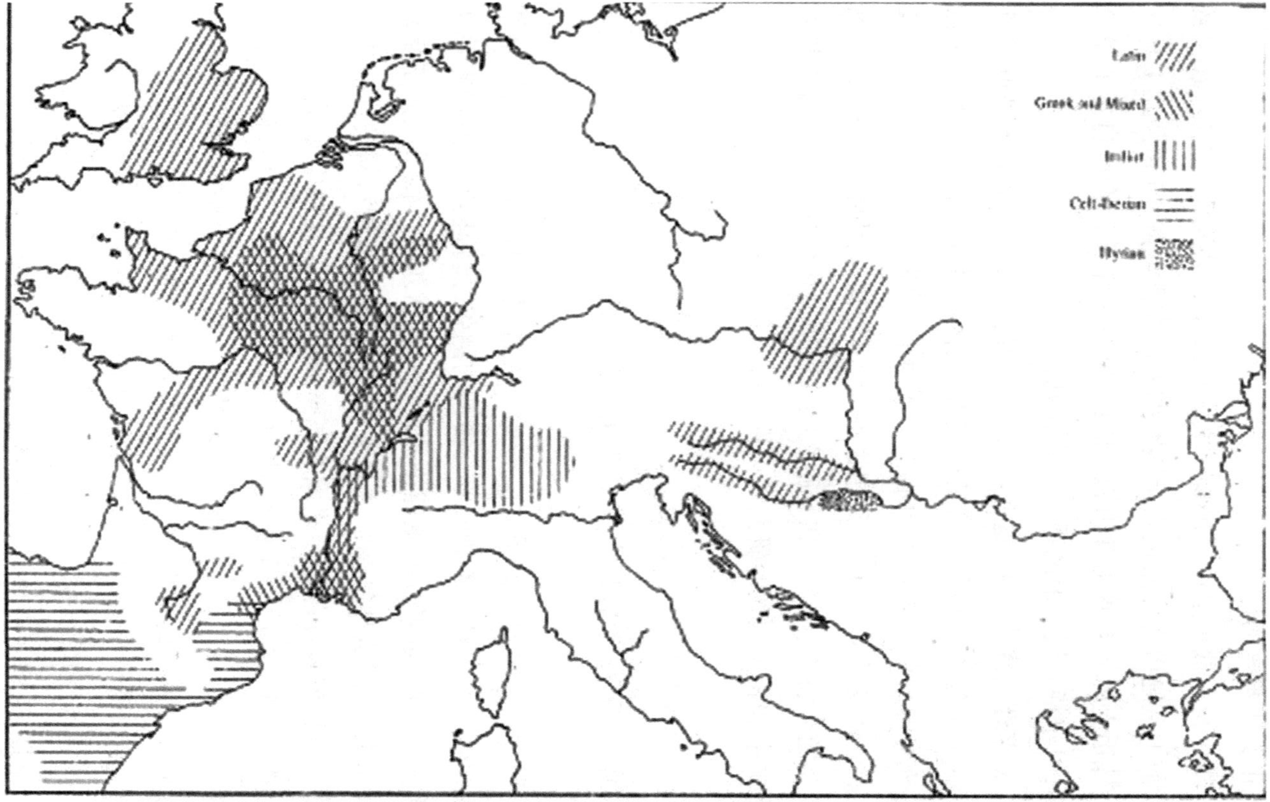

地图 18　刻有币文的凯尔特人钱币分布图

才能读懂一个币文,有时候你也不得不借助我的研究成果来尝试读懂这些币文所蕴含的信息。

凯尔特人钱币上最早出现币文大约发生在公元前 2 世纪,在大约公元前 1 世纪币文开始进入全盛时期。而在不列颠,直到公元 1 世纪中叶钱币上的才开始出现币文。因此,在这两个至两个半世纪的整个时期,凯尔特人钱币上的币文一直存在。

杰克逊教授曾指出,这些钱币上雕刻的部分拉丁文并不意味着凯尔特人的书写文字在这一时期已经形成,因为任何一位在读写方面接受过充分教育的凯尔特人也必然会被教育知晓一些拉丁文或希腊文(希腊文是我添加上的)。我想说的是,尽管这一判断已被证实,但我仍希望凯尔特文、拉丁文和希腊文在钱币币文中的这种融合对于凯尔特人文字和相关制度的研究是一件极有意义的事情。

第二节 复制的币文和假币文

凯尔特人钱币上的币文一开始是混乱复杂的。几乎所有最早期的凯尔特人钱币都是希腊或罗马模型的翻版,这些模型一般带有单调的币文、花押字或者一些象征符号。第一代凯尔特人钱币倾向于复制这些币文,当然这种复制往往是准确的,至少是清晰可辨的。后来几代钱币显得粗笨浮躁甚至是多有调整,不久之后,这些币文开始减少,但就模仿的样式(415 号钱币)来说,也没丢失它们的专属特征。这些花押字逐渐演变出了一些带有装饰性的元素。在此必须指出的是,这些希腊的或罗马的币文对于钱币雕模师和使用者来说也许没什么意义,但是如果没有这些币文,我们也就失去了判断钱币设计样式和铸造标准是否准确的依据。

早期,这些字母和花押字部分来自一套刻模铸造系统。同时,我们对这样一种假定需抱有警惕,那就是这些雕刻在钱币上的图文有意传递出某种语义学价值。其实这倒未必,它们也许仅仅是用来做装饰的。当清晰的币文第一次以一种毫无差错和刻意为之的形式被引入钱币铸造上,即便其最终成品粗鄙不堪,这都不影响币文本身的装饰性。

415　　416　　417

因此,我们对于凯尔特人钱币币文的研究不必大费周折,但对于来自多瑙河流域的四德拉克马银币和来自高卢地区以菲利普或马其顿国王命名的斯达特金币或者其中已经磨损的钱币除外。这同样适用来自日耳曼南部和东巴尔干半岛的以马其顿王国的亚历山大三世或菲利普三世来命名的四德拉克马银币和斯达特金币,以及以培奥尼亚国王奥达勒翁名字来命名的多瑙河流域银币和刻着"ΜΑΣΣΑ"(一种马西利亚的开音节)币文的来自阿尔卑斯山南侧区域的银币。除此之外还有一些例子,比如来自罗马钱币狄纳里(291,416、417 号钱币)上的币文等。

排除掉那些因书写不清而被错误解读的装饰性币文,余下的还有数量众多的钱币纹饰上的 500～600 种不同币文。因为能被阅读和推测出含义的仅是一部分,所以要想对其有一个完整的统计是绝对不可能的。可准确解读的币文主要分布在从西班牙中部到斯洛伐克南部以及从波河河谷到亨伯河流域。

第三节 文字

一、西班牙的凯尔特—伊比利亚文字

被记载下来的凯尔特人钱币币文有很多是从外部借用的文字,偶尔也有经过本地改良的币文。接下来我首先从西南部开始。公元前2世纪到公元前1世纪的西班牙银币和青铜币上币文已有了凯尔特—伊比利亚人特征。这些文字后来被大量研究复制,其实是来自塔特西文字,少量来自希腊、较多来自闪族,却与罗马无关。其第一次用在钱币上发生在公元前3世纪。对于它们的准确音译基本上依靠现存的如萨尔斯镇和施密特镇后期双语钱币上,对此,大家已大致达成了共识。由于具有28~29个常规符号,也就构成了15个或16个音节。经过调整和修正,除在安达卢西亚外,这些文字逐渐在西班牙大部获得了应用。粗略算来,这些来自伊比利亚和其他半岛人的文字与来自西凯尔特人的文字数量相当。由于币文文字来自相类似的带有种族元素的钱币,这些来自西班牙北部和西部刻有凯尔特人和凯尔特—伊比利亚人烙印的货币其实是很难区分开的,唯一能将它们区别开来的就是上面刻印的凯尔特人专属符号。

因此,刻在西班牙伊比利亚区域钱币上的币文中部落名字后面一般会有属格复数①"–*scen*"(比如"*Untikescen*""*Sedeiscen*""*Icalcuscen*")。这种特点有别于凯尔特—伊比利亚钱币上币文中的后缀"–*cos*"和"–*com*"(比如"*Arsacos*""*Lovitisacos*""*Tuitiscos*""*Contabacom*""*Carbicom*""*Beligiom*")。此外,需要指出的是,凯尔特语的币文中还

---

① 拉丁语中名词的变格组一般是按照其属格(而不是主格)单数词尾的形式确定/辨认的。对于少数仅以复数形式出现的名词,则是按其属格复数词尾的形式来确定。

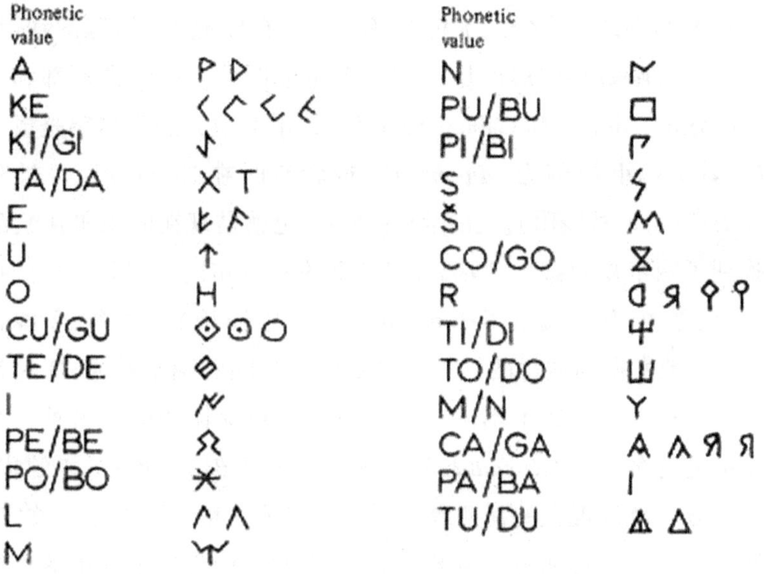

图 15 刻在钱币上的凯尔特—伊比利亚文字

有以“-a”“-e”“-o”等其他元音作后缀的。在很多情况下，币文往往以凯尔特所属城邦名字来命名，其中一些用法一直延续到了今天。比如，钱币中“*Iaca*”这个币文无疑就是罗马的“Iacca”和现在的“Jaca”。钱币中的“*Saetabi*”这一币文其实就是罗马的“Saetabis”和现在的“Játiva”。凯尔特语币文中以“-om”为后缀的应为复数属格，其大多为部落名称，但大量以“-os”为后缀的看起来又像是人名，以此类推，这种情况在其他凯尔特人货币中也会存在。然而在西班牙，其币文形式多为种族名称或形容词。因此，考虑到罗马的“Calagurris”和现在的“Calahorra”，青铜币上的币文就可读为“*Calqoriqos*”。在其他情况下，部落名称中带有复数主格（比如币文“*Ilterces*”可以推测为托勒密部落的“*Ilergetes*”，现在主要居住在伊莱尔达地区）。另外一种以凯尔特语发音的币文“*Corucoruatin*”也是一种有代表性的形式。

还有一些带有凯尔特—伊比利亚个性特征的附属币文实例。这些附属币文有可能是地方法官名字的前几个字母或某些音节，其一般会单个出现,偶尔也是成对出现。凯尔特—伊比利亚特色币文单个名字最重要的例证就是公元 1 世纪晚期出现在印迪卡①地区的钱币,这一地区是希腊城邦中恩波里翁的一个组成部分。在奥古斯都和蒂贝里安时代的 Turiaso 和 Calagurris 城邦,钱币上地方法官名字是成对出现的,其实际上被刻为“*duumviri*”,或者有时在 Turiaso 地区被刻为“*aediles*”(418 号钱币)。在奥斯卡地区(也就是现在的韦尔瓦),我们还找到了两个复制符号,即把城邦名字的开头和最后部分字母刻在了钱币上,这个符号就是“Hiloscan”(419 号钱币)。在靠近 Iaca 和 Sesaes 两地发掘出钱币的同一位置发现了相同的两个符号,通过符号我们可以推断这些钱币不是在当地而是在 Oca 铸造的。另外一个疑似铸币地的名字是“*Konquida*”,在那里发现了刻有“*Kontan*”的货币,这个地方也就是现在的瓦斯康地区。附属币文尽管没有单一文字,抛开钱币上地方法官和铸币地名字不说,它们也标志出了钱币的价值或面额,尽管其基本是模仿的。

418

419

由于在西班牙的凯尔特人部落脱离了整个凯尔特人钱币制造,考虑到大家对此也并未达成共识,所以我不主张将这一复杂议题和结论扩大。但有一点我可以有充分的证据证明,凯尔特人钱币大部分币文是以凯尔特城邦或部落的名字来命名的,只是偶尔会以形容词或种族名称的形式出现,将官方任命的地方法官名字刻在钱币上的情形就更

① 印迪卡(Indica)是希腊和拉丁文以前对印度的称谓。

少了。尽管这是一个基本的模式,其间也会有很多不同的和难以一一展开的细节。我们将会发现,这里面既有对照也有类比,不一而足。

二、阿基塔尼亚的凯尔特—伊比利亚文字

凯尔特—伊比利亚文字仅是被西班牙边境的一小部分地区采用,我们在阿基塔尼亚和纳尔波高卢两地发现了它们,而这两个地方与高卢边地相比其更靠近伊比利亚地区。

以阿基塔尼亚地区的"十字"银币为例,其造型来源于罗达钱币,其上带有纯正的诸如"*Acoequntin*"和"*Untga*"的凯尔特—伊比利亚币文,前者与西班牙语中的"Corucoruatin"十分类似,因为在高卢地区这些文字很少见,从其与西班牙语的近似性来看这些币文看起来像是地名。不过笔者现在还搞不清这些币文是来自恺撒的名字"Aquitania"还是与其类似的"*Acoequntin*"。

三、纳尔波高卢的凯尔特—伊比利亚和希腊文字

一系列类似于西班牙的青铜驴的青铜币在纳尔波高卢地区被发现,其中一组的上面就刻有凯尔特—伊比利亚币文,这些币文中最常见就是"*Neroncen*""*Neronc*""*Neronen*"。在这里,我们同样发现了附属币文。钱币背面的币文是"*Selonecen*""*Pricantio*"。"*Neroncen*"无疑属于纳尔波地区(现在的纳博讷镇附近),而且看起来还像是一个部落名字,"Neronenses"在拉丁语中与其同义。第三个币文我们推测是一个城邦的名字:"Brigantio",其词根与位于布雷根茨湖附近的"Brigantia"以及约克郡的"Brigantes"相同。

与凯尔特—伊比利亚币文同时的还有来自纳尔波高卢地区的青铜币,其币文中带有希腊文,这反映出其深受附近马西利亚地区的影响。有一小组的币文是希腊文"Béziers",这个名字其实是"Betarratis"

的变形，而且其看起来更像是人名而非城邦的名字。另一组钱币上刻有“Longostaletes”，这个币文以完好的复数属格希腊文（通常用“C”来代替“Σ”）刻在钱币的背面，其正面是一个人名，也是希腊文，不过是主格复数——“*Bokios*”“*Loukorinos*”“*Louktikons*”。在钱币方面，刻着凯尔特—伊比利亚字母——“PURP”，关于它的释义只能靠猜测了。相同的文字还在纳尔纳斯钱币正面的附属币文中被发现。关于其释义无非还是在铸造地、地方法官名字、钱币面额以及执政者名号之间来选择。最后，我们需要指出的是，一共有五位凯尔特国王名字被刻在了钱币上，它们是“*Kaiantolos*”“*Amytos*”“*Bitoukos*”“*Bitovis*”“*Rigantikos*”。

因此，在纳尔波高卢地区发现了种类繁多的币文，其中有部落名称，有时至少将其作为所有格。有确切或不确切的城邦名字，有带头衔和不带头衔的执政者名字，还有一大批未知其义的币文。其中很多币文是用我们可以准确阅读的希腊文雕刻，这提示我们，不要尝试在这些西班牙的凯尔特—伊比利亚币文中去寻找所谓的一致性和逻辑性。这些币文从整体来看应属于公元前 2 世纪晚期至公元前 1 世纪的早期，这一阶段正是伊比利亚钱币在西班牙发行的全盛时期。

四、马西利亚地区的希腊文字

正如我们之前预测的那样，距离马西利亚越近，所受希腊文字的影响越强烈。但话又说回来，真正受影响的地区其实并不大。抛开纳尔波高卢，这种影响仅发生在马西利亚内地的中部区域。在这一地区发现的实际上就是希腊钱币，其刻着诸如“Caenicenses”“Glanici”“Avenio”（421、422、315 号钱币）的成规则的币文。我们还发现了一批公元前 1 世纪的青铜币，其是从近邻马西利亚青铜制品中复制而来，其上用希腊文刻有凯尔特人几位早期执政者的名字，分别是：“*Krisso*”“*Elkiot*”“*Lom*”“*Aoss*”“*Aora*”。以致后来，我们还从马西利亚青铜币上的币文中发现了“Gaius”“Claudius”“Castio”这些有可能属于萨谟奈盖茨(422 号钱币)部落的人名。这大约就是全部了。

420 421 422

鉴于马西利亚高度发达的商业以及由此对高卢带来的多方面影响,马西利亚的希腊文字对于凯尔特人钱币文字样式的扩散几乎没有产生什么影响,这确实令人感到惊讶。在高卢地区我们也会遇到希腊文字,尽管马西利亚并非其唯一来源地,但是从位置上说主要地点还是在马西利亚。

五、萨瓦和阿尔卑斯山脉的北意大利文字

在北部区域和马西利亚东部,比较完好的希腊语币文可能被发现,实际上,北意大利文字上的币文大体上跟伊特鲁利亚人比较相近。这些币文在多处被发现,比如在豪特—萨瓦和瑞士边境出土的金币上,在罗纳河谷出土的第一批罗马银币复制品上,在阿尔卑斯山脚下和瑞士河谷出土的马西利亚德拉克马复制品上。这些文字的特征大体上一致,但某些细节也有区别。不得不说,钱币上的币文在某种意义上也仅仅是为我们展现了字母表上的一部分(图 16)。

在豪特—萨瓦出土的金币上,以萨拉斯部落传统且精准的金币雕刻技艺为例,在这些金币上已知的共有六种币文:“*Ases*”(或者“*Asem*”),“*Prikou*”(博瑞甘特部落也经常采用),“*Ulkos*”“*Anatikou*”“*Kasiloi*”“*Kat*”。这些币文可从右到左读也可从左到右读。这些币文一般被刻在钱币中部的两条平行线之间,为了方便阅读一般都居中放

图 16　北意大利文字图

置。这些币文还采用一系列按序排列的个性化名字，有可能是单一有组织的城邦体部落的名字，有可能按照习俗是临近部落的名字。从类型学的角度来说，这样做的目的是让自己与别人区分开来。这一观察仅是从总体而言，并不符合菲利普斯部落传统。萨拉斯这个地方一直到公元前 34 年才被罗马帝国皇帝伽列里乌斯和指挥官梅萨拉率军所占领。有一种观点推测，这些文字显得有些过时，所以这一系列钱币消失的时间不会早于公元前 34 年。

在罗纳河谷出土的银币可追溯至公元前 2 世纪的中期或者是在此后不久，我们在这些钱币上发现了四个带有意大利南部古希腊殖民地部落首领的币文："*Iazus*""*Ialkovesi*""*Kasios*""*Ailos*"，这四个币文与萨拉斯部落曾用过的有些类似，很显然，这些都是比较个性化的名字。不久，这些币文就被以"VOL"开始的罗马人名所替代，后面我还会讲到。

在阿尔卑斯山南侧的高卢地区，我们也发现了四枚带有与意大利南部古希腊殖民地部落币文相类似的银币，其被识别为："*Anarekartoi*""*Rutirio*""*Pirukoi*""*Rikoi*"。币文"Anarekartoi"应该仿自属于公元前 3 世纪的重马西利亚币，其他三个币文复制自比较轻的钱币。带有"Rikoi"币文的钱币是用次等金属铸造且样式呆板，大约诞生自公元前 1 世纪的前期，无疑要晚于其他两个币文。

因此，在罗纳河、波河和阿尔卑斯山脉之间，在公元前 3 世纪至公元前 1 世纪中期，有时在排除了希腊和罗马文字后，我们可以发现有意大利南部古希腊殖民地部落的币文在使用，这些币文很有可能全部都是凯尔特部落酋长们的名字。在大多数情况下，这些名字还按序排列，某一位酋长的名字差不多会排在其前任的后面。

六、克罗地亚的凯尔特—伊比利亚文字

我们还有另外一种距离较远的相似文字的例证，这可从靠近克罗地亚的萨格勒布地区得以觅见。在这一地区发现的大量四德拉克马银币带有菲利普斯传统，这显然是受了培奥尼亚王国佩特奥钱币的影响。比如，这些钱币中就带有凯尔特—伊比利亚文字中的币文

“*Sasthieni*”,这相当于希腊名字“*Sasthiem*”,钱币背面的这些币文应从右到左读。其他钱币具有大量不同的版本,由此表明其出自不同雕模师之手。除此之外,就没有其他的钱币币文样式了,也没有更多带有罗马或希腊字母样式能被理解和阅读的多瑙河流域银币被发掘出来,绝没有什么可能性存在了。我们接下来会遇到被诺里库姆部落使用的带有罗马字母的货币币文,但是其中有两个币文属于意大利文字而不是凯尔特—伊比利亚文字。钱币的重量表明,带有“*Sasthieni*”币文的钱币铸造于公元前 2 世纪,与之相类似的诺里库姆钱币则铸造于公元前 1 世纪。

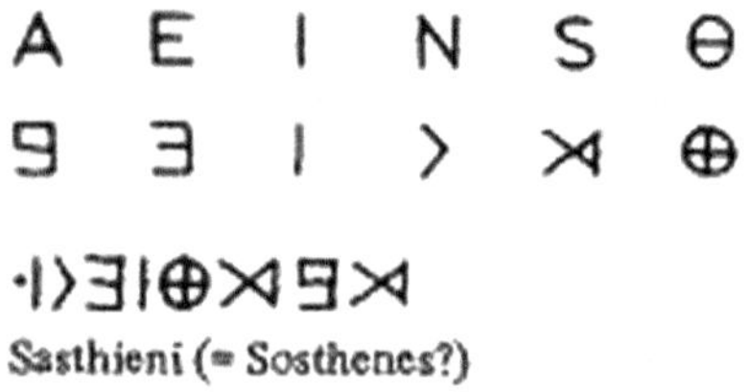

图 17　凯尔特—伊比利亚文字

第四节　在凯尔特故土上所使用的文字

我们现在来看看中部和北部地区的币文。这两个地区的币文刻的一般是希腊和罗马文字,而且经常是两种文字的组合,当然罗马文字居多。从公元前 2 世纪后半段的稍前期来看,以一种或其他种样式刻在这些货币上的文字被大多数地区所采用。在此之前,也有一些零星的痕迹。然而,未带铸造痕迹的钱币并没有别完全被取代,尽管对于这些货币和出土地区来说悄无声息。

当我们提及关于的恺撒和斯特拉博(恺撒 *B. G.* 6. 14. 3;斯特拉博 4. 1. 5)的论述中在高卢使用的希腊文字(而非古希腊语),情形就变得混乱起来。恺撒提到德鲁伊教徒曾使用过希腊文字,他们还曾用希腊文字刻写了赫尔维蒂部落的名册。然而,由内尔维领地寄往西赛罗领地的一封信是用希腊字母写的(未必是希腊语),由此可以确定,一旦其落入敌手,他们是理解不了的。这表明,无论在高卢地区用还是没用过,他们都是理解古希腊文字的。毋庸置疑,凯尔特人钱币的书写样式主要采用的是罗马文字,有时是希腊文字,偶尔二者独立使用,但更多时候是混合使用,几乎没有什么当地的文字特征。就目前我们所知,德鲁伊教的存在对钱币几乎没产生什么影响,他们也用希腊文字,但从整体来看,他们对钱币币文并未采取过什么举措。

一、早期斯达特币文

公元前 1 世纪中期之前,在高卢地区的金币上使用币文只是偶然现象且不成体系。最早期的币文现在一般已很难界定其出现的具体位置了。其数量非常稀少,所用文字为罗马字母而非希腊字母。最有名的币文是刻在菲利普斯斯达特金币上的"EIQITIVICO",这些字母都是罗马文字,有时放置顺序上是颠倒的,比如早期刻印时是用"EI"代替"E","V"也不是放在"Q"的后面。相似地,在东部地区的第一批金币币文,无论是刻在盘蛇上的"CVR",还是刻在彩虹上的"ATVLL"以及刻在蚌形图案上的"BIATEC",都是用的罗马文字。我们实际上仅发现了两例刻在金币上的希腊文字。尽管公元前 1 世纪中期刻有"KABΛA"的斯达特金币无法确定其铸造地,但基本可确定其出自法国东部。币文"ΘΙΟΛΕ"是发现在梅茨和马恩地区后期所铸造的钱币上,其与币文"KABΛA"之间没什么关联。

二、罗纳河谷钱币上的币文

关于银币我们有更充足的信息,这样我们就可更详尽地追踪银币币文的发展情况。其发展的起源地是在罗纳河谷，在那里我们可发现公元前 2 世纪中期意大利风格的币文。从这些出土的钱币中，紧随第一批的钱币上就带有罗马文字的币文“VOL”，在其前一批和后一批，能够发现钱币上刻有骑士的图纹，其成对出现的名字也是采用的罗马文。通过这一点我们可以发现，这里存在两条不同的发展脉络，其中一条脉络，其钱币上图纹为戴有罗马头盔的骑士，其币文是用希腊文字刻成的“K”。与之平行的另一组钱币上刻有“*Q. Doco Sam F.*”和其他币文，其形式和内容无疑都是罗马风格（可与之相对应的是“*Santonos*”）。

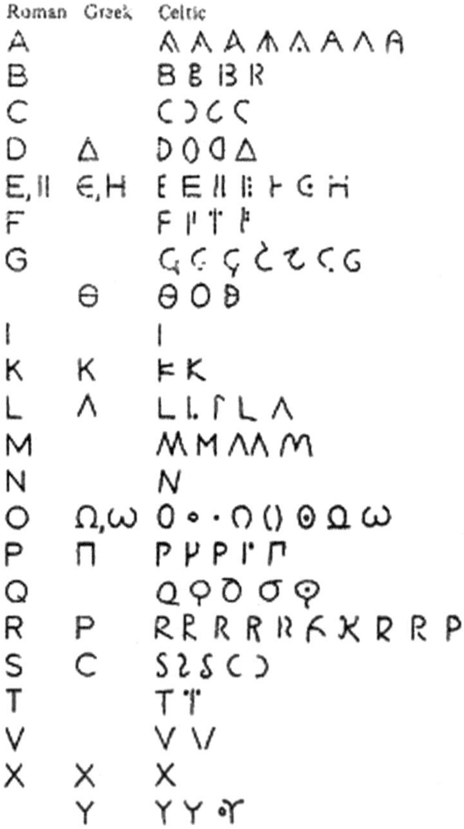

图 18　钱币上的凯尔特币文文字

三、在高卢中部和北部钱币上的希腊文字

笔者先来讲述一下希腊币文。刻有“*Kaletedou*”币文的钱币来自科尔多省和霍特—马恩地区，这些地区与希腊殖民地有联系的地区都相距甚远。在这一地区最早的钱币所带有的币文是纯粹的希腊文。这一显著事实的结果就是让此种纹饰的钱币形态很快固定了下来并被纷纷模仿，就像许多凯尔特人钱币一样。293号钱币表明，其后半部分币文正逐渐蜕变为一种模板，这些模板中的文字都是陈旧的，294号钱币的制作工艺与其几乎一样。从表面上看起来，这些模板的雕模师好像都不是希腊人，类似的情形也出现在相同地区的另一组银币上，可能是来自Bibracte部落，其最初在希腊文字中读作“*Doubno*”。这些模板很快腐朽，以至于很大程度上蜕变为令人费解的模糊物体（423号钱币）。拉丁文的币文有时也会腐朽难辨，但相比来说确是少数。

423

青铜币上的古希腊文币文就更稀少了。刻着币文“*Smer*”的钱币的铸造地不好确定，也许属于马恩地区（424号钱币）。在壶形图案钱币上有两个表面平滑的希腊币文：“*Aged*”“*Ouindia*”，它们分属于瓦兹河和科尔多省地区（425、426号钱币）。但是，在这些实例中，从表面上看这些钱币铸造时间应该比较晚，大约应在后恺撒时期。总体来看，这些稀有的带有平滑希腊币文的青铜币其文字已被淘汰，这一情形在公元前1世纪后期青铜币进入全盛之前就发生了。

424　425　426

四、高卢中部和北部地区钱币上的混合文字

混合型币文和文字相对来说就更常见了。第一组钱币中，其一面的币文采用的是希腊文字，另一面的相同币文则用罗马文字来表达，这样的钱币有三例。首先，来自孚日山脉和洛林地区的银币，其正面币文是用罗马文字刻写的"*Solima*"，背面则是用希腊文字刻写。其次，在巴黎东部、比利时和高卢南部边界的塞纳地区，发现了刻着"*Roveca*"币文的金币、银币和青铜币，这些币文有时会是"*Rovecu*"。在这些青铜币中有些是双语币文，这与来自同一地区被读作"*Epenos*"的双语青铜币相类似。这些币文一般都很明显，这表明在高卢的这部分地区在同一时期有一至两个相近的较早的文字，或者也许是有一位较为开化的领导者将二者有意放置在一起。"*Solima*"币文的钱币可以确定出现在罗马征服之前，青铜币相隔在其之后，但出现也不会太久远。

关于双语币文的这种二元体还有其他例证。出自巴黎北部青铜币上币文"*Deiviciac*"（显然这一名字就是我们所熟知的 Diviciacus）就既有希腊文也有罗马文（427 号钱币）。在阿莱西亚地区钱币中的希腊版本要略早于高卢的罗马占领者。特维希部落的领导者 Arda 就将其名字用希腊文刻在了金币上，用罗马文刻在了青铜币上（428、429 号钱币）。

然而，截至目前数量最大的一组是刻着希腊和罗马混合文字钱币。其中很好的一个例证就是来自巴黎地区的青铜币，其上币文为“*Venexetos*”，但是我怀疑其并非430号钱币所示样品，其刻痕雄浑，形成了特征较为显著的文字。其币文以罗马字母“V”开始，用字母“X”来作齿擦音，并用希腊文中的环形字母“C”和“S”来作结尾，这就是这一组钱币上的常见币文。字母“K”算是一个偶尔闯入的拉丁文，但用在钱币上的还是罗马文字更为常见。在来自比利时—高卢地带的一组青铜币上，字母“C”和“K”是交替使用的，比如“*Conat*”或“*Konat*”。币文“KPACCUS”也许就是部分用希腊文表示名字“*Crassus*”的一个变体，但其用罗马字母“S”作结尾确实容易给人带来迷惑。最恰当的一个例子是追溯至公元前54年之前不久的青铜币上的币文，其正面是罗马文字的币文“*Tasgetios*”，背面是混合文字币文“*Elkesoouviz*”，在这里我们再次看到了字母“S”的两种使用方式。也许第一种是刻在了比利时钱币上，这些钱币上带有币文“*Nide*ǀ*Arbodios*”（在这里有好几种拼读方式），其实也是一种混合字体，它们甚至用“ǀ–”来表示“E”。

总体来看，大约1/15的高卢币币文含有一些希腊文的元素。在混合币文中，如果我们假定罗马文是基础的话，其一般借用的字母主要是“Γ”“Δ”“Є”“H”“Θ”“K”“Λ”“P”“C”“Y”，可能也包括“X”。目前来看，倒没有借用“Φ”“Ψ”或“Ω”这些字母。公允地说，这些大部分来自青铜币上的混合币文，主要集中在巴黎附近的塞纳地区，但是在稍远的一些地方也有散布。如果我们排除“Θ”这个特例和有疑问的“X”这两个字母，我们可以说，混合币文在比利时—高卢地区是很少见的，在不列颠、阿摩力克—高卢和卢瓦尔河地区是无踪可觅的。

我们现在对高卢地区在钱币上用希腊文用作币文的情况做一总结。抛开纳尔波和附近的马赛地区（在这些地区希腊文是天然的铸币文字）的统治者，希腊币文第一次出现在银币上应在孚日山脉和侏罗山脉中间缓冲的一个毗邻地带，其铸造日期大约是在公元前 1 世纪的前半期。在另一个发现点，出土钱币的币文一般使用希腊文，但是在旁边的罗马文字，具体在巴黎附近的塞纳河东北岸，其分布一直延展到马恩地区，在这一地区发现的主要是青铜币，其铸造时间比银币要晚。由此延展开去，对融合了希腊和罗马元素这种混合文字的使用其分布区域比较分散。然而，字母“Θ”，也许还包括“X”，在凯尔特人货币币文中的使用稳定下来后，其影响还远至不列颠。有人从恺撒统治时期对显著标识的使用推论认为，在高卢文字中希腊文字获得了广泛使用，这一观点无疑是错误的。有一发现点说明希腊文相对来说并不常见，抛开地中海地带，无论是在高卢、日耳曼或者奥地利，其书写在钱币上的文字有些一直是罗马文，大部分是断断续续地在使用罗马文（图 18）。

第五节　主流的罗马文

凯尔特人钱币上的大多数币文是清晰可辨且不是混合文字的罗马文，此种情形不仅适用于高卢中部和不列颠地区，而且适用于多瑙河流域。这种情况对于发现币文的所有时段也是真实的。尤其对于早期货币来说，刻字有时是比较常见的，如果币模将币文刻成线形，那阅读起来将会非常困难。有时币文采用手写体这种早期比较流行的书写形式，其中有些字母形式，比如将“E”手写成“I I”即来源于此。然而，常见的情形是，顶部和底部的字母被刻成大或突出的小球，币文在币模上锤打或钻刻成常见的衬线体。币文有时被放置在两条平行线之间或者是矩形的嵌板上,这样容易将钱币设计的凸出部分铸造出来。然而,其他一些币文被切割成由粗体罗马文组成的碑体样式。尽管这种从一个极端到另一个极端的渐变样式是无穷的,但是在某一聚居地有时他们选择这种字母样式或风格而不是其他字母样式,仅是因为在一个广泛的范围内,人们在不同地区会选择不同的罗马文字。

在凯尔特人钱币上的罗马字母表共有 19 个字母组成,它们分别是:“A”“B”“C”“D”“E”“F”“G”“I”“L”“M”“N”“O”“P”“Q”“R”“S”“T”“V”“X”。除此之外,我们还必须加上希腊字母“Θ”来凑满 20 个,它们是在诸如“KARIΘA”或“VELIOCAΘ”等币文中比较常用的。在不列颠往往采用字母“Đ”的形式(在“D”上加一横杆),这样我们就能理解盎格鲁—撒克逊“Đ”(thaugh)这种形式了。这种字母形式在罗马共和国后期和埃及早期是比较常见的,但是它们偶尔也是多变的。古老字母的踪迹基本看不到,如果以字母“A”加一横为例,这一横杆用罗马文体来刻,可能是倾斜的或者是水平或平缓的,也有可能是垂直的。这一点偶尔也会被用在一些字母的横杆上(这些字母包括“E”“F”“G”“T”)。每当“E”不以“I I”(双“I”)形式出现时,其偶尔就会降为单“I”,这种一般发生在罗马货币和币文中,但这尤其是高卢风格。“O”这一字母也许是大写或小写,椭圆形或圆形。在辅音中,“C”和“G”一直区分得并不明显,但就不列颠地区来说,据我说知,“G”就有好几种形式,“F”比较少见。“R”和“P”特别是当地多样性的主角。“S”常常被颠倒过来使用。人们往往推测“X”就是拉丁文“X”(比如在“*Rex*”中),但是在一些罗马文字环境中其相对于希腊文“X”(chi)可能是一个齿擦音。

绝大部分币文是从左到右读,但币文字母次序颠倒也时有发生,无论是希腊字母还是罗马字母都会偶有窜入,特别是在早期或轻便粗陋的钱币中。例如,在罗马钱币中,圆形币文一半是从中间顺时针读,从外向内刻的文字要逆时针读,但这也并非通例,也会有例外。外凸

图 19　字母旋转的斯达特金币，币文“Volisios-Dumnocoveros”

形的币文起源要更早一些。有的币文分离成了两条线，这并不意味着必须要从上面的线读起，有时需要从下面的线读起。字母被排列成圆圈，毫无疑问，就需要顺时针或逆时针来读了。

第六节　花押字

为了节省空间，将相邻的两个字母融合为花押字是一种常见做法。有些花押字是常见的且含义也是显而易见的。在不列颠最为人熟悉的一个例子就是科尔切斯特钱币上的“Camul”（图 20；431 号钱币），相同的样式还出现在多瑙河流域的科缇尼人的钱币上。其他花押字形式就更复杂和难懂了。现举一例试做说明，大约是公元前 20 年前后，在法国西部发现的晚期青铜币上，我认为，正如“VRIDO. RVF”（432 号钱币），目前仅有四个字符可读。当这些钱币如我们今天所见到的那样（图 20）被铸造出来，完全读懂这些花押字是非常困难的。

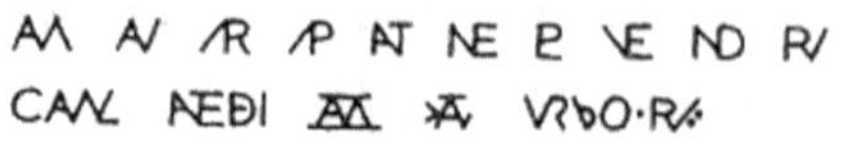

图 20　钱币上的花押字

431　　432

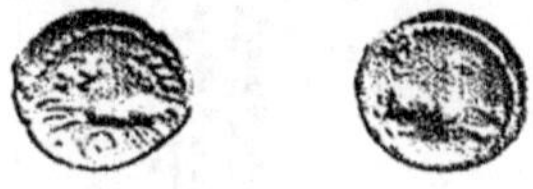

第七节　动物样式

单就不列颠而言,就目前观察到的一个有趣的做法就是,一些字母被融合进钱币上的其他图案中(图 21)。第一个要举的例子是提乌斯币,在该钱币上,字母“TIN”跟在双耳马后面,这样整体上表现在“CO”形式。在艾西尼人和格列塔尼人的钱币上,奔腾的马腿倒过来看就是字母“A”“E”“D”“L”,组合起来就是币文“*Antedi*”(433、434号钱币)。在币文“*Dumnovellaunos*”中,两条前腿被用来表示双“L”。在“Dobuni”钱币上,币文“ANTEDRIG”中“RIG”的“G”被放在了未曾雕刻钱币马形图案的距毛这个位置。在雕模师眼里,这一安排无疑具有双重目的。

433　　434

图 21　动物样式：带有“*Antedi*”币文的钱币

在钱币上单个名字存在不同拼写，这是一个很有前景的研究领域，其有时可与在经典铸币者和雕模师手中相同名字的不同版本相提并论。铸币者和雕模师有时往往会耗时太久而不能雕刻出所有版本，但是他们在拼读这一时期的凯尔特人名字方面也给出了一些线索。这些发音肯定是语音学上的而非传统意义上的，通过列举不列颠的两个例子我可将此很好地诠释。仅是为了适应更长的版本，我们可称为塔司西欧沃纳斯的这位统治者曾通过八种不同方式将其名字刻在钱币上。我们称为杜布诺维劳诺斯的这位统治者在肯特也才用了四种方式。同一情境也发生在林肯郡的杜布诺维劳诺斯上，他用不同的文字来表达奥古斯都的王（*Res Gestae*）——Domnobellau 以及 Donoellaunos（图 22）。在高卢地区，开音节有时读作“Doubno”，有时读作“Dubno”，但从来在拼写中不带“M”。

TAXCIOVI	DVBNOVALLAVNOS
TASCIAVA	DVBNOVELLANVS
TASGIVA	DVBNOVELLAVN
TASGIO	DVBINOV
TASCIOVANI	DVMNOVELLAVNOS
TASCEOVAN	
TASCEOVANTI	DVMNOBELLAV
TASCEOVANTIS	ΔOMNOЄΛΛAYNOC

图 22 “塔司西欧沃纳斯”和“杜布诺维劳诺斯”的不同拼写方式

(“II”被当作“E”来看)

在元音中,“A”和“E”经常交互使用,“A”和“O”有时也是如此。最常见的交互使用是长“I”和“E”(长“I”常常写成“I I”的形式)。在辅音中,“C”和“G”的书写没有什么明显的区别,狄维契亚古斯的名字在钱币上出现的历史可追溯到“*Deiviciac*”或“*Deivigeag*”这两个币文。“CT”和“CX”(在“*Pictilos*”中)被使用的频率几乎是对等的,“X”正如希腊文“chi”一样还有一个送气音。但是在其他文本中,“X”放在一个辅音前面(比如“Tasciovanus”)相当于“S. D”中“S”这个字母是交互出现的(比如“*Abudos*”或“*Abudod*”,“*Calisgeis*”或“*Caliageid*”,“*Vodenios*”或“*Vosenos*”)。无格式的“D”在有时并非所有时候其在文本中是有别于“Θ”或“Đ”这两个字母的。“BR”和“RB”可交互使用(比如“*Abrodios*”或“*Arbodios*”)。双字母比较常见而且使用得也很频繁,即便是在不同地区,作为双字母其中一个与另一个不能形成呼应和重现,这种情形也是很少见的。因此,在诺里库姆币中的币文“*Eccaio*”和高卢币中的“*Eccaios*”二者在拼写中都有两个“C”。在不列颠币币文艾帕提库斯中有一个“P”和两个“C”,这相当于在埃普留斯中有两个“P”和两个“L”。但是这一规则也有例外,比如“*Epillos*”在欧陆使用时只有一个“P”。除了“I”之外,被发现双写的字母有“C”“L”“M”“N”“P”“S”“T”“Θ”。在公元前 2 世纪中期之前,罗马文中双元音刻写这种方式还未引进,但是到了公元前 2 世纪末期,这种形式变得流行起来。

第八节　币文的语言

大多数币文仅是由个人名字组成,从总体来看,这些币文更多采用的是缩写,所以我们往往很难得悉其最后字母是什么。它们没被译为拉丁文,所以直到罗马征服高卢,币文中个人名字才开始普遍以“ – OS”来收尾。将“ – OS”作为结尾引入高卢发生在罗马征服高卢之后,“ – OS”的结尾形式一直延续。相对于早期币文以“ – OS”作为结尾,在波西米亚,其后期的诸如名字名为“*Busumarus*”“*Cobrovomarus*”“*Iantumarus*”“*Maccius*”基本是以“ – US”作为结尾。在不列颠,以“ – VS”作结尾仅发现于肯特地区的“*Dubnovellaunua*”“*Eppillus*”和“*Ammius*”以及很少拼写的库诺比莱纳斯(Cunobelinus)等币文中。在不列颠的边远地区,这一情况从未发现,在那里,更常见的是以“ – OS”作结尾。

当这些个人名字以全写形式出现时,其基本往往是主格的。它们有很多种结尾形式,除了以“ – OS”和“ – VS”结尾外,许多还以“A”或“V”作为结尾,有些是以“ – IX”“ – EX”“ – EIX”结尾,但是其他的是以“ – IS”“ – ES”“ – AS”作为结尾。以“ – O”或“ – IO”有时也以“ – I”“ – E”“ – IA”结尾的币文可能会给我们判断其名字结尾到底为何时留下疑惑。许多币文以“ – S”为结尾或以“ – OS”为结尾无疑是古罗马文在刻写时的一种缩写方式,在其他例证中,以“ – O”作结尾肯定也是一种正确的主格结尾形式。当然也有一小部分例子表明一些主要人物的名字也用属格拼写。因此在不列颠,库诺比莱纳斯的名字偶尔会以“Cunobelini”形式出现,“Tincommius”和“Tasciovanus”币的结尾有大量的花押文字,这里可能含有属格。在欧洲大陆最典型的例子就是韦辛格托里克斯币,其结尾字母是“ – RIXIS”,我们推测这也是属格。但是,作为一项规则,属格往往在钱币中出现两个名字时使用，且属格常常表明钱币发行者的父亲。

凯尔特人名字往往是“某某，某某的儿子”，这种情形确实发生过，不过在不列颠远郊地区却不常见。不过，在许多双币文中一个或两个名字可能会被缩写，这样我们可能就很难分辨出这两个名字是否属于父子关系了。在高卢地区最好的例证就是埃杜维币上的币文“*Orgetirix Atpili F*”。另外一个是“*Q. Doci Sam F*”。在不列颠，我们在一些钱币中发现，乌斯的三个儿子将他们父亲的名字使用了属格形式，区别就是有的加了缩写的“filius”，有的没有加。类似的情形也发生在塔司西欧沃纳斯的两个儿子身上。很有意思的是，在这些币文中，一般用拉丁文“filius”来表示“谁的儿子”，而不是用凯尔特语“*Mac*”。在这些钱币中，除了单个名字或几个名字之外，有些拉丁文也被借用了过来，尽管这仅是后来才出现的现象。

在高卢，而非在别处，我们发现不论是征服前后都能发现在名字使用习惯中有罗马影响的痕迹。这种现象在不晚于公元前1世纪早期铸造的银币中肯定存在。有一个币文是“*Cn. Vol.*”或是“*Volunt*”，在罗马征服前是“*Q. Doci. Sam F.*”，而在稍后铸造的青铜币上则是“*T. Pom. Sex. F.*”。对于一个40岁和30岁的凯尔特人的名字来说，附加上Julius的名字（而不是恺撒）变得非常流行。这样我们才能看到“*Q. Julius Togirix*”“*Julius Duratius*”“*Gaius Julius Agedomapas*”（这个是属格）诸如此类的币文。其中略有不同的币文是“*Germanus Indutilli. L.*”（L代表自由），这明显是罗马的用法，在这一系列中其末尾的用法是正确的。

在被罗马征服后高卢地区的钱币还有一个特征，那就是在钱币上广泛使用部落首领的名字与部落名称。这些部落名称的使用也带来了一些混乱，因为它不是用来描述货币所在的部落，而更多是用来描述货币发行者的。实际情况是，发行者在钱币上使用部落名称可能意味着他于部落而言是一位陌生人，但这种情况并非经常出现。恺撒用这种方式在钱币上铭刻了许多诸如“Commius”“Atrebas”“Lucterius”

“Cadurcus”等酋长的名字。我们知道的钱币在币文中对此提及的很有限，目前发现的有“*Orgetorix Eduis*”“*Arivos Santonos*”“*Arus Segusiaus*”“*Atesios Remos*”等。这种用法是为了将部落名称的使用与钱币本身区别开来，正如币文“*Remo*”(373,374)。

有时钱币上的人名仅是为了向我们传递其职能。在西班牙，我们曾在钱币上看到过“*duumviri*”和“*aediles*”。在纳博讷，我们能看到“Basileus”。在高卢，尽管恺撒常用“*Rex*”来刻画部落首领，我们仅发现了一枚钱币采用了这种样式，这就是 Sotiates 或 Sontiates 部落的“Adietunnus”币，这是恺撒于公元前 54 年在部落的奥皮杜姆中行使最高权力时发行的(B. G. 3. 22. 1)。这枚钱币的正面是币文“*Rex Adietuanus Ff*”，反面是币文“*Sotiota*”。正面币文中的最后两个字母“F F”可解释为拉丁文的某种缩写，这一拉丁文也许是“Felix”“Faustus”“Fortunatus”，也很有可能代表了“*flavit feriit*”，即“浇铸和打制”(可对照在拉丁货币上刻写的“AAAFF”)。在不列颠，情形恰恰相反，有三位国王在钱币上将他们描绘为王(Rex)：伊庇鲁斯、维里卡和库诺比莱纳斯(435、436、437 号钱币)。其中一位国王塔司西欧沃纳斯(438 号钱币)将自己描绘成“*Rigoni*”，但也许这并不是双姓。在高卢即便在罗马征服之后，在不列颠钱币上刻写王室名字的做法也一直延续。

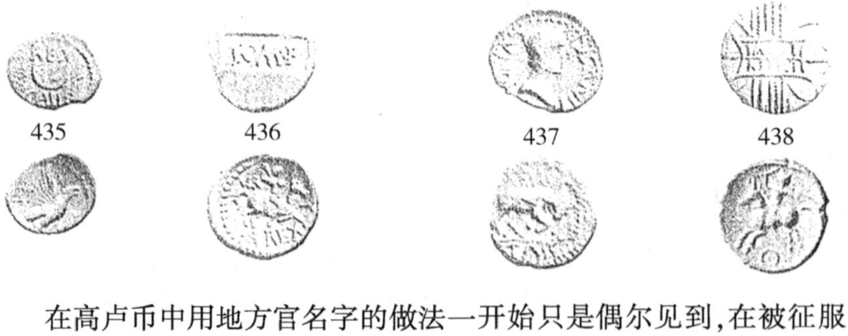

435　436　437　438

在高卢币中用地方官名字的做法一开始只是偶尔见到，在被征服后就变得普遍起来。生活在利西厄附近莱欧维部落的青铜币上有两个首领的名字：“*Vergobreto*”和“*Arcantoda*”(439、440、441 号钱币)。恺撒曾提议在埃杜维地区选举行政官，称为“*Vergobreti*”，每次选出两位，他们的名字都有可能被刻在钱币上。在带有"*Vergobreto*"币文的莱欧维币上有两个被提及的人名："*Cisiambos*"和"*Cattos*"，第一个名字在其他组合图纹中也曾出现过，或者单独出现过，但没什么头衔。在其中一个组合图纹的第二个名字"*Maupennos*"是与"*Argantoda*"一起出现的，尽管不能确定其文字来源，但可以肯定的是"*Maupennos*"并非另外一个头衔。我们在比利时"*Roveca*"青铜币中发现其以"*Argantodan*"形式出现（442 号钱币），在更远的东部的青铜币上，"*Arc*"或"*Arg*"读作"*Ambact*(*us*)"（443、444 号钱币）。我们可以确定这个文字（包含拉丁文"银"的词根）在罗马占领时期其实代表了凯尔特铸币官的意思。

439　　440　　441

442　　443　　444

有一种推测那就是刻着头衔的钱币发行更广泛，一些诺里库姆的四德拉克马银币在花押字中还有附属币文"AR"，其位置在钱币反面骑士图案的后上方，但是关于这一点也有可能有其他的解释。在所有地区发现的其他相类似但未能解读的附属币文同样也能或多或少传

递出关于执政官的一些信息，比如在波西米亚地区四德拉克马银币上的交织图文“*Mat*”（也有可能是“*Tam*”），考虑到“*Mat*”在科利尼历法中意味着较长月份，这一特殊币文有着极为重要的意义。

非常奇怪的是，我们在高卢钱币中并未发现拉丁文的长官“*Duumvir*”，尽管我们有充分的原因可以推知，大量的高卢银币和青铜币其实是两个执政官发行的，或者是以其名义发行的，这些执政官一般就被称作“*duumviri*”。关于被提到的两个名字，我们有许多这方面的例证，这两个名字往往分在同一枚的钱币的正反面，有时也会在同一面。我们甚至在更多的例子里发现缩写的名字，看起来好像这两个名字具有亲缘关系。在罗纳河谷发现的骑士币中我们发现了连贯的二十对不同的名字。待到后期，在较小范围内，我们发现在一些青铜币和银币上也具有同一特征，比如在比利时—高卢，我们发现了这些成对出现的名字：“*Carsicios/Commios*”“*Garmanos/Commios*”“*Andobru/Garmanos*”。有一枚钱币很有意思，其上有文“*Orgetirix Coios*”，在其他钱币中我们曾提及，“Orgetirix”这一币文表示埃杜维人和他的父亲艾特皮洛斯，“Coios”可能就是他们的同僚了。我们仅发现了两枚高卢金币具有两个名字这一特征，它们是：“*Anteribid/Solim*”和“*Seno/Omodon*”。但是在不列颠金币和格列塔尼银币中我们发现了七组缩写的币文（445、446、447 号钱币）。

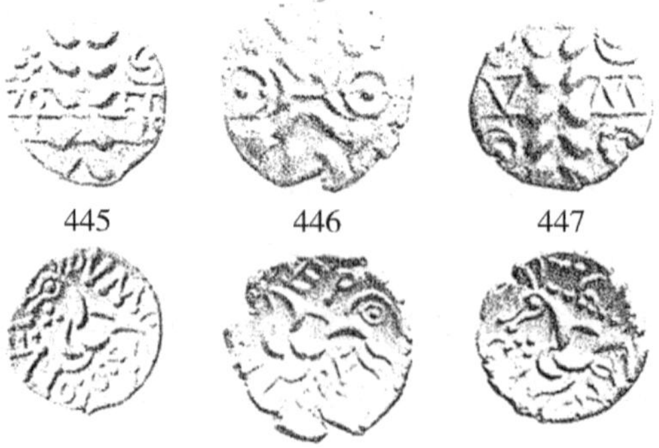

445 446 447

毫无疑问，在这一系列两个名字的背后潜藏的是被可写为

“*duumviri*”的罗马行政官体系。在高卢币中币文“Epad/Cicedu/Briand Connos/Epillos/Sedullus”，或者在不列颠币中币文“Dumno/Tigir/Seno”，这些例证所指向的可能就是“*triumviri*”。早期的两个姓名乃至三个姓名被发现在阿莱西亚的银币和青铜币上，这一铸币风格应该形成于被征服之前，但其中的大部分铸造于被征服以后。但是，由此我们不能过度推断而得出结论，所有凯尔特铸币者其名字都是成对出现的，实际情况是，在高卢、不列颠、奥地利和波西米亚等不同地区，其独裁者或酋长作为铸币者的命名体系也是各有不同。比如，双名字“*Ateula Vlatos*”实际指向的是单一名字“*Senodon*”。

在比利时—高卢和不列颠（主要是多布尼人部落），我们都能发现刻着单一名字顺序出现的斯达特（448、449 号钱币）。

448　449

有一个特别的双名字出现在一组钱币中，其指向的是恺撒的幕僚奥卢斯·伊尔久斯。除了比利时—高卢钱币中有伊尔久斯自己的名字外（383、384、450 号钱币），钱币中卡瑞纳斯这个名字中的做法也很类似。在三种不同类型的青铜币正面，伊尔久斯的名字都是以皇帝的名号出现，在青铜币的背面则是三位不同的高卢酋长名字。类似的情形在郎格多克币中也有出现，钱币的正面的是凯尔特地方长官 L. Munatius Plancus（公元前 44 ~ 前 43 年在位）的名字，背面显然是三位凯尔特人的名字。

对个人名字的强调十分明显，但其他类型的钱币币文中也有出现。仅仅只有少量凯尔特钱币会刻上铸币厂的信息或刻有发行部落

450　451　452　453

的信息。希腊和凯尔特—伊比利亚地区之外的钱币币文，有很多都会刻上铸币厂的信息。同时，在尼姆和里昂这些泛罗马化地区的钱币上，却没有充分的证据表明其刻上了铸币厂的信息。仅是在不列颠钱币中我们发现了三个有限的铸币厂信息，它们分别是："Calleva"（451号钱币），"*Verlamio*"（452号钱币）和"*Camuloduno*"（436、453号钱币），这些信息全部或部分地表明有大量奥皮杜姆的出现，而这些名字每一个都是采用拉丁语的夺格或位置格形式。这可能暗示着，在公元前1世纪晚期和公元1世纪早期，不列颠钱币中的铸币厂信息比部落信息更重要。而在同时期语言中，处于欧洲大陆的凯尔特钱币中却几乎没有铸币厂的信息。

在不列颠之外，类似的例子比较稀少，不少地方铸币厂的名字是被发行部落的信息所取代。在有些情况下，主要是在青铜币中，其币文只注明部落名称。在被征服前，我们发现在雷米币中正反两面都有币文"*Remo*"。在稍晚时候，我们发现了三种纹饰的奥勒希·埃布罗维斯，其上带有名字"*Aulirco*"或"*Aulirco Eburovico*"，或者仅是"*Aulircus*"，很有意思的是，这个词却是表示种族形容词的单数。其他的例子则是"*Volcae Arecomici*"（454号钱币）和"*Mediomatrici*"（455号钱币）。我们已经见识过了莱欧维币，其上刻有部落名字"*Lixoviatis*""*Lixovio*""*Lexovio*"。在公元前45年一批弗农币的银币中，我们发现了币文"*Lemiso Ex S. C.*"，无疑这是被当地西维塔斯的元老院发布的法令名称。

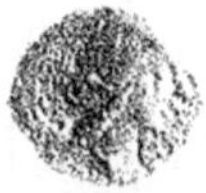

454 455 456

在不列颠我们仅发现了一例在钱币上使用的可能是部落名称，即“*Ece*”或“*Ecen*”，这枚钱币在艾西尼人部落地区被发现(456 号钱币)。这仅是系列名字中的其中一个，其他的名字基本都是个人名字了。但是最常见的是，打制这些钱币币文一般有三个不同的币模，我们假定这样对应了三个不同的发行者。因此，将这些反映部落名称的钱币与发现于被征服前阿莱西亚的高卢银币(其带有币文“*Sequanoiotuos*”)进行比对是很有益处的。这一类型的钱币来自塞广尼地区，其名字将采用部落名称作为首要考虑的因素，我们推测还有其他类似的例证。

另一个可识别的币文就是对钱币面额的刻画，这种情形基本都发生在莱欧维青铜币中，比如 *Publicos Simissos* 或 *Semissos*(前文第一章亦有提及)，这是从拉丁语中借用的文字与凯尔特结尾的文字的一种典型混合。在一些青铜币中“S”或“Z”单独出现，可能也表示的是面额，但是并未找到类似例证。

第九节 币文的意义

现在我将尽最大可能把相关线索归总到一起。都是谁的名字出现在钱币上？为什么会是他们？这些币文试图传递什么信息？

这些把他们名字刻在钱币上的人们肯定具有不同的能力和职务，我们遇到的名字中有的称自己是王、执政官、行政官、维格波瑞特、奥坎特丹，有一个是自由民，但是这些名字大部分都没有详细描述。毫无疑问,这些名字背后的每一个人对于钱币的价值来说都承担了荣耀的和公共的责任。有些发行者可能仅仅是制造钱币的打制工、搬运工,有的却是一些大人物,比如韦辛格托里克斯或库诺比莱纳斯,他们是公认的部落头领或者是部落联盟的领袖。然而,他们当中更多的是经选举产生专职供应货币的行政官,这是罗马共和国晚期的一种常规做法,这一做法在罗马征服之前和之后都有借鉴。最常见的雕模师于史而言都是无名之辈,在恺撒统治时期,有大量的酋长名字出现在钱币上,我们貌似可以断定其中真正的钱币发行者连 12 个都不到,然后萦绕在其名字周围的却是挥之不去的钱币战争。在被罗马征服之后,我们可以确定的是,像自由民吉曼努斯这些钱币发行者在他们各自的领域都是有特权的公民,他们的特权来自罗马的默许授予。

欧洲大陆钱币内在文字的总体缺乏与不列颠钱币的相对有序形成了鲜明对比。这是因为不列颠钱币制造形成于恺撒统治后期,是在罗马帝国货币跨越海峡的强劲影响下创立的,所以在不列颠钱币中出现乌斯、提乌斯、维里卡、杜布诺维劳诺斯、库诺比莱纳斯和卡拉塔库斯这些我们熟知的国王或酋长也就不是一种巧合了。然而,即便是在不列颠,也有不连贯之处,如果我们承认科基杜波诺斯发行了钱币,那他充其量是克劳狄乌斯青铜币的翻版。

在钱币发展中从始至终强调的都是个人名字,仅是在西班牙、纳博讷以及来自征服后期高卢的钱币在币文中提及了部落名称,在评论者看来,凯尔特钱币过于强调了部落属性。高卢的金币中很少有币文,它们一般被发现在一些独立地区,比如可能在钱币所有者的家和农场附近。银币就恰恰相反了,青铜币更是如此,它们一般集中在奥皮杜姆。将临近罗马征服前许多主要知名部落的钱币制造汇总梳理,并且就涉及大量银币和青铜币(这些钱币在当地处于更加基础性的地位)的要点一一盘点,这一做法毫无疑问是正确的。有人可能会将此作为通则,即一位酋长一般在其有实际支配权的地方发行钱币,这个地方未必就是他的部落或城邦。最后,我们有能力证明许多奥皮杜姆的事务正如币文“*Criciru*”都被固定在了波米耶尔。

这些出土的钱币上的币文尽管有些是可读懂的，但大多数并不是公开的。受教育群体是有限的，他们包括商人、银行家，可能也包括牧师和其他的领导者们。他们应该知道，在一枚罗马共和国的钱币上刻上铸造者或行政官的名字，对于他们自身也是无上的荣耀。钱币上的语言并未传递出多少凯尔特人的书写文化，相反在高卢币的币文中，当没有刻上单个的个人名字时，它却大胆地采用了拉丁文或偶尔出现的希腊文的一种组合。混合的希腊和拉丁文刻写方式，正如双语币文那样，表明了在被征服前古典文化的传播力，即便是在被征服之后，罗马带来的影响也是混乱和浮于表面的。无论任何文字，书面表达一直是为了某种公共和商业目的而服务的。不过，钱币上没有任何文字可视为牧师或德鲁伊教众的特权。

钱币中所展现出的头像、野兽、场景和物体，无疑均有仪式上的或象征意义，与其相伴存在的币文为我们传递出阐释信息。在不列颠、波西米亚和高卢，不同币文之间一般在拼读和书写上还有一些共通之处，这种现象部分是因为它们在钱币起源和罗马手写书法上具有共通之处，部分是因为它们拥有一个共通的语言而且凯尔特名字在不同地域被重复使用。但是如果钱币就此终结，它们就不会大量传播到其他地方，恺撒征战带来的混乱期及其结束后的一小段时间除外，这时凯尔特钱币变得更加混乱。我们由此可以推断，即便钱币本身没有远行，但其理念和风格却早已不胫而走。

对于钱币的所有者或使用它们的人来说，币文本身并未给我们提供多少关于他们的有价值情景，这些信息仅能通过发掘它们的场景推导得出，比如通过贮藏地地势的起伏，通过与之相关的庙宇遗址，或者通过与其并列存在的同时代罗马和希腊钱币，在这些线索中我们能够获取更多有益信息。

然而，通过对比分析大量币文，最后得出的结论并不令人振奋。尽管如此，我还是希望这些结论能够帮助大家更进一步看清相关情景。毫无疑问,其中有很多币文还是可以读懂的。需要指出的是,我之所以能够将这么多币文汇集于此,很大程度上得益于对科尔伯特·博利厄博士关于欧洲大陆钱币可信赖的研究成果。

在最后一章,我将转向凯尔特钱币纹饰这一主题,如果说关于钱币币文还留存了大量未解的谜团,那么关于这一主题的描述可能会留下更多。但是,我坚信,接下来的描述将用有限的方式努力为大家展现出如下情景:**那些我们曾提及他们名字的酋长是如何寻求在他们的时代脱颖而出,同时又是如何度过他们辉煌一生的。**

第七章　钱币纹饰

本书的最后一章我将分析凯尔特钱币的纹饰。在前面的章节中，也附带提到了有关钱币的故事、各种设计、主题和加工。现在我将集中阐述这些钱币的纹饰，如果可能的话，再分析一下雕模师和使用者的想法。

如我们所看到的那样，大多数凯尔特钱币的纹饰中都有一些模仿的因素。制造者的首要意图是生产出特定时间下看起来眼熟且可接受的钱币。无疑，希腊和罗马的模型某种程度上是凯尔特钱币的解释依据，而每一种偏差都将我们从这种源头带到某种具有凯尔特特征的地方去。

我们并不想说雕模师具有超出他们所在时代和地域的艺术追求。他们的工作就是用传统的方法制造出可供日常使用的钱币。创新只在约定俗成的范围内才被允许，而且有时呈现出地方特色。所有原始的艺术都以传统为基础，不过凯尔特钱币的独特之处在于，它没有从自身发展出来，而是时时与南边的希腊和罗马世界精致的文明之间保持联系。

我需要提醒各位读者关注凯尔特钱币发展的四个阶段。首先是对希腊和晚期罗马钱币模型的简单模仿,我列出了它们之间的联系。其次是解构,将原始的设计分解成片段。第三是重组,当雕模师试图从片段中找到自己的灵感时,一般就是伟大的创造阶段。第四,也是最后一个阶段,是对罗马影响的再表达,制作出十分有趣的混杂阶段,既非凯尔特,也非罗马,而是两者兼而有之。最精细的匠人在雕刻时也可能会遇到上述任何一个阶段,这并非来自雕模师的技能,而是他的目的。

我更关心第三个和第四个阶段,因为只有这时钱币的全部主题才得以呈现。罗马的影响一直存在,不过简单地复制罗马钱币,而不加精心地改变或改编也是十分罕见的。在借鉴的过程中,原来的版本采用了一种新的形式,这无疑与凯尔特有确切的联系。我们可以确定的是如果仅称这些钱币纹饰为雅努斯,梅杜莎或者珀加索斯是不够的,不过如果我们试图超越简单的希腊或者罗马翻译,就立刻会遇到困难。

对于这些钱币的年代,我们对于凯尔特宗教的了解仅限于传统的作家,他们所看到和听到的不自觉地(有时是无意识的)受限于罗马万神殿的知识。很快罗马帝国的铭文和纪念碑又为这些钱币的主题补充了信息,它们又被同一类别的主题粉饰了一下。最后,我们还有爱尔兰和威尔士的伟大文学作品以及关于它们神灵和英雄的丰富故事。

从这些资源中,可以清晰地看出凯尔特的宗教不仅有一个,而是多个。即使不同时空的神和英雄在权力、属性和利益上有共同点,即使崇拜和安抚的方式是相同的,也无法称他们为同一个系统。凯尔特的神住在地球上,他们属于那里的土地、森林和河流。没有圣经里神的教谕;先知和诗人的传说通过讲述变得更为深远。

毋庸置疑,凯尔特钱币的头像、人像和野兽,一旦超越了简单的模仿,基本上都充满了宗教的、神秘主义的或者英雄主义的色彩。有时,它们的超自然属性是不言自明的,而在另一些情况下,它们表现出来的只是普通人或动物,其含义就需要推测了。在尘世的钱币和出世的含义之间没有明确的界限。在少数超过六个钱币的案例中,我们甚至能猜到钱币所描绘的神或英雄的名字,这并不奇怪。没有一个币文可以描绘这一主题。从凯尔特宗教的本质出发,我们可以在某种程度上对钱币的主题进行分组、分类,它们与从其他来源所知的凯尔特宗教中的某些形象有亲缘相似性,但我们无法建立一个凯尔特钱币的万神庙。不过,它们仍然是了解公元前 2 世纪和公元前 1 世纪凯尔特宗教最广、最具代表性的源泉。冈德斯特尔普大锅①上可以发现与钱币同期的一些元素。

发现钱币代表什么并不是凯尔特钱币雕模师的主要目标,而是无意间的一些收获。鉴于钱币的神话特征或英雄主义特征,我们可以预测钱币上描绘的东西在当时的生活中会被放大。钱币并不能简单代表凯尔特时代人们的日常生活,反之,雕模师在钱币上找到了他们日常所经历的一些事情。

尽管有时我们也可以将这些钱币看作另一个年代的艺术作品,但不可忽视的是,它们仍然是民众的产物,尤其是那些时代(比如每个币模子上打制一万枚钱币),某种程度上它们也是大众消费品。其标准不免因为需求的压力而发生变化。最好的标准当然是极具代表性且理想型的,也是最好的。但如果用艺术的标准来衡量,仍然是毫无价值的。

第一节 头像

多数凯尔特钱币的一面都刻着头像。这一传统始于复制的钱币,其上一面刻着宙斯、阿波罗、阿耳特弥斯、珀尔塞福涅、两面神或者司战女神柏洛娜,以及其他我们所熟知的神祇。起初,只是这些头像被

---

① 冈德斯特尔普大锅是一种装饰华丽的银器皿,可以追溯至公元前 200 年到公元前 300 年,或公元前 150 年到公元前 1 年。

复制,不过后来很多钱币在其借以复制的模型被遗忘之后,也开始有了一个头像。这些后期钱币上的头像对于使用它们的人来说具有了某种意义,极有可能是辟邪用的。我怀疑在多数情况下,被冠以地方名称的男神或者女神都被认为是当地流通的钱币或财富的守护神。

很大一部分钱币基本上都刻着男性神。最显著的纹饰当属来源于马其顿的带着胡须的宙斯头像,一个令人敬畏的父亲形象。带着胡须的头像不仅限于多瑙河流域。少量来自高卢的金币也带有胡须,主要来自阿摩力克和比利时地区(457、458 号钱币)。西班牙的银币和青铜币基本上都是模仿迦太基钱币上的赫拉克勒斯的带有胡须的头像。征服后期的银币和青铜币上可以发现各式各样的胡须,尤其是在不列颠(459、460、461 号钱币)。也许,大多数都有整齐的胡须和小胡子,不过有相当一部分钱币上面仍刻着飘逸的、蓬乱的头发,像古典时代的河神。当然,最显著的当属“Andecombo”钱币上刻着的卷曲的山羊胡子,它们属于征服时期或征服后时期。

457 458 459 460 461

有两个带着胡须的神,值得我们特别关注。一个位于高卢西南部多瑙河流域,另一个在不列颠,其头发上长着角(25,463、464 号钱币),钱币上也刻着古典时代常见的宙斯和阿蒙神(古埃及太阳神)。我们可以联想到兰斯的雕像鹿角神瑟努斯,或利德尼的诺登斯,维鲁拉米恩的马赛克,甚至是冈德斯特尔普大锅上坐着的人像。它最有趣的形象恐怕是匈牙利中部四德拉克马银币上骑在马背上(465、466 号钱币)。在利塔维克斯的银币上有一个有角的女性头像,不过很明显

它来自罗马狄纳里上的阿耳特弥斯。我们也能看到两个头的神或者双面神。还有两面分别是有胡须的和无胡须的双面神，多瑙河流域以及比利时高卢、不列颠都有这些纹饰(467 号钱币)。它们可以与罗马共和国的银币和青铜币上的双面神头像相媲美，以及罗马高卢许多三个或两个头像的纪念物相媲美。钱币的形象上也有两个头的，不列颠有带着胡须的(468 号钱币)，其他地区有无胡须的，无疑用另一种形式展现了双面神的神性。在雷米人的钱币上，有一个类似的无胡须的三头像。

带胡须的头像只是少数。从对凯尔特的古代描述(Diodorus Siculus 5.28.3)以及它们在希腊艺术中的表现，可以看到正常的头像没有络腮胡，但有小胡子。没有络腮胡的小胡子头像，如 469 号钱币，数量很少。470 号钱币几乎是不列颠唯一一个这样的钱币。不过大部分头像既没有络腮胡，也没有小胡子。

部分原因可能是许多钱币的头像都源于无胡须的头像，无论男性还是女性，比如阿波罗、阿耳特弥斯、珀尔塞福涅或其他女神。这让人联想到罗马的朱诺莫内塔，她的头像出现在许多共和国时期的钱币上，是一些后期凯尔特钱币的原型之一。有时，有一些形象的服饰和装饰可以让我们联想到其原型，但一般来说，如果没有络腮胡或小胡子，其很难辨别。钱币的多种来源混淆了图像，表面上看来来自菲利普斯金币传统的钱币，刻上了男性的头像，可能从罗达和恩波里翁的女神那里借来了耳环(471 号钱币)。男性和女性都可以戴项圈，不过珠串做的项圈就非女性莫属了。即使这些头像在凯尔特人的宇宙观(如果这个描述正确的话)里被看作金钱或财富的守护神，但没有一个神可以声称具有至高无上的地位。其性别也是用当地的神话刻意构造出来的。

头像上有时也伴有装饰或徽章。有一组主要来自阿摩力克高卢地区的钱币，其显著的标记有头发、野猪、海马、十字、螺纹、车轮、太阳、七弦竖琴及类似的一些东西(472、473 号钱币)。在另一个例子中，钱币的脖子上有一个倒置的野猪。我们也可以想到厄菲盖伊[①]的野猪神，野猪竖着刻在身体上。在所有这些例子中，象征物一定是用以辨认钱币上的这些无名头像的。也有一些情况，马头从一只耳朵进，一只耳朵出。

471　　472　　473　　474　　475

然而，更常见的是，这些装饰位于头像的前面或后面。最简单的

---

① 厄菲盖伊是法国东北部上马恩省的一个社区。

是一对海豚(474、475 号钱币),先是出现在锡拉库扎的钱币上,然后是恩波里翁,不过在它们的凯尔特版本中,这些都转变成了从嘴巴里出来的灯芯或新月(476 号钱币),有时也变成了其他形式的野兽或装饰品。它们形式各异,有的是吃人的狼,有的是鸟、马,甚至也有太阳或者螺纹。这些标记为辨认神提供了一个线索,不过这绝不意味着这些钱币上的头像一定是有意义的。

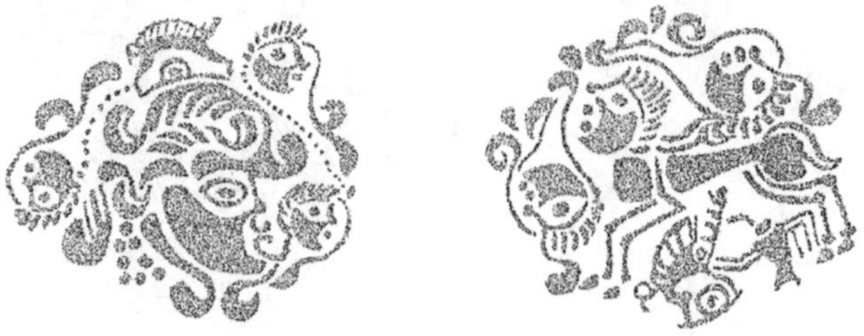

图 23　奥斯米安合金斯达特纹饰

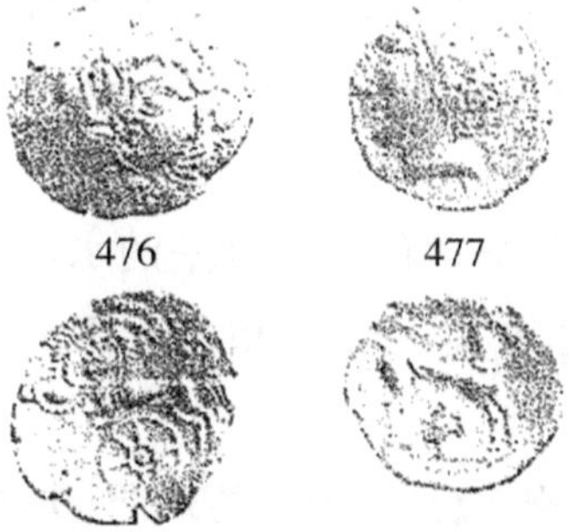

在阿摩力克高卢的西部,对于这些线索的使用十分显著。比如,头像的发型设计精致,其周围缠绕着一圈线条。每根线的尽头有一个小头回应着中间的那个。也许有两个、三个或四个这样的衍生头。看起来,钱币的中央有一个英雄的首脑,从四周相连的一组飘逸的相分离的头部可以看到中央首脑的权力或威严。有可能许多钱币的头像被认为是分离的;在凯尔特的艺术中这是一个常见的主题,这一点也可以从其头部一般被截去这一经典模式中推测出来。小的分离的头部出现在利穆赞和外多瑙地区的装饰上(477 号钱币)。在少数一些例子中,也可以看出分离的头部(或者是头的形象)是为了便于携带。在一个高卢和不列颠的例子中,一个站着的勇士或牧师手里拿着一个分离的头。这个分离的头经常被当作这里一个小器物,单独的手也是一样。手经常是空的,不过在不列颠,手里抓着一捆棍子。

图 24　威尼蒂人的合金币纹饰

侧面和胸部也会出现,不过这很少。有一个比利时的钱币上刻着上半身头像,冈德斯特尔普大锅神的双臂高举。我不明白为什么钱币学的文献中奥格米欧斯神用来辨认这些有脸的头部(有时是侧面图)如此普遍。在不列颠最显著的头像是平的水母,除此之外,就像罗马公共浴场山形墙上的苏尔一样,钱币的头像上还有嘴边长而浓密的胡须。

在罗马钱币的影响下,钱币制造的末期,头像的纹饰,尤其是在银币和青铜币上,都有了一些新的发展。我们发现了很多发型的样式,也有很多不同的头盔,不过它们都取自罗马的模型。比如后期的头盔中,来自加利克的碗状钱币可能是迄今为止最普通的纹饰,更具罗马样式的则带有顶饰和脖子上的碎片。有一种钱币的头像后面还有雅各布斯涛尔所称的叶冠。罗马的墨丘利(478 号钱币),头发或肩膀上开始出现翅膀。经常可以看到 V 领的服装,肩膀上的衣服带着褶皱。从发型可以看出,头像多数为女性,不过大部分都看不出性别。男性喉结或脖子后面的发结看起来属于典型的不列颠特征，虽然在日耳曼的加利克青铜币上也能看到类似风格的东西。需要重申的是，我们并不能识别钱币上的人、神或英雄，但挖掘者向我们展现了比此前传统的钱币头像更多的个人特征。

第二节 肖像

凯尔特钱币上有肖像吗？考虑到同时期的罗马皇帝的头像，这个问题并不牵强附会，在钱币四周围绕的币文上标注个人的名字也表明钱币有意让人识别出来。这个问题可能永远不会或最好不要证明。如果我们拿一个明显的例证，韦辛格托里克斯上刻戴着头盔的头像的钱币，我们可以看到一个面容整洁的英雄的脸。如果关于韦辛格托里克斯的出现有一件事是确定的，那就是他留着小胡子。库诺比莱纳斯的一个普通银币（478 号钱币）上刻着看似肖像的头颅，不过其胸部上方，肩膀上还有翅膀；也有许多库诺比莱纳斯的纹饰上面或刻着克劳狄的肖像，或完全是非个性化的干净整洁的脸。比如，Bodvoc 的不列颠银币上（479 号钱币）的奇怪头部——它们外表上肯定是肖像——但它们也可能复制了神的某些特征。并且，我认为，这可以用来解释所有的钱币。如果我们想要一个真实的肖像，我们应该看罗马提利乌斯的狄纳里，其上的头部可以代表比图图斯（480 号钱币）。与之相比的还有诺里孔的钱币或 Andecombo 钱币上的山羊胡子。

478

479

480　　481

第三节　钱币正面和背面有关吗？

传统上，凯尔特的钱币一面是头像，另一面则是一些不同的图案。正面与背面的主题之间若有联系，将是十分有吸引力的，仿佛故事从一面开始，而以另一面结束。也有一些其他的例子，尤其在不列颠，不过我只知道一个例子——库诺比莱纳斯的银币，钱币的一面，猎人手持弓箭，还有猎犬，而另一面，他已经杀死了一只牡鹿（482、483 号钱币）。在不列颠，我们看到了一枚钱币，两面各有一名战士，只是武器不同。我们还没有看到其他两面都有人像的钱币——这样的钱币不会受到相互敌对的神的保护。

482　　483

第四节　附属的纹饰

在头部之外，钱币上大部分有趣的纹饰出现在背面。一般来说最醒目的图案是动物,尽管偶尔也有人像。大部分动物并不会单独存在。主要图案周围都有一个或多个附属的图案,比如小动物或太阳的象征。其设计一般来说都视为一个整体,不过这一点也不确定;有许多例子,两个人物或图案只能理解为它们是为了从不同的角度予以观察。附属的装饰,通常来说有太阳、螺纹、三臂动物、车轮、七弦竖琴或野猪,在文献中通常被描述为部落标记;不过如果认为同一纹饰它们是可交换的,那显然就错了。大多数雕模师从公认的一些元素中选择魔幻性的或装饰性的标志或图案,有很多既有魔幻色彩,也有装饰效果。不过我们可以看到,在一些复杂的纹饰中,这样一种猜想是站不住脚的:全部的图案反映了造币者的精心设计。

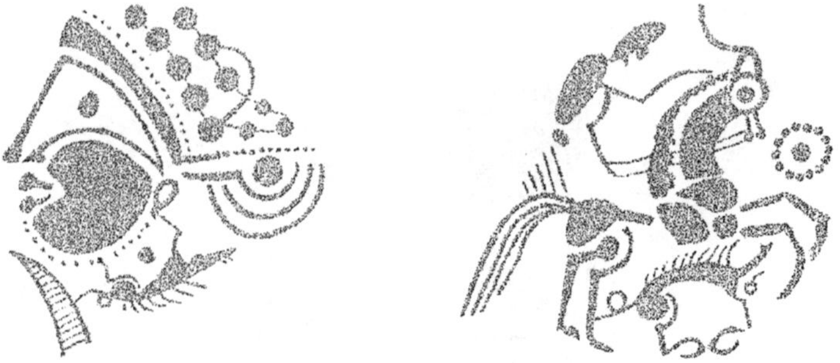

图 25　奥勒希 · 埃布罗维斯的金币纹饰

一、背面的图案

有很多男性图像的代表,相比较而言女性较少。一般来说,它们只是主要形象的附属物,不过也不是全部情况。有一大类菲利普斯斯达特的背面刻着战车御者。它们最开始只是复制了希腊的战车御者,这一形象很快就被凯尔特同化了。一个男人的头发飞舞(484 号钱币),穿着 V 领的束腰外衣,衬衫和腰带都打着褶。有时他手里拿着项圈、剑、矛或者带着船舶或公猪标志的旗帜(484、485、486、487 号钱币)。多数情况下,他戴着一个弯曲的皮带,末尾是一个方形的物体,旗帜或者风筝(488 号钱币),我不能解释,不过在具有刻纹的战利品中可以见到。有时,战车御者与他的车辆或花车在空间上相互分离(489 号钱币),这里就由通常的凯尔特样式转为纯粹的或者奔跑的、爬行的形象,这个过程中人的衣服几乎都要掉下来了。

484 485 486 487

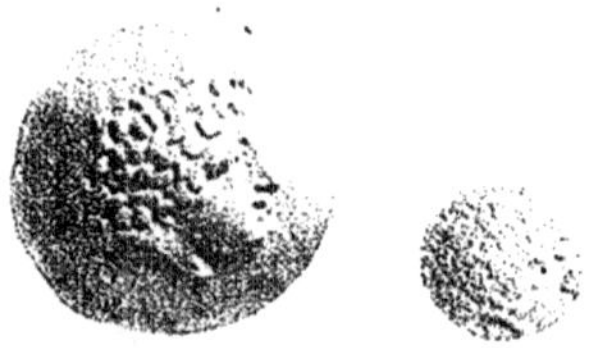

488 489

图 26 科瑞索利兹合金斯达特纹饰

高卢西北部的斯达特上刻着的马匹下面发现了很多人像。有从地上伸开双臂的人像,跪着或匍匐前行的带着翅膀的人像,还有拿着矛、盾,戴着头盔的战士。展示出来的服装基本上和战车御者一样,也没有想象中的马裤的痕迹。

我们发现了戴着翅膀的人像,此时翅膀取代了手臂。日耳曼南部和莱茵兰的斯达特上,也有人横跨在箭头上的。高卢北部的马背上也有类似的图案。在波西米亚,半人半马也有类似用翅膀代替胳膊的。当然普遍认为这有些丑陋,这与一般古典带着翅膀的胜利女神(490号钱币)也有区别。于是在不列颠有许多胜利女神的形象,男性以及女性,包括屠杀公牛的形象(491、492、506号钱币);那些罗马模型中身着长衣的胜利女神与那些身着束腰短裙的战车御者还是有区别的。这些胜利女神几乎是我们见到的全部女性形象。

490　491　492

还有一大类人像是马背上的骑士。它们最开始只是多瑙河流域四德拉克马银币系列的复制品,不过许多也是它们自己的设计。凯尔特钱币上的普通骑士是裸体的,如同特拉蒙之战波力比阿斯所描绘的那样,尽管有许多不列颠钱币上骑士们穿着胸甲。他没有马鞍,也没有马刺或马镫,偶尔才有缰绳或马勒(493号钱币)。他手里可能什么也没有,或者正在掷枪、长矛、短刀、战时喇叭,野猪或鸟,大树枝、权杖甚至项圈。如有带有盾的话,一般都是长的椭圆的凯尔特类型,中央是首脑,不过偶尔它也是小而圆的那种。有的有头盔,有的没有,如果戴着的话,经常会有彩带从里面飞出。这些装饰偶尔也会变成角。除了易北河,钱币流通的全部区域都可以发现骑士。有一组特别的骑士挥舞着枪和剑，手持盾牌，面容狂喜，大多数情况中的骑士无疑都是裸体女性(494 号钱币)。然而，尽管骑士数量众多，也没有可以代表高卢—罗马女神——艾波娜的钱币，在许多纪念物上艾波娜偏坐在马鞍上。只在不列颠的钱币上，才看到了这种可能：马看起来像一匹华丽的狮子，这明显从罗马钱币复制而来。

除了希腊战车的复制品，希腊和凯尔特钱币之间的界限并不容易区分，我们只有相对较少的代表物，不过它们的确存在。我们已经多次提到雷米人钱币上描绘精致的战车御者，带着币文“Remo”。也有一种 Triccos Turonos 的钱币，其上手中持抢的士兵沿着战车的柱子在行走(495 号钱币)。与之前的假设相反，我们现在可以加一个刻着战车的不列颠钱币，它来自肯特的埃普留斯，只从两个样本那里我们才得知，且它们都是贫穷的。我们仍然要等待，才能知道不列颠的二轮战车和战车御者看起来是什么样子。

493　　494　　495　　496

有些钱币展示了步行中的战士。它们是我们见过的恺撒战争时期埃杜维钱币组和其后的俄帕斯纳克图斯钱币。它们展现了全副武装的凯尔特战士，它们带着矛、刀剑、战时喇叭，还有公猪和盾牌。在埃杜维的钱币上，战士穿着束腰外衣和裙子。在俄帕斯纳克图斯的钱币上，战士们显得过度武装了，仿佛是在拙劣地模仿罗马配备。这可以与库诺比莱纳斯类似的盛装的步兵相媲美。带着长盾牌和刀剑的步兵也出现在上游的多瑙河和易北河，而那里钱币上并未刻着骑马者。有一种钱币上右边的奇怪图案实际上是一只巨大的鸟，与另一边的凡人是同样大小。

余下的人像钱币并不容易分类。在不列颠,有多种多样坐着的人像,大多数是坐在王位上,有的还有翅膀(497、498、499 号钱币)。而在欧洲大陆,坐着的人像很少。大多数都是模仿亚历山大的四德拉克马银币上坐着的宙斯。座位或王位一般是高级官员的一种标志,无论是地上还是天上。不列颠坐着的人像包括两个(395、497、516 号钱币),而铁匠手里拿着铁锤。在欧洲大陆有些地方,铁锤神被称为"Succellos"。他也出现在一个早期的阿摩力克金币上(500 号钱币),手持铁锤和试金石。两个精美的波坦币纹饰展示了跪着的或奔跑的人像,他们一只手里拿着项圈(412、501 号钱币)。跪着的或蹲着的人像与罗克佩托塞①的石像和博端(Bouray)的青铜像姿势相同。

497　498　499　500　501

最后我们可能要提到一些更奢侈的图案组合:一个牵着马的人,一个看起来在引诱熊跳舞的人(502 号钱币),一个长剑和锁链边上的舞蹈的形象,以及一个在马下面跳舞的人(503 号钱币)。更野蛮的,是一个正被野兽吞噬的人,比如 517 号钱币。这个列表可以继续拉长,不过我有充分的证据可以说明人的形象的等级,以及描绘在这些钱币上的活动。尽管它们数量众多,但它们在钱币中仍扮演着相对较小的角色。

① 罗克佩托塞是凯尔特人的历史宗教中心。它位于法国南部普罗旺斯—阿尔卑斯—蔚蓝海岸地区,毗邻马赛北部的维洛克斯市和普罗旺斯艾克斯西部。罗克佩托塞没有供礼拜者居住的住所,并且被用作只有牧师才能永久居住的避难所。

502　503

二、动物纹饰

在凯尔特钱币的背面，动物作为主题情形比人作为主题的还多。它们通常并不是狂野的野兽，而是从多个动物那里吸取了元素，不过在另外一些例子中，也可见到一些平实的、日常的农家庭院动物和森林动物的代表。我们经常可以看到同一钱币同一面不同大小的两个动物，且它们看起来彼此并无联系。

马。所有地方最常见的动物就是马。在我们能看到的，一般来说是母马，偶尔也有种马。马的纹饰的选择某种程度上源自钱币制造的起源，不过最初选择复制马其顿纹饰的钱币有一部分原因是因为这种钱币描绘了这种他们喜欢的动物。凯尔特钱币的雕模师有权力重新解释钱币，他们将原始的马转换成其他的野兽。历经三个世纪，马仍然是主要的纹饰，这是凯尔特钱币的一个重要标志。

在凯尔特世界的另一端，马最开始是战车所用的马，后来是可以用作乘用小型马。在两种例子中，用我们的标准来看，动物都是极小的。后来，马变得更加自由，可以是站着的，踏着的，奔跑的，飞驰的或者是在吃草的。尾巴长而完整，且经常有两到三个绳索。偶尔后期的钱币马是停驻的，鬃毛几乎总是有饰带镶缀的。经常可以见到缰绳，马嚼子的吊环偶尔咬住，至少不列颠是这样。只有在不列颠和诺里库姆，才能看到诱捕马的场面。

在凯尔特世界的不同地方,马的构造有许多共同特点,比如两条腿、竖琴和梨形的头。有一些还有俘获所用的皮鞭和吊环。皮鞭,一般从马的嘴里伸出,就像漫画家标题里的字一样。在一个钱币上我们看到了马和驹(504 号钱币),另外一些则刻着两匹马,不过上面的马一般都没有前腿,有可能是经过雕模师的允许。当两匹马面对面排列时,也是这样的。

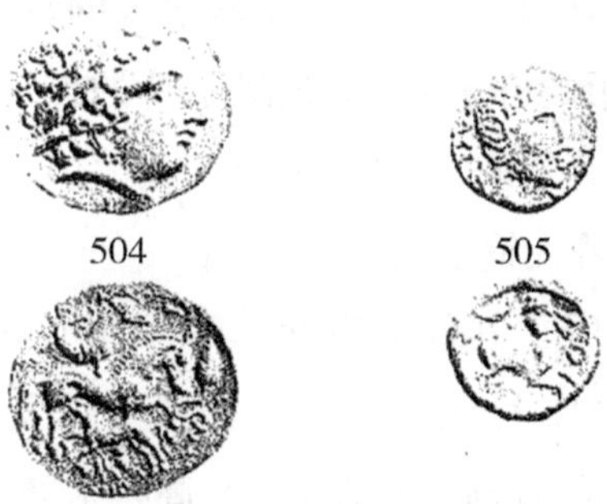

504　505

马匹图案自产生以后变得越发有奇幻色彩。最常见的变化是增加一个人头。这是西北部高卢最主要的纹饰,不过它偶尔也出现在高卢全境。在普瓦图人的钱币上头可能戴着一个碗状的头盔。这一纹饰显然与传统的狮身人面像和半人马有关,两者都被发现了,不过非常稀少。在西班牙、高卢和不列颠,我们见到了狮身人面像,而在波西米亚和不列颠则有男性或女性的半人马。不列颠的半人马(505 号钱币)展现了颇具音乐鉴赏力的半人马——吹笛子或者吹喇叭。

506　507　508　509　510

与之相类似,正常的马匹或是人头的马匹图案,多数都是带着羽翼的珀加索斯形象(507 号钱币)。不过带着羽翼的马的早期代表并不是通过复制标准的经典形象产生的。凯尔特的马匹已经有了凯尔特独特的羽翼。将带着动物头有羽翼的马匹与半狮半鹫有羽翼的怪兽区别开来,并不是简单的事情,后者由鹰的头和翅膀以及狮子的身体、尾巴和爪子构成。也有许多不同纹饰的半狮半鹫怪兽,或多或少都是经典的(508、509、510 号钱币)。珀加索斯和希腊神话中半狮半鹫的怪兽要么是在欢腾要么已经坐下了。我们也许可以回忆起古典时代原始的珀加索斯,他生活在乌拉尔地区的乌拉尔山里,在这一范围之外,是北部金币的守护者,不过凯尔特的珀加索斯并不仅仅出现在金币之上。他是借鉴来的凯尔特千变万化的幻景中的一部分,后者出现在冈德斯特尔普大锅上面。

马匹图案还经历了其他的变化。有一个长出了角,看起来像羚羊,实际上却不是(510 号钱币)。另一个有了尾巴,而不是马尾,这样看起来就像海蛇或者海马。在西班牙、高卢和不列颠有很多这种形式,且很早就开始有了。其他马匹的形象也被发现了,尤其是当马匹只是一个附属的装饰或作为纹章的一部分出现的时候。

许多地方重复出现的一个图案特征是马和鸟经常在一起,后者经常坐在马的后背上(511 号钱币)。在高卢和不列颠(512 号钱币)的拖特法鲁和西梅林银币上,可以见到这种特征。鸟有时候是鹰,多数情况下是鸡或乌鸦。如果我们把它翻译成芭德布 Catha(Badb Catha),爱尔兰的战神,大概是对的,后者表现出掠夺的样子——芭德布的乌鸦——而不仅仅是一种自然的样貌。

511　　512

野猪。在马匹图案之后,最流行的动物图案当然就是野猪了。在多瑙河盆地基本上不存在,而是在日耳曼以及高卢境内出现。作为一种主要的纹饰,其分布相对来说十分有限。在易北河的金币上,高卢中部和西南部的银币上,高卢东北部的青铜币上,以及从法国东都到日耳曼大批量的波坦币上,都有野猪的身影。在不列颠的一些银币和青铜币上也能看到野猪。不过,马匹或其他物品的装饰,几乎出现在高卢的每一个地方的钱币上。我们见到了一个组合而成的野兽,其前部一般是野猪,后部则是海蛇的尾巴。

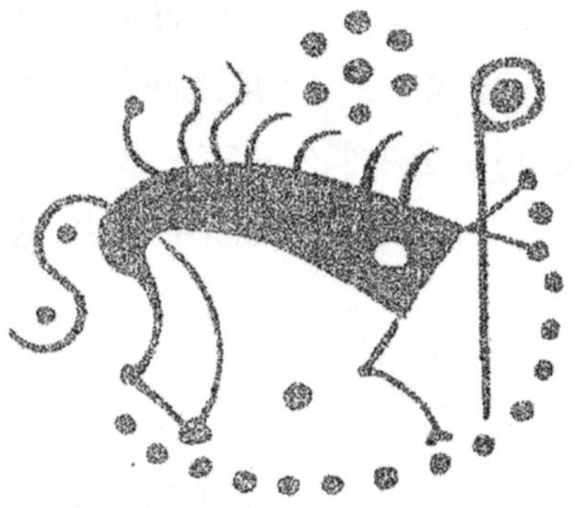

图 27　不列颠野猪(艾西尼人的银币)纹饰

如果性别可以确定,野猪一般都是雄性,不过也有雌性。野猪有时候是真实的,向前冲着的,站着的或者坐着的。不过,多数情况却是,表现出来的不是野猪,而是野猪纹样,也就是野猪军旗。有时候,这一形象十分清晰,就像在高卢,西班牙和不列颠(513、514、515 号钱币)中那样。而在另外一些情形中,这一形象则是人造的,人可以不那么教条,不过当野猪的猪脚紧贴地面的时候,这就可能了,因为大多数动物不是那么紧贴地面。野猪军旗是罗马战利品中的一个普通特征。

公牛。接下来是公牛了。这里我们有两个形象,一个短角的动物,与同时代的牛十分近似,另一个长角的原牛(516、517 号钱币)。对撞的公牛源于马西利亚,站立的公牛源于罗马,不过凯尔特的雕模师做了更生动的改造,其中尤以币文读作"Ateula Vlatos"的加利克钱

513 514 515

币最优。不列颠钱币中也有类似的公牛，比如“Dubnovellaunus”银币（517号钱币）。牛头骨装饰是一个重要的元素，偶尔也用作一个单独的纹饰（458、518、519号钱币）。双角之间的月亮看起来是个平常的装饰（518、519号钱币）。公牛偶尔也有一些变化，高卢中部普通的波坦币上的四足动物，开始只是一只对抗的公牛，这种钱币后来变成了锡币（520号钱币）。

516 517 518 519

520 521 522 523

野兽。其他野兽分布较散乱。在一些例子中，雕模师似乎并没有

亲眼见过他们试图表现的动物。另外一些例子中，他们只是复制钱币的原型。雕模师偶尔熟悉的动物有公羊、山羊和羚羊。这些野兽的罕见于钱币似乎表明它们的真实形象中很少有与凯尔特相关的意识或宗教的意义。有一些例子中，熊似乎看起来在波西米亚、中部高卢，甚至是不列颠（517、518、519 号钱币）见到过。同样，尽管狼与熊一样少见（521、522 号钱币），但也出现过。它们或者与它们类似的生物经常被看到正在吞噬人类（522 号钱币）。我们也能发现狗，不过十分少见，且它们也仅是寻常的野兽。没有猫，不过可能有野兔。狮子就是另外一回事，它们频繁地出现在从西班牙到不列颠的区域的钱币上，且具有一些意想不到的特征（523 号钱币）。它们几乎都源自马西利亚的钱币，只有少数例外。可以肯定的是，它们最初的原型都是残忍的野兽，所以晚期凯尔特的神话十分有趣。有时候很难说清楚狮子何时消失，半狮半鹫的怪兽何时开始出现。钱币的纹饰显示的动物中最突出的当属大象，它借鉴自罗马的钱币，产自比利时高卢。我想，在这一类中还应当包括海豚，这是一种常见的纹饰。不过它们偶尔也会与有着海豚头的战时喇叭相混淆。

524　　525　　526

鸟。在其余的生物中，鸟占主导地位。我们发现了鹰、鹤、鹳（527 号钱币），乌鸦、鸭子和公鸡，以及一堆难以辨认的鸟，大小不一，有时出现在同一枚钱币上。多数情况下（524、525、526 号钱币），鹰有清楚的罗马祖先。公鸡的身体在胸部经常和人脸合二为一（528 号钱币）。鸟的嘴里会衔着蛇，爪子也可能抓着蛇（530 号钱币）。蛇也会单独出现。在波西米亚，有一组银币十分引人注目，银币上刻着传说中的鹰身女妖——人头鸟，不过所有的钱币都来自三个国家的一个正面模型。

图 28　阿维尔尼人的斯达特金币纹饰

在爬行动物中，不仅有蛇，还有蜥蜴。也许最典型的蛇就是组合的野兽，一般是有角的公羊头（529、530、531 号钱币）。在爱尔兰的萨迦提到了这种可怕的东西，在冈德斯特尔普大锅上这种怪物位于列队的士兵之首。这个重要的生物可能作为一种单独的纹饰出现或者成为一种装饰。有时，其身体加了腿、鳍片或者尾巴（529 号钱币）。也有一些例子，在每一端其身体都有一个头部。在波西米亚的环绕蛇币上我们看到了塞西亚设计的野兽。不过尽管在这种背景下蛇十分重要，但鱼看起来并没有出现。不过，我们的确发现了一些最引人注目的海蛇（532、533、534 号钱币）。

三、植物和树

无生命的自然象征物十分普遍，不过也非常形式化。它们向我们

532　533　534

证明了植物装饰时尚而不是植物、花或者树本身广泛传播。叶子通常作为边界设计，在不列颠和波西米亚十分普遍，不过在高卢例子却不多。其中葡萄树的叶子十分普遍(535 号钱币)。头发上环绕的树叶环随处可见。动物身后的背景中，经常可以看到绿树成荫。许多纹饰显示骑马者或站立的人常常扛着棕榈树枝或其他树枝。玉米穗有的排列十分整齐，被用来作为主要或附属的装饰(536 号钱币)。花儿有时候整齐得无法辨认。不过在很多小的纹饰中，钱币正面的头发中也有一朵花。537 号钱币是 Epatticus 的一枚不列颠钱币，其上的野猪后面有一颗高大的树。

535　536　537

这些纹饰传达出这样的印象，即我们正在讲述的凯尔特人仍十分重视狩猎以及对当地动物的照看和养育，而不是以前的农耕。

犁并没有出现在钱币上，玉米和美酒是财富的象征，不过强调得很少，不过，如我们看到的那样，有很多酒坛子。

四、器物

器物很少作为凯尔特钱币的核心主题，不过偶尔也发现了大量这样的器物。我将描述主要的种类和没有出现的重要器物。

武器。我们已经在马背上、行军路上，偶尔也在战车上看到了战士的武器。除了枪、剑、喇叭、盾牌和他们扛的军旗，我们发现了弓、斧头、箭和棍棒。有一些似乎集中于特定的领域。唯一的斧头具有阿基坦的特点；在日耳曼和多瑙河，斧头，无论是单独的，还是和弓在一起的都有出现。其他地方则很少出现。

也许我们目前最典型的武器就是凯尔特的短剑，它的剑柄是一个人伸长手臂的形象。这种纹饰的剑反映了诺曼底和利穆赞地区常见的设计特点。如我们见到的那样，剑上还曾经附带着一条链子。埃杜维人的钱币上刻着长剑。战时喇叭（538、539、540 号钱币）和野猪军旗十分普遍；在地面上我们有一个战时喇叭—鼓风机的精美头像，战时喇叭竖立着作为马的背景（540 号钱币）。野猪军旗，除了作为骑士和步兵手中的装饰，以及作为独立的一种纹饰，在 Espasnactus 的罗马化钱币上，我们还见到了被仿制的罗马纹饰。

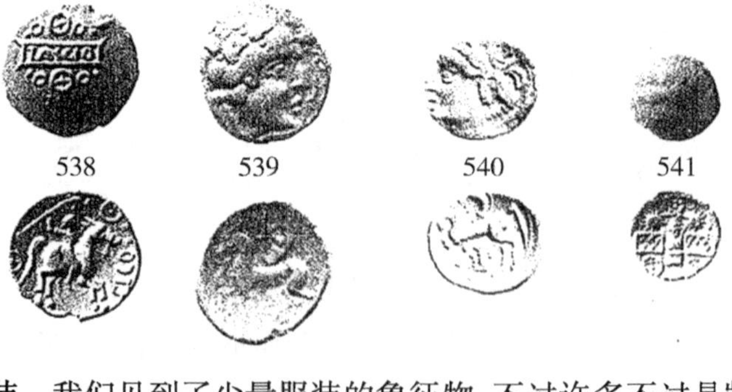

服装。我们见到了少量服装的象征物，不过许多不过是凯尔特士兵寻常的穿着——束腰外衣和 V 领，腰间还有一个带子。偶尔也有锁子甲。斗篷相当普遍，经常在风中飞舞。头盔一般是碗状的，不过有时也有颈部的保护，有一两种也许还有面罩；有一个典型的例子是展示战利品的肯特钱币（541 号钱币）。我们在多瑙河见到了一种过于形式化的头盔，头盔上一般装饰有冠或者彩色饰带，不过在高卢和不列颠都有这样的钱币。

几乎没有看到过凯尔特马裤是这些钱币最令人费解的特征之一。我们在许多不列颠钱币上见到的松散帏帐，比如库诺比莱纳斯铁匠纹饰，在欧洲大陆出奇地少。在比利时高卢的钱币上有一种精美的搭扣，别处可能也有一些类似的例子。还有一种破旧的项圈，有的在手里拿着，其中一些是钱币的纹饰；很显然这是象征持有者财富或重要性的标志。耳朵上一般有耳环，不过一般很难将它们与脸颊上的刺青区别开来，而后者在某些钱币上显现出来；最极端的形式是奥勒希·埃布罗维斯的钱币上横跨整个面颊的带子。不过也没有方法得知脸颊的空白处（比如三螺旋体、太阳或七弦竖琴，542、543、544、545 号钱币），哪里是现实主义，哪里是象征主义。

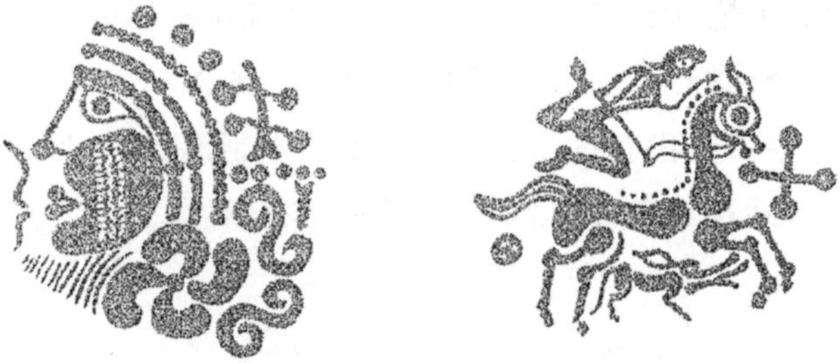

图 29 奥勒希·埃布罗维斯的金币纹饰

542 543 544 545

概而言之，钱币向我们描绘了凯尔特人将人的形象和装饰予以具体化的整体图景，从凯尔特世界的一端到另一端，这一点差别并不大。不过这无疑与希腊和罗马艺术中凯尔特人的经典形象是一致的。以下两点无疑是真的：钱币证据的使用试图表明，它们不仅仅是对其他钱币的简单模仿，又有意识地试图模仿罗马的新奇事务，这点可由考古发现的凯尔特人的真实样貌予以证明。

寺庙、王权和雕像。钱币未能为我们呈现太多凯尔特生活的外部环境方面。在钱币的语境中我们并没有看到人类。如果在“Durat Iulios”和“Viriciu”的钱币上有寺庙的话，那么这种呈现就是十分正式的——带有山形墙的内殿。不过我们的确有两个例子，分别是“Roveca”和“Ratumacos”的晚期青铜币，看起来像是带着大写字母的寺庙圆柱。这些当然不符合任何一个正常的维特鲁威风格的真作（546 号钱币）。“Bienos”（庄园）的钱币上有位于神殿内的一匹马（547、548 号钱币）。寺庙的设施中，在库诺比莱纳斯的钱币上有祭坛，广场上有火焰升起（549 号钱币）。在维鲁拉米恩的钱币上的祭坛上可能有一个标杆，其上立着新月形的碗。在 Arus Segusiaus 的一枚令人惊奇的银币上我们看到了一个显眼的木制偶像，如果我描述准确的话，可以与站在其旁边的赫拉克勒斯形象做对比。

546

547

548

549

本土的物品图案出现得相对来说较少。我们看到的椅子或者王冠并不属于这一类别。当地的座位正常情况下只是一块石头或原木，不过我们看到了不同的罐或者容器，比如悬挂着的大锅（550、551、552 号钱币），还有许多杯子（553 号钱币）。公牛旁边一般有一个双耳瓶。

有一种钱币上描绘了铁匠在用一个 L 形的铁锤打造一口大锅。四根弦的竖琴,形式上极富表现力,除了战时喇叭,我们见到了更多不同种类的号角。人们可能会有这种印象,凯尔特匠人的目的并不是要展现那些简单且本土的东西,而是要展现那些奇异或英雄式的东西。几乎所有我们所描绘的画面(与之相对的是人物)都属于这一类,从带着断头的祭祀形象到背上背着捕获的猎物的猎人。如果我们能看到一幅简单的画面,比如用绳子牵着马的马夫,我们就可以确定它一定有某种传奇的意义,对此我们不太可能理解。

550 551 552 553

第五节 象征主义

我们需要探究凯尔特钱币纹饰的表面之下隐藏着什么,它们为寻求隐秘的宗教象征的古怪的解释者作出了充分的铺垫。难点在于区分凯尔特追求奇异或者英雄主义的东西这一现实与我反复啰嗦的那些钱币。表面上看来,那些意义重大并经过深思熟虑的纹饰很受关注,不过另一方面我们还发现许多粗糙及原始的复制品,后者只有很少或几乎没有任何知识内涵。的确,只在 20 世纪中叶才有了将波坦币转变成艺术品的审美转向。即使最好的那些也倾向于并不需要赋予各式各样的装饰太多严肃的意义。在同一时期罗马的钱币上也能发现少量类似的装饰物。

最常见的装饰有耳环、轮子和花结,一般来说这些装饰象征着太阳。与之相类似,我们发现了新月,尽管不是很多(554 号钱币)。太阳和七弦竖琴的装饰合在一起,两者最初都是阿波罗的一部分。多数情况下,我们发现了星星,它们起到装饰而不是象征的作用。如果它们一定要具有某种意义的话,被压缩的二轮战车车轮这样的椭圆形纹饰后期变成盾牌或者眼睛,不过我们发现了许多四、六和八辐条轮,它们可能一度代表自己和太阳。其他标志并无清晰的意义。“S’s”“V’s”“O’s”都是装饰,而不是字母,用以填充空白,点和其他难以形容的标记也是如此。其中一些是从碎裂的头颅提取的可替代的元素,这就是比利时高卢和不列颠的特征,这些元素构成了精美的几何纹饰的基础。这些一般都是三只臂或四只臂的造型。三只臂尤为典型,三臂动物或三角形图案装饰随处可见。那些在格列塔尼钱币(555 号钱币)上的装饰与哥本哈根的凯尔特二轮战车上的青铜饰品十分接近,多瑙河的四德拉克马银币和阿杜伊人的斯达特上也有类似的装饰。当然也有许多五角星形。许多其他军旗类型也有出现,比如之字形和曲流形,我们所知的一些也用于神秘的目的。不过,如我所描述的那样,这些传统的常见装饰并没有太多的用意,它们也是那时候所有凯尔特锻工的一般财产。

554

555

实际上,这一时期,我们发现了数量惊人的一最好和最坏的劣质钱币。冈德斯特尔普大锅的艺术长廊中没有可与高卢钱币相媲美的东西;甚至佛罗伦萨乌菲兹美术馆纪念品中的罗马象征物上也难以发现相似的东西。甚至一些爱尔兰故事中的可怕怪物和想象都出现在上面。与此同时,也无须否认大部分钱币是原始的、模仿的且重复的。最精美的钱币当然是位于西北部的或者阿摩力克高卢地区的,最先进的则是位于不列颠的。我这里所能向诸位展示的,就是指明探索仍不为人知的巨大的凯尔特艺术宝库之路。

第六节　结语

这里就是我最后想要说的话了。本书中,我的初衷是希望读者和我一样能够清楚地了解凯尔特数量巨大的钱币的一些确定的事实。这一点从一般的文献中并不容易获取,因而应当以一种新的方式重述。我已经试图消除广泛存在的错误猜测以及常不为人所知的一些地方的偏见。我试图避免陷入已知的纷争,而是提出一些新的理论。我希望我已经对事实和解释作出了明确的区分。我不可避免地在不同的时空游走,不过我的目的也是要展示凯尔特不同世界之间的普遍观念、通用术语和对不同主题的相同处理之间的连续性。每一个部分都有某种相似性,这可从来自完全不同地方的一对钱币纹饰中窥见一斑(556、557 号钱币背面;557、558 号钱币正面;559、560 号钱币;561、562、563 号钱币)。尤其是,众所周知的不列颠凯尔特钱币的故事,我已经试图展现了不列颠的凯尔特人如何与其发源地欧洲大陆紧密联系在一起。并且我也展现了这些联结并不局限于高卢北部那些很近的距离。

556

557

我希望我向诸位展现的信息是新鲜的,尽管有些材料很细微且生

558

559

560

561

562

563

僻,但诸位可发现其中的吸引力。有一些钱币十分常见,而另一些则十分罕见。这项研究的基础来自目前乃至未来巴黎最顶级的收藏品,上个世纪的出版物为后续的研究奠定了深厚的基础。不过,大不列颠的藏品——尤其是苏格兰——也为除日耳曼和易北河以外地区的钱币研究提供了有价值的材料。大英博物馆的藏品是在莫瑞尔藏品基础上建立的,于21世纪获取,与牛津大学、剑桥大学、格拉斯哥大学的资源一起为钱币的研究提供了丰富的基础,除此之外,还包括爱丁堡大学、亚伯丁大学、卡迪夫大学和利兹大学的钱币。本书中讲述的大部分钱币都来自以上机构的藏品。

地图索引

插图索引

译者附录

一、年表

国王/皇帝	拉丁文	在位时间	说明
奥达勒翁	Audoleon	公元前 315 ~ 前 285 年	培奥尼亚的国王，佩特奥的儿子
布加勒斯特	Burebista	公元前 82/61 ~ 前 45/44 年	哥特族和达西的色雷斯国王，是第一个成功统一达契亚王国各部落的国王
菲利普二世（公元前 359 ~ 336 年）	Philip II of Macedon	公元前 359 ~ 前 336 年	马其顿王国阿吉德王朝国王
克劳狄乌斯	Claudius	公元 41 ~ 54 年	罗马皇帝，他是尤里亚—克劳狄王朝的一员，是德鲁斯和小安东尼的儿子。他出生在高卢的卢格都诺姆，是第一位在意大利以外出生的罗马皇帝

续表

国王/皇帝	拉丁文	在位时间	说明
库诺比莱纳斯	Cunobelin/ Cunobelinus	公元 10～40 年	罗马入侵不列颠之前不列颠的国王。他似乎控制了英国东南部的大部分地区，被苏埃托尼乌斯称为“不列颠的国王”
利西马科斯	Lysimachus	公元前 306～前 281 年	马其顿将军，色雷斯国王
马其顿国王腓力五世	Philip V of Macedon	公元前 220～前 178 年	马其顿王国时期
佩特奥	Patraos /Patraus	公元前 340～前 315 年	培奥尼亚国王之一，有人认为，亚历山大大帝的骑兵将军的阿里斯顿是佩特奥的兄弟
赛尔维利斯·凯皮欧	Q. Servilius Caepio	公元前 106～前 105 年	罗马执政官，政治家和将军，山南高卢的总督
韦辛格托里克斯	Vercingetorix	公元前 82～前 46 年	阿维尔尼首领之子，高卢战争末期，领导高卢人民试图将入侵的恺撒及其军队赶出高卢。最终在前 52 年的阿莱西亚战役中败北，随后被押送罗马关押，并在前 46 年恺撒庆祝胜利仪式期间处决
亚历山大大帝/亚历山大三世	Alexander the Great	公元前 336～前 323 年	马其顿王国的国王

二、凯尔特人大事记及货币史年表

时间	大事纪要
公元前4世纪晚期之前或者更早一些时间	凯尔特人模仿了一些常见的希腊和罗马钱币
公元前335年	亚历山大大帝接见定居亚得里亚海沿岸的凯尔特人首领
公元前2世纪	阿维尔尼人的王,鲁尔纽斯,从战车中散播了很多金银碎片赠予给百姓,并且奖赏给一个歌功颂德的游吟诗人一整袋金子。此一事件可作为钱币传播的证据
公元前279年	凯尔特人洗劫了希腊特尔菲城和其中的神庙
公元前225年	在泰拉蒙,罗马军团击败凯尔特武士
公元前168年	罗马共和国和马其顿王国之间爆发第三次马其顿战争
公元前168年	皮德纳之战后,马其顿输出的钱币开始消失
公元前146年	马其顿钱币制度终止
公元前118年	罗马人组建了纳尔波高卢省
公元前80~72年	伊比利亚人和罗马人组成的联盟共同抗击苏拉建立的政权,史称塞多留战争
公元前58~51年	恺撒征服高卢,战争的结果是高卢被纳入了罗马共和国的版图
公元前52年	阿莱西亚战役爆发。阿莱西亚是曼杜比伊人居住区里的一座重要城市和筑在山上的要塞。这场战斗是高卢与罗马之间的最后一场大规模战斗,它标志着罗马赢得高卢战争的决定点。同年,韦辛格托里克斯发行了金币
公元前52年	卡乌尔斯人的领袖卢克莱修发行了一枚十字型钱币

续表

时间	大事纪要
公元前 48 年	底耳哈琴会战。它是恺撒和庞培领导的军队之间的战斗,此次战役,庞培获胜
公元前 46 年	在罗马的模范城市,奥卢斯·伊尔文斯以恺撒之名发行了大规模的金币(奥里斯)
公元前 27 ~ 26 年	奥古斯都到访高卢
公元 43 年	克劳迪带领罗马士兵征服不列颠

三、货币专业词汇表

译文	原文	释义
阿布朵斯	Abudos	币文
阿尔克斯	Alkis	钱币纹饰
阿塔	Atta	币文
阿塔纳曼提	Adnamati	币文
阿特尔	Ater	钱币名称
阿提卡重量标准	Attic standard	希腊化时期希腊流行的币制之一
安娜瑞卡托	Anarekartoi	币文
奥博尔	Obol	古希腊货币单位,相当于人民币的“角”,重约 0.72 克。1 奥博尔 = 1/6 德拉克马
奥勒希·埃布罗维斯	Aulerci Eburovices	钱币名称
奥里斯	Aureus/Aurei	古罗马的金币
比尔泰克	Biatec	钱币名称

续表

译文	原文	释义
币模	dies	制造钱币用的模具
币坯	blanks	
庇克东内斯	Pictones	钱币名称
波坦币	Potin	古代高卢中部的钱币
彩虹杯	Regenbogenschuesselchen	古代凯尔特人的一种金币，曾在拉坦诺文化区占有支配地位
城邦	Civitas	
打制	struck	制作钱币的一种工艺
低级银币	base silver	
狄纳里	Denarius	古罗马钱币
迪奥博尔	Diobol	银币名称，相当于两个奥博尔
二德拉克马	Didrachm	
冈德斯特尔普大锅	Gundestrup cauldron	一种装饰华丽的银器皿，可以追溯至公元前200年到公元300年，或公元前150年到公元前1年
哈密	Camul	币文
合金斯达特	Billon stater	钱币种类
吉亚米洛斯·色努	Giamilos Senu	币文
金格斯	Gagers	奥皮杜姆名
卡波斯塔尔	Kaposthal	钱币纹饰
卡勒特都	Kaletedou	钱币文、类型
凯尔特磅	Celtic pound	
凯斯	Cas	钱币名称

续表

译文	原文	释义
柯亚卡	Koiaca	币文
拉克鲁瓦币/十字币	monnaies à la croix	古代高卢地区的一种钱币
拉坦诺/拉登	La Tène	西欧和中欧的早期铁器时代文化。因瑞士的拉登遗址出土文物最为典型而得名
老拉迪斯科	Staré Hradisko	奥皮杜姆名
勒·卡提伦	Le Câtillon	1957 年发现的钱币贮藏堆名
鲁提瑞欧	Rutirio	币文
曼兴	Manching	奥皮杜姆名
纳尔纳斯	Neroneses	钱币名称
纳莫提	Nemet	币文
尼克	Nike	钱币纹饰
诺斯	Nonnos	币文
皮鲁科	Pirukoi	币文
珀加索斯	Pegasus	生有双翼的神马,被其足蹄踩过的地方有泉水涌出,诗人饮之可获灵感
瑞克	Rikoi	币文
塞加洛	Segaro	钱币贮藏堆名
三奥博尔	Triobol	银币名称
斯达特	Stater	银或金质,古希腊钱币,大部分为银币(流通于公元前 8 世纪至公元 50 年),少量为金币
斯诺—奥摩登	Seno-Omodon	钱币名称
四奥博尔	Tetrobol	银质,古希腊货币,重 2.85 克
四驾马车币	Quadrigati	古罗马共和国在公元前 3 世纪铸造的一种中型银币
索里玛	Solima	币文

续表

译文	原文	释义
泰阿克	Tayac	贮藏堆名
特吉瑞克斯	Togirix	币文
提努斯	Tenos	古希腊钱币名称
托特法鲁	Tótfalu	钱币纹饰
维拉克斯	Vlaccos	币文
纹饰	Type	包括币文和图案在内的整体
乌鲁齐	Ullucci	币文
西梅林	Simmering	钱币纹饰
宜兴	Irsching	奥皮杜姆名
战时喇叭	Carnyx	铁器时代的一种乐器，于公元前200年到公元200年被使用
“铸造”	cast	制作钱币的一种工艺

四、人名/神名中外文对照表

中文	原文	释义
阿尔忒弥斯	Artemis	阿尔忒弥斯；掌管狩猎和月亮的处女女神，阿波罗的孪生姐妹
阿利奥维斯塔	Ariovistus	公元前1世纪中叶，苏维汇和日耳曼联盟的领导人
阿提图尼斯	Adietunnus	人名
艾帕提库斯	Epaticcus	不列颠铁器时代的部落 Catuvellauni 首领库诺比莱纳斯(Cunobelinus)的兄弟
艾特皮洛斯	Atpilos	人名
奥卢斯·伊尔久斯	Aulus Hirtius	恺撒的幕僚

续表

中文	原文	释义
巴赛勒斯	Basileus	王
巴泰勒米	Barthélemy	
保尔森	Paulsen	人名
比图图斯	Bituitus	阿维尔尼人的一位国王
布兰切特	Blanchet	人名
狄俄斯库里	Dioscuri	天神宙斯的两个双胞胎儿子
狄维契亚古斯	Diviciacus	公元前 1 世纪早期的比利时国王
杜布诺瑞克斯	Dubnorex	埃杜伊人的领袖之一
杜布诺维劳诺斯	Dubnovellaunus	公元前 1 世纪晚期或 1 世纪早期,不列颠东南部的一位国王
杜诺列克斯	Dumnorix	埃杜伊人的领袖之一
俄帕斯纳克图斯	Epasnactus	一名阿维尔尼人,卢克莱修的对手
弗雷尔	Forrer	人名
弗农	Vernon	人名
伽列里乌斯	Valerius	罗马帝国皇帝
格米欧斯	Ogmios	凯尔特的神
(古罗马的)两面神	Janus	
赫拉克勒斯	Hercacles	希腊神话里面的大力英雄
华勒流斯·弗拉库斯	C. Valerius Flaccus	公元前 86 年阿尔卑斯高卢的执政官
吉曼努斯	Germanus	日耳曼人的拉丁文称谓
卡雷尔·凯斯特林	Karel Castelin	人名
卡西维拉斯	Cassivellaunus	卡西维拉斯是历史上的不列颠部落首领,他在公元前 54 年领导了抵抗恺撒第二次远征不列颠的战役。他领导一个部落联盟对抗罗马军队,但最终因他的位置被战败的不列颠人透露给恺撒后投降

续表

中文	原文	释义
康斯坦丁·普拉达	Constantin Preda	人名
科基杜波诺斯	Cogidubnus	全称为：Tiberius Clandius Cogidubnus，公元1世纪不列颠地区的雷格尼人部落的一位首领
科利尼	Coligny	人名
库诺比莱纳斯	Cunobelin/ Cunobelinus	公元前1世纪末至公元40年的前罗马时代的不列颠国王
奎图斯·图留斯·西塞罗	Q. Tullius Cicero	人名
利塔维克斯	Litaviccus	利塔维克斯（约公元前50年）是高卢部落的一个埃杜伊人。他在格尔戈维亚的战役中扮演了重要的角色。虽然埃杜伊人最初支持尤利乌斯·恺撒与韦辛格托里克斯的斗争，但他们后来却从罗马叛变，加入了韦辛格托里克斯
利希马科斯	Lysimachos	亚历山大大帝的一名马其顿军官和继任者，公元前306年成为国王，统治色雷斯、小亚细亚和马其顿
卢尔纽斯	Luernios	
卢基乌斯·卡尔普尼乌斯·皮索·弗卢基	L. C. Calpurnius Piso Frugi	西塞罗的女婿
卢克莱修	Lucterius	卢克莱修曾是卡乌尔斯人的领袖，卡乌尔斯人是领地位于现代法国洛特省周围的凯尔特人。恺撒大帝称他是一个无与伦比的勇敢的人
鲁尔纽斯	Luernius	阿维尔尼人的王
曼努斯·因杜提里·L	Germanus Indutilli L	人名

续表

中文	原文	释义
梅萨拉	Messala	罗马帝国指挥官
诺里库姆	Noricum	凯尔特王国的拉丁语
潘克	Pink	人名
珀尔塞福涅	Persephone	宙斯之女，被冥王劫持娶作冥后
赛尔维利斯·凯皮欧	Q. Servilius Caepio	罗马执政官
斯特拉博	Strabo	古希腊地理学家
斯特雷柏	Streber	人名
所提尼	Sosthenes	希腊人，其名字意思是“力量稳固”，是哥林多会堂的首领，根据新约，他在罗马总督迦流面前被暴徒抓住并殴打，当时他拒绝在犹太人的鼓动下攻击保罗（使徒行传18:12－17）
塔司西欧沃纳斯	Tasciovanus	罗马人征服不列颠之前，卡图维卢拉尼（Catuvellauni）部落的一位国王
王	Rex	在拉丁语中表示“王、君主”
乌斯	Commius	公元前1世纪阿特雷巴特人（Atrebates）的国王，最初在高卢，然后在不列颠
雅各布斯涛尔	Jacobsthal	人名
伊庇鲁斯	Eppillus	人名
朱诺莫内塔	Juno Moneta	人名

五、地名中外文对照表

中文	原文
阿迪杰河	Adige
阿尔卑斯山脉	Alps
阿基塔尼亚	Aquitainia

续表

中文	原文
阿基坦	Aquitaine
阿莱西亚	Alesia
阿摩力克	Armorica
阿什莫尔博物馆	Ashmolean Museum
阿伟龙省	Aveyron
埃梅	Eymet
艾斯	Eis
安达卢西亚	Andalusia
安菲波利斯	Amphipolis
安普里亚斯	Ampurias
昂热	Angers
奥尔泰尼亚	Oltenia
巴尔干半岛	Balkan
巴纳特	Banat
贝尔格	Belgic
比利时高卢	Belgic Gaul
比利时高卢	Gallia Belgica
比利时高卢	Gallo-belgic
庇里牛斯山	Pyrenees
波恩	Bonn
波河河谷	Po Valley
波米耶尔	Pommiers
波旁	Bourbonnais
波西米亚	Bohemia
伯拉第斯拉瓦	Bratislava
布尔根兰	Burgenland

续表

中文	原文
布雷斯	Breith
布雷希	Brech
布里德斯	Bridiers
布列塔尼	Brittany
达契亚	Dacia
大圣伯纳德山口	St Bernard Pass
狄拉奇乌姆	Dyrrachium
杜努姆	Noviodunum
敦南吐尔	Dunántúl
多瑙河	Danube
恩波里翁	Emporion/Emporitan
菲尼斯泰尔	Finistère
芬斯特洛尔	Finsterlohr
弗朗什－孔泰地区	Franche-comte
孚日山脉	Vosges
福拉尔贝格	Vorarlberg
甘博洛	Gambolo
甘冈	Guingam
高卢	Gaul
高卢阿基塔尼亚	Gallia Aquitania
古力娜	Gurina
古特朗	Goutrens
赫特福德郡	Hertfordshire
亨伯河	Humber
基尔库克	Kirkuk
吉耶纳	Guienne

续表

中文	原文
加伦河	Garonne
加斯科尼	Gascony
卡尔瓦多斯	Calvados
卡勒瓦	Calleva
卡林西亚	Carinthian
卡乌尔斯	Cadurci
科尔多	Côte-d'Or
科尔切斯特	Camulodunum
科勒兹	Creuse
科莫	Como
科瑞蒙特	Kwaremont
科特北	Cote-du-Nord
克拉克顿	Clacton
克拉约瓦	Criciova
克雷莫纳	Cremona
克鲁克	Okluky
库尔库里	Courcoury
拉里萨	Larissa
莱茵河	Rhine
莱茵兰	Rhineland
郎格多克	Languedoc
朗格勒	Langres
劳特拉赫	Lauterach
里昂	Lyons
里申	Rhaetia
利穆赞	Limousin

续表

中文	原文
林肯郡	Lincolnshire
卢瓦尔河	Loire
卢瓦雷省	Loiret
鲁凯特	Rouquette
罗克佩托塞	Roquepertuse
罗伦洛	Eure-et-Loire
罗纳河	Rhône
马恩	Marne
马赛	Marseilles
马西利亚	Massilia
梅茨	Metz
梅勒赖厄—蒂莱	Meilleraie-Tillay
蒙特劳勒斯	Montlaurès
摩拉瓦河	Morava
摩拉维亚	Moravia
摩西亚	Moesia
莫尔比昂	Morbihan
默兹—特瑞尔	Meuse-Trier
默兹河	Meuse
纳博讷	Narbonne
纳尔波高卢	Narbonensis
纳赫尼茨	Nechanitz
内卡河	Neckar
尼姆	Nimes
努曼提亚	Numantia
诺里孔	Noricum

续表

中文	原文
帕多瓦	Padua
潘诺尼亚	Pannonia/Paeonia
佩里戈尔	Perigord
佩里格	Petrocorii
佩皮尼昂	Perpignan
彭赞斯	Penzance
皮布尔斯	Peeblesshire
皮德纳	Pydna
普拉森舍	Placentia
普瓦图	Poitou
切斯特	Cheste
萨福克	Suffolk
萨格勒布	Zagreb
萨贡托	Saguntum
萨克森	Saxony
萨索斯	Thasos
萨瓦	Savoie/Savoy
塞拉里克奥	Serra Riccò
塞纳	Seine
塞纳—因弗奥	Seine-Inferieure
色纳布	Cenabum
山南高卢	Cisalpine gaul
上萨瓦	Haute Savoie
圣·芝诺·瑙尼亚	San Zeno nell' Anaunia
圣安德鲁—苏尔—赛丽	St-Andre-sur-Cailly
斯凯瑞索拉	Scărişoara

续表

中文	原文
斯洛伐克	Slovakia
斯内蒂瑟姆	Snettisham
斯塔利亚	Styrian
斯特拉多尼茨	Stradonitz
索姆河山谷	Somme Valley
塔拉科	Tarraco
塔伦提那	Tarentine
特拉蒙	Telamon
特兰西瓦尼亚	Transylvania
特里尔	Trèves/Trier
特维希	Treveri
提里斯卡	Tilisca
提契诺	Ticino
瓦拉日丁	Warasdin
瓦斯康	Vascones
韦尔瓦	Huelva
维鲁拉米恩	Verulamium
乌特勒支	Utrecht
西米乌姆	Sirmium
伊莱尔达	Ilerda
伊勒·维莱纳	Ille-et-Vilaine
伊泽尔河	Isère
易北河	Elbe
因戈尔施塔特	Ingoldstadt
于西尼戈德布朗格	Hussigny-Godbrange
约克郡	Yorkshire
约讷	Yonne
侏罗山脉	Jura

六、凯尔特部落名

中文	原文	释义
阿雷科米契人	Arecomici	罗纳河右岸的部落
阿曼提尼人	Amantini	潘诺尼亚平原伊利里亚部落的名字。他们极力抵抗罗马人,但在失败以后被卖作了奴隶
阿特雷巴特	Atrebates	在罗马征服之前高卢和不列颠的一个比利时部落
阿维尔尼人	Arverni	在公元前几百年生活在现在的法国奥弗涅地区的凯尔特人
埃布罗维斯	Eburovices	高卢部落,奥勒奇人的一个分支
埃杜维	Aedui/Aeduan	高卢行省卢格都诺姆的高卢人,居住在索恩河和卢瓦尔河之间的地带,今法国境内
埃卢塞特人	Elusates	前罗马时代的阿基塔尼部落,定居在今天的法国西南部,阿基塔尼领土的东北部,埃卢萨市周围,也就是今天的埃乌兹,在法国的格尔省
艾西尼人	Iceni	古英格兰部落
安巴里	Ambarri	高卢人,尤利乌斯·恺撒称他们为埃杜维人的亲密盟友和亲戚
安德卡维部落	Andecavi	高卢部落名
安迪泽特人	Andizetes	居住在今天波斯尼亚和黑塞哥维那的疆土上的小潘诺尼亚部落
白奥凯塞斯	Baiocasses	高卢凯尔特部落
贝尔格人	Belgae	居于现今比利时及法国北部之一支高卢民族

续表

中文	原文	释义
贝洛瓦契人	Bellovaci	公元前 57 年被恺撒大帝征服的高卢东北部最强大的比利时部落之一
比图里吉人	Bituriges Cubi	一支凯尔特高卢部落,它的首都在布尔日。据说他们的名字的意思是“世界之王”。在公元前 1 世纪早期,他们是高卢部落的主要部落之一,尤其是在德鲁伊教和他们的政治影响力方面。但由于德鲁伊特是尤利乌斯・恺撒征服高卢的一个主要对手,他们很快就失去了权力
比亚尼	Ambiani	说凯尔特语言的比利时人
波伊人	Boii	后铁器时代的一个高卢部落
勃隆尼斯	Eburones	高卢部落名
杜罗特里吉人	Durotriges	凯尔特人在英国罗马人侵时代的一个分支
多布尼人	Dobunni	古不列颠部落
福西亚人	Phocaean	福西亚是位于安纳托利亚西海岸的古代爱奥尼亚希腊城市
赫尔维蒂人	Helvetii	高卢部落名
赫克尼茨	Hercuniates	迁移到伊利里亚的潘诺尼亚的一支凯尔特部落
赫门杜里人	Hermunduri	公元 1 世纪到公元 3 世纪居住在易北河附近的古日耳曼部落,大致位于今天的图林根、波希米亚、萨克森(东德)和巴伐利亚州北部的弗朗哥尼亚附近
加利	Galli	
卡瓦尔斯	Cavares	高卢部落名
凯尔特化的高卢	Gallia Celtica	居住着凯尔特人的高卢文化区域
凯尔特人	Keltoi	

续表

中文	原文	释义
凯尔特族	Galatai	
凯勒特斯	Caletes	今天诺曼底的高卢人或比利时人部落
考契人	Chauci	生活在埃姆斯河和易北河之间的低洼地区的古日耳曼部落
科瑞索利兹	Coriosolites	部落名
科提尼人	Cotini	生活在罗马时代山区的高卢部落，今天被称为苏台德人，大约靠近捷克共和国和波兰的现代边界
莱摩维斯	Lemovices	中欧的一个高卢部落
莱欧维人	Lexovii	高卢海岸边上的凯尔特人，塞纳河河口以西
雷米	Remi	高卢东北部的比利时人
林贡斯人	lingones	最初生活在高卢塞纳河和马恩河的源头地区的凯尔特部落。一些林贡人在公元前 400 年左右，越过阿尔卑斯山，定居在意大利北部西索尔平高卢的波河河口附近
隆戈斯塔莱特	Longostaletes	凯尔特部落名，今法国境内
鲁提尼	Ruteni	高卢部落之一
马西利亚人	Massiliot	古代西欧部落
曼杜比埃人	Mandubii	高卢部落的联盟，他们生活在今天的勃艮地和汝拉地区。他们的首都是阿莱西亚
梅第欧玛崔西	Mediomatrici	高卢古凯尔特人
梅尔第	Meldi	高卢部落名
南姆奈特斯	Namnetes	古高卢部落，生活在今卢瓦尔河附近的南特城市

续表

中文	原文	释义
内尔维	Nervii	比利时最强大的部落之一,在被罗马征服的时候生活在高卢北部
尼提波尔格斯	Nitiobroges	部落名
诺马尼	Cenomani	凯尔特高卢地区奥勒尔奇人的一支,其领地位于塞纳河和卢瓦尔河之间卡努特以西萨拉特省的缅因省
欧斯密	Osismii	高卢部落名
切鲁西人	Cherusci	公元前1世纪和公元1世纪居住在德国西北部平原和森林部分地区的日耳曼部落
萨尔马提亚人	Sarmatians	公元前5世纪到公元4世纪古代伊朗人的大联盟
萨拉西人	Salassi	萨拉西人是凯尔特人或凯尔特人化的意大利或利古里亚人部落,他们的土地位于小圣伯纳德山口靠近意大利的一侧,越过格莱安阿尔卑斯山脉,到达里昂,而大圣伯纳德山口则越过阿尔卑斯山脉。他们最终在公元前25年被罗马人打败,许多人沦为奴隶。罗马人在他们的领土上建立了奥古斯塔·普拉托里亚·萨洛索姆市,即现代的奥斯塔
萨谟奈盖茨	Samnagetes	部落名
塞广尼人	Sequani	高卢人,其领域位于阿拉尔河上游流域(索恩河)、杜布河谷和汝拉山脉,他们的领土在今弗朗什孔泰地区,属于勃艮第的一部分
塞农	Senones	古代凯尔特部落
塞西亚人	Scythians	公元前9世纪到公元4世纪,居住在欧亚大草原中部大片地区的伊朗东部骑马的部落
沙提人	Chatti	位于上威瑟河附近的日耳曼部落

续表

中文	原文	释义
闪族人	Semitic	语言学上属亚非语系闪米特语族的人群
斯科迪斯奇	Scordisci	高卢铁器时代的部落,位于今天的塞尔维亚境内,萨瓦河、德拉瓦河和多瑙河交汇处。从公元前3世纪开始到共同时代的交替,它们在历史上都是引人注目的。公元1世纪罗马人征服以后,斯科迪斯奇的领土被并入罗马的潘诺尼亚、莫西亚和达契亚三个省
苏埃西翁人	Suessiones	公元前1世纪比利时西部的一个部落,领地位于瓦兹和马恩河之间,今天的索伊森市附近
苏维汇人	Suevi	约公元前58年,尤利乌斯·恺撒在高卢战役中首次提到的一大批日耳曼民族
塔尔贝利人	Tarbelli	塔尔贝利人是罗马时期之前的阿基塔尼部落,定居在今天的法国西南部
塔特西人	Tartessian	位于今天安达卢西亚地区的古代文明
泰克托萨热斯	Volcae Tectosages	公元前270年,高卢联军入侵马其顿之前形成的部落联盟,并在公元前279年的塞莫皮莱战役中击败了希腊人
陶里斯克人	Taurisci	罗马人到来之前(约公元前200年)居住在今天的斯洛文尼亚北部的高卢部落联盟
特里诺文特人	Trinovantes	前罗马时期不列颠的凯尔特部落之一,他们的领土在泰晤士河河口的北侧,在今天的埃塞克斯和萨福克,部分土地位于现在的大伦敦
特维希	Treveri	公元前150年左右生活在法国摩泽尔河河谷的比利时部落

续表

中文	原文	释义
条顿人	Teutones	希腊及罗马作家记录的一支日耳曼或凯尔特部落
托洛萨特人	Tolosates	托洛萨特人位于古代图卢兹地区,今法国西南部高加隆省的首府
维吉尼斯人	Vangiones	古日耳曼部落名
维利凯西思	Veliocasses	高卢部落名
乌契人	Leuci	据记载曾生活在现在洛林南部的高卢部落,恺撒提到他们于公元前 58 年为罗马军队供应小麦
屋内利	Unelli	部落名
辛布里人	Cimbri	公元前 113 年到前 101 年与条顿人等一起抗击罗马人的凯尔特人或日耳曼人
叙拉古人	Syracusan	叙拉古是锡拉库扎省首府西西里岛的一座历史名城
伊拉维辛	Eravisci	凯尔特部落名
伊利里亚人	Illyrian	伊利里亚地区的古代部落
伊特鲁利亚人	Etruscan	古代意大利中部地区受罗马文明影响的民族
因苏布雷人	Insubres	定居在今伦巴第地区的高卢人

图书在版编目(CIP)数据

古凯尔特人货币史／(英)德里克·冯·艾伦著；张玲玉译. -- 北京：法律出版社，2020

(外国货币史译丛)

书名原文：The Coins of The Ancient Celts

ISBN 978-7-5197-4626-1

Ⅰ.①古… Ⅱ.①德… ②张… Ⅲ.①克尔特人－货币史 Ⅳ.①F825.609

中国版本图书馆CIP数据核字(2020)第111017号

古凯尔特人货币史 GUKAIERTEREN HUOBISHI	[英]德里克·冯·艾伦 著 张玲玉 译	策划编辑 似 玉 责任编辑 似 玉 李 军 装帧设计 李 瞻

出版 法律出版社
总发行 中国法律图书有限公司
经销 新华书店
印刷 北京建宏印刷有限公司
责任校对 马 丽
责任印制 吕亚莉

编辑统筹 法律应用出版分社
开本 710毫米×1000毫米 1/16
印张 16.5
字数 209千
版本 2020年8月第1版
印次 2020年8月第1次印刷

法律出版社／北京市丰台区莲花池西里7号(100073)
网址／www.lawpress.com.cn
投稿邮箱／info@lawpress.com.cn
举报维权邮箱／jbwq@lawpress.com.cn
销售热线／400-660-8393
咨询电话／010-63939796

中国法律图书有限公司／北京市丰台区莲花池西里7号(100073)
全国各地中法图分、子公司销售电话：
统一销售客服／400-660-8393/6393
第一法律书店／010-83938432/8433 西安分公司／029-85330678 重庆分公司／023-67453036
上海分公司／021-62071639/1636 深圳分公司／0755-83072995

书号：ISBN 978-7-5197-4626-1 定价：68.00元
(如有缺页或倒装，中国法律图书有限公司负责退换)